Danièle Lenzin: Die Sache der Frauen

Danièle Lenzin

Die Sache der Frauen

OFRA und die Frauenbewegung
in der Schweiz

Herausgegeben von
Edith Mägli, Theodora Peter und Barbara Speck

Rotpunktverlag

Autorin und Verlag danken der folgenden Institution
für die großzügige finanzielle Unterstützung:
Stiftung für Erforschung der Frauenarbeit

Die Deutsche Bibliothek – CIP-Einheitsaufnahme

Lenzin, Danièle:
Die Sache der Frauen : OFRA und die Frauenbewegung in der Schweiz /
Danièle Lenzin. – Zürich : Rotpunktverl., 2000
ISBN 3-85869-210-7

© 2000 Rotpunktverlag, Zürich

Alle Rechte vorbehalten.

Umschlagfoto: Photoscene, Klaus Rózsa
Druck und Bindung: Freiburger Graphische Betriebe

ISBN 3-85869-210-7

1. Auflage

Inhaltsverzeichnis

Vorwort der Herausgeberinnen 7

Einleitung: »Wir haben viel in Bewegung gesetzt« 9

I. »Rebellion in der Rebellion« 27
  1. »Globuskrawall« – Aufbruch der 68er Bewegung .. 28
  2. Die neue Frauenbewegung –
    strukturelle Vorbedingungen 30
  3. Die neue Frauenbewegung – auslösende Faktoren .. 34
  4. Mobilisierung 37
  5. Entwicklung der neuen Frauenbewegung 42

II. Von den Progressiven Frauen Schweiz (PFS)
    zur autonomen Frauenorganisation 47
  1. Auch die POCH-Frauen machen sich selbständig .. 47
  2. Der »Frauenmärz« 1977 55

III. »Gemeinsam sind wir stark« 63
  1. Das politische Programm: Die Plattform 66
  2. »Donna e bello«: Politisches Subjekt Frau –
    oder »Frausein« als Programm? 77
  3. Strömungskämpfe I: Der Lesben-Hetera-Konflikt .. 82
  4. Strömungskämpfe II: Sozialistische versus
    autonome Feministinnen 94

IV. Die politischen Aktivitäten 111
  1. Mutterschaftsschutzversicherung 117
  2. »Kinder oder keine, entscheiden wir alleine« –
    Liberalisierung des Schwangerschaftsabbruchs 144

3. »Gleiche Rechte für Mann und Frau«
und Quoten 160
4. Internationaler Frauentag 176
5. »Offiziersschießen« 193

V. Von der Basisdemokratie zum Vernetzungsinstrument? –
Die organisationsinterne Entwicklung 211
1. Strukturdebatten 1977–1986: »Männerstrukturen« . 214
2. Strukturdebatten 1987–1997: »OFRA wie weiter?« . 227
3. Mitgliederstruktur 243
4. Dauerthema Finanzen 256
5. »emanzipation« – Organ für die Sache der Frauen . . 268

Nachwort: Die »neue« neue Frauenbewegung 281
1. Die Quoteninitiative oder vom Brunner-
   zum Metzler-Effekt 282
2. Gleich oder gleicher? 288

Anmerkungen 295
Quellenverzeichnis 317
Literaturverzeichnis 321
Abkürzungsverzeichnis 327
Bildnachweis 329
Dank 331

Vorwort der Herausgeberinnen

»Frech, innovativ, veränderungsfähig, der Zeit voraus – resigniert, innerlich zerrissen, nach der eigenen Identität und Legitimation suchend«. Mit diesen Worten fasste die letzte amtierende OFRA-Sekretärin das Profil der Organisation für die Sache der Frauen treffend zusammen. 1997 trat die OFRA Schweiz nach zwanzigjährigem Bestehen von der nationalen politischen Bühne ab. Dreißig Jahre früher war die neue Frauenbewegung – mit dem Aufwind der 68er im Rücken – angetreten, das herrschende Patriarchat aus den Angeln zu heben. Dass dies nicht ganz gelungen ist, mag heute mit leiser Wehmut oder einem milden Lächeln konstatiert werden.

Als eine der wichtigsten Akteurinnen der neuen Frauenbewegung hat die OFRA aber einiges in Bewegung gesetzt. Sie war Tabubrecherin und Wegbereiterin: Die Fristenlösung im Schwangerschaftsabbruch ist inzwischen mehrheitsfähig geworden. Nicht so die Mutterschaftsversicherung – eine der Gründungsforderungen der OFRA. Obwohl diese auch im jüngsten Anlauf gescheitert ist, hat die OFRA mit ihrer frühen Initiative den Boden vorbereitet. Sie war zudem Geburtshelferin zahlreicher Projekte, die sich heute verselbständigt haben – wie etwa die Gleichstellungsbüros. Als Durchlauferhitzerin hat die OFRA viele Frauen politisiert und geprägt. Einige sitzen heute in einflussreichen Positionen. Als »feministisches Gewissen« wurde die OFRA von Medien und in Vernehmlassungen um Stellungnahmen angegangen.

Als »Nachlassverwalterinnen« der aufgelösten OFRA haben wir der Versuchung widerstanden, in Erinnerungen zu schwelgen, Anekdoten auszugraben und der Organisation im Rückblick ein unkritisches Denkmal zu setzen. Mit dem Auftrag an die Zürcher Sozialwissenschafterin Danièle Lenzin bezweckten wir, die Geschichte der OFRA professionell und aus analytischer Distanz aufarbeiten zu lassen. Im vorliegenden Buch beschreibt die Autorin nicht nur die organisationsinterne Entwicklung, die Inhalte, Forderungen und die öffentliche Resonanz der OFRA. Sie diskutiert auch Erfolg und Wirkung der OFRA, ihre Wechselwirkung mit der traditionellen Frauenbewegung und ihre Rolle im Rahmen der neuen sozialen Bewegungen. Danièle Lenzin hat dabei bisher unbekannte Fakten ans Licht geholt und schließt mit dem Buch eine weitere Lücke in der Aufarbeitung der Schweizer Frauen- und Geschlechtergeschichte.

Unser Dank geht an alle, die dies ermöglicht haben – insbesondere an die leidenschaftliche Forscherin und kritische Beobachterin Danièle Lenzin. Wir bedanken uns zudem beim Rotpunktverlag, der Historikerin Elisabeth Joris, den zahlreichen SpenderInnen von Geld und Fotomaterial sowie – Ironie der Geschichte – bei der Schweizer Armee. Das legendäre Offiziersschießen auf Bilder nackter Frauen (nachzulesen ab Seite 193) hatte der OFRA nebst Publizität zu vielen Spenden und, trotz ständiger Finanznot, zu einem bis zuletzt wohl gehüteten Kampffonds verholfen. Dieses Erbe legte den Grundstein zur Finanzierung des vorliegenden Werks.

Edith Mägli, Freiburg
Theodora Peter, Bern
Barbara Speck, Basel

Einleitung:
»Wir haben viel in Bewegung gesetzt«

Zumindest eines ist klar, wenn der Erfolg der neuen Frauenbewegung – und damit auch der Erfolg der Organisation für die Sache der Frauen (OFRA) – bilanziert werden soll: In der Fachliteratur gilt die Frauen-, neben der Ökologiebewegung, als die erfolgreichste der neuen sozialen Bewegungen. Zwar hat sie zentrale Kämpfe, wie etwa die Entkriminalisierung des Schwangerschaftsabbruchs, verloren. Ihre kulturellen und sozialen Erfolge sind aber nicht zu übersehen: Die Lebensweise breiter Bevölkerungsschichten hat sich unter dem Einfluss der Frauenbewegung und der sozialen Bewegungen generell verändert. Die Frauen haben stark an Selbstbewusstsein zugelegt und fordern ihre Teilnahme dort, wo sie nicht selbstverständlich ist. Auch rechtlich konnten die Frauen in vielen Bereichen eine Gleichstellung erreichen. Dass dies aber keineswegs ein für allemal gesicherte Errungenschaften sind, zeigt die Arbeit der Gleichstellungs- und Förderinstitutionen bei Bund und Kantonen sowie der Einrichtungen im Bildungsbereich und in der Privatwirtschaft.

Vom Erfolg der neuen Frauenbewegung zeugen zudem die vor allem in den Städten zum Teil staatlich geförderten sozialen und kulturellen Einrichtungen wie die Häuser für geschlagene Frauen oder die Frauenzentren. Nicht zu unterschätzen ist der Einfluss der neuen Frauenbewegung auf die anderen sozialen Bewegungen, die Parteien, die Gewerkschaften sowie die traditionelle Frauenbewegung. Feministische Forderungen und Theorien wurden in die Parteien und Gewerkschaften hineingetragen und führten zur Entstehung oder Neubelebung ihrer Frauenstrukturen.[1] Jacqueline Berenstein-Wavre, 1978 Präsidentin des Bundes Schweizerischer Frauenorganisationen (BSF) und Mitglied der Sozialdemokratischen Partei der Schweiz (SPS), antwortete in einem Interview auf die Frage, ob das Aufkommen der neuen Frauenbewegung Auswirkungen auf den BSF habe, folgendermaßen:

»Ich bin sehr froh, dass es die neue Frauenbewegung gibt. Die Impulse kommen heute nicht mehr von der Frauenrechtsbewegung, das ist nun zu Ende. Die neue Frauenbewegung stärkt uns. Glauben Sie etwa, der Bundesrat hätte eine Kommission für Frauenfragen einberufen, wenn es nur die bürgerlichen Frauen gäbe?«[2]

Der Frauenbewegung ist es also gelungen, die Frauenfrage öffentlich zu machen, sie den »Geheimnissen und Intimitäten des je einzelnen Schlafzimmers, der einzelnen Küche, der persönlich geglaubten Unzulänglichkeit zu entreissen«.[3] Bis heute prägen die Deutungsmuster und Wertvorstellungen, die der erneute Aufbruch der Frauen hervorbrachte, die sozialen Auseinandersetzungen.[4]

Dieser Sicht auf die sozialen und kulturellen Veränderungen seit den sechziger Jahren steht allerdings diejenige auf die materiellen Errungenschaften gegenüber. Cécile Bühlmann, ehemaliges Mitglied der OFRA und Nationalrätin der Grünen Partei der Schweiz, stellte 1998 dazu fest:

»Andererseits ist die reale Machtverteilung zwischen den Geschlechtern praktisch noch gleich wie eh und je. Die Frauen sind in allen entscheidenden Gremien in Politik und Wirtschaft massiv untervertreten und sie besitzen nur einen Bruchteil der materiellen Güter.«[5]

Eine dritte Sicht auf die Erfolge der neuen Frauenbewegung ist die ihrer Aktivistinnen. Im Jahresbericht der OFRA aus dem Jahre 1996 wird Rückschau gehalten. In der Binnenperspektive werden der Erfolg und die Wirkung an den formulierten Zielen der Bewegung – eine demokratische Gesellschaft ohne Geschlechterdiskriminierung – gemessen. Unter diesem Blickwinkel wird der Erfolg zu seinem Gegenteil, zum Misserfolg:

»Denn darüber sind wir uns doch einig; was wir uns tatsächlich erkämpft haben, müssen wir mit der Lupe besichtigen.«[6]

Diese drei Perspektiven auf die Geschichte der neuen Frauenbewegung machen deutlich, dass die Frage nach ihrem Erfolg und ihrer Wirkung alles andere als einfach zu beantworten ist. Wie misst man überhaupt den Erfolg einer Bewegung, die so vielfältig und breit arbeitet und so unterschiedliche Ausdrucksformen gefunden hat? Was sind die Indikatoren, die Auskunft geben über ihren Erfolg oder Misserfolg: Ist es die massenmediale Resonanz oder sind es die subjektiven Einstellungen und Verhaltensweisen? Sind es die konkreten politischen Entscheide oder eher die verfahrensmäßigen und institutionellen Ergebnisse? Ist es die Anzahl ihrer Mitglieder und Aktivistinnen oder die Anzahl feministischer Organisationen und Projekte? Ist es die Häufigkeit und Größe von Demonstrationen?

Weiter ist zwischen beabsichtigten und nicht beabsichtigten Wirkungen zu unterscheiden: Wie ist – um ein etwas fern liegendes Beispiel zu nehmen – der Auftritt eines Eiskunstlaufpaars am dritten Grand-Prix-Meeting in Gelsenkirchen 1998 zu beurteilen, das für seine Kür das Thema »Gewalt gegen Frauen« gewählt hat? Die Themenwahl kann als Ausdruck einer erfolgreichen Verbreitung feministischer Problematisierungen gelesen werden: Innerhalb von knapp zwei Jahrzehnten ist das Thema sogar in die Sportwelt eingedrungen. Ob die Feministinnen, als sie das Thema Anfang der achtziger Jahre skandalisierten, an den Eiskunstlauf als Verbreitungsmedium dachten, darf bezweifelt werden. Vielmehr kann davon ausgegangen werden, dass sie den Paarlauf im Eiskunstlauf als spezifischen Ausdruck des Patriarchats und dementsprechend frauendiskriminierend grundsätzlich abgelehnt hätten. Heute kann oder will man sich diesen Dogmatismus aber offensichtlich nicht mehr leisten. Die Mitarbeiterin eines Berliner Frauenhauses, dem ein Teil des Preisgeldes des Grand-Prix-Meetings gespendet werden sollte, war hoch erfreut über die Wahl des Themas, das dadurch eine große Öffentlichkeit erhalte.[7]

Die Vielfalt und Verschiedenartigkeit der neuen Frauenbewegung sowie die nicht beabsichtigten Folgen machen ihre Wirkungs- und Erfolgsanalyse – und übrigens auch ihre Zustands- und Ortsbestimmung[8] – zum Problem. Der deutsche Soziologe Dieter Rucht gelangt in einer länderübergreifenden Studie zur Frauenbewegung zu einem pragmatischen Maßstab, wobei er vor allem den politischen Erfolg der intendierten Wirkungen hervorhebt:

> »Wir können uns damit begnügen, immer dann von einem erheblichen Einfluss zu sprechen, wenn einzelne Themen und Forderungen, die bislang in der etablierten Politik nicht oder nur zögerlich angegangen worden waren, vor allem durch die neue Frauenbewegung auf die politische Agenda kamen und – oft vermittelt über linke und liberale Parteien – in konkrete politische Resultate mündeten.«[9]

Trotz dieser disparaten Ausgangslage soll im Folgenden der Erfolg oder eben Misserfolg der OFRA als Teil der schweizeri-

Einleitung 13

Nr. 1: 1. Mai 1979: Protest gegen Redeverbot für Frauen auf dem Basler Marktplatz.

schen Frauenbewegung skizziert werden. Die groben Linien der Entwicklung lassen sich folgendermaßen zeichnen: Die Untersuchung der internen Organisationsentwicklung (vgl. Kap. V) zeigt, dass die Verbindung der zentralen mit den dezentralen Gremien nicht oder nur zeitweise gelang. Nach einer Phase fundamentaler Kritik an Strukturen als solchen stand vor allem die Diskussion eines lokalen oder nationalen Politikengagements und damit die strategische Ausrichtung der OFRA im Zentrum. Die unterschiedlichen politischen Positionen und Bedürfnisse gegenüber einem stärker lokal oder national ausgerichteten Engagement der Mitglieder konnten nie harmonisiert werden. Die Aktivitäten auf nationaler Ebene waren stark vom jeweiligen persönlichen Engagement der Mitglieder der nationalen Gremien abhängig. Trotz diesem ständigen Konfliktpotenzial und dem Anfang der achtziger Jahre einsetzenden Mitgliederschwund kam es zwar wiederholt zu Krisensituationen, aber nicht zur Auflösung der Organisation. 1997 – die OFRA hatte nun noch gerade etwas mehr als 200 Mitglieder – konnten die nationalen Strukturen allerdings nicht mehr aufrechterhalten werden.

Den internen Strukturschwierigkeiten stand die Außenwahrnehmung gegenüber. Dank dem während des gesamten Zeitraums existierenden nationalen Sekretariat wurde die OFRA zur Anlaufstelle anderer Bewegungen, Organisationen und Institutionen, von Frauen, die sich orientieren wollten, sowie der Medien. Vor allem in den neunziger Jahren wurde diese Situation von den Aktivistinnen als Paradox wahrgenommen. Die OFRA war aber unterdessen mehr oder weniger die einzige politische Organisation der autonomen Frauenbewegung, die sich nicht auf ein einzelnes Thema spezialisierte, sondern immer noch »alle« Themenbereiche bearbeitete. Zudem war sie inzwischen auch die älteste Organisation und hatte sich spätestens mit dem Prozess gegen das »Offiziersschießen« einen Namen geschaffen, der in interessierten Kreisen gut bekannt war. Der Bekanntheitsgrad und ihre Funktion als Anlaufstelle für JournalistInnen und als bewegungsinterne Koordinations- und Vernetzungsinstitution ist nicht zu unterschätzen. Zeugnis davon sind nicht zuletzt die vielen Abdrucke des Pressecommuniqués der OFRA anlässlich ihrer Auflösung Ende Mai 1997: Nicht nur die linke »WochenZeitung« (WoZ) und die »Frauenzeitung« (Fraz), sondern alle größeren Deutschschweizer Tages- und Wochenzeitungen druckten die Meldung der Schweizerischen Depeschenagentur (sda) zum Teil mit, zum Teil ohne Kommentar ab.

Für die institutionell-politische Durchsetzungskraft scheint mir die Mutterschaftschutzsinitiative, die die OFRA bereits an ihrem Gründungskongress 1977 ankündigte, paradigmatisch: Vom Ziel, Frauen durch finanzielle Unterstützung in der ersten Phase der Mutterschaft zu entlasten und größere Wahlmöglichkeiten zu schaffen sowie die Kinderbetreuung durch den Elternurlaub geschlechtsunabhängiger zu gestalten, ist wenig bis nichts übrig geblieben. Das heißt aber nicht, dass die Arbeit der OFRA irrelevant gewesen wäre: Sie war es, die das Thema Anfang der achtziger Jahre überhaupt wieder auf die politische Agenda setzte. Vielmehr zeigt die Untersuchung der Arbeit der OFRA zur Einführung einer Mutterschaftsversicherung, wie eng – aufgrund von Konkordanzdemokratie, Föderalismus, Links-Rechts-Fixierung, patriarchaler Definitionsmacht und Besitzstandwahrung – der politische Handlungsspielraum für gesellschaftsverändernde Kräfte ist und welch kontinuierliche Arbeit eine Veränderung des Geschlechterverhältnisses erfordert.

Die Geschichte des internationalen Frauentags wiederum zeigt, dass sich auch die bewegungsinterne Zusammenarbeit schwierig gestaltete. Die Interessen der verschiedenen Gruppierungen unterschieden sich trotz gemeinsamer ideologischer Klammer »Feminismus« beträchtlich. Die zum Teil dogmatischen Gruppierungen waren so stark mit ihrer Abgrenzung beschäftigt, dass das gemeinsame Auftreten unmöglich wurde. Als Koordinatorin zielte die OFRA auf einen möglichst breiten Konsens und verlor damit in bewegungsinterner Perspektive an Radikalität. Die ideologischen und daraus abgeleitet die strategischen Differenzen führten zu Strömungskämpfen und Spaltungen, wie das an den Beispielen des Lesben-Hetera-Konflikts und den sozialistischen versus den autonomen Feministinnen gezeigt wird.

Diese grobe Skizzierung suggeriert Kontinuität und versperrt so den Blick auf Veränderungen und Brüche in der Geschichte der OFRA. Insbesondere die Veränderungen Mitte der achtziger Jahre bilden eine eigentliche Zäsur in ihrer Entwicklung. In den Jahren 1985 und 1986 wandelt sich die OFRA auf verschiedenen Ebenen: Der Trennungsprozess zwischen der Organisationszeitschrift »emanzipation« und der OFRA erreicht seinen ersten Höhepunkt; 1985 beschließt der Kongress eine einjährige Denkpause; das erste und einzige Mal in der zwanzigjährigen Geschichte kündigt Ende 1985 eine nationale Sekretärin ihre Stelle fristlos; 1986 verliert die OFRA ihre Verankerung in der größten Schweizer Stadt; 1986 findet die letzte Statutenrevision statt und die letzte Organisationsbroschüre wird gedruckt; Mitte der achtziger Jahre verlassen viele Gründungsmitglieder die Organisation, eine neue »zweite Generation« übernimmt die Arbeit.

Wie erklärt sich diese Zäsur? Welches sind die Gründe dieser Veränderungen, die übrigens auch vom Staatsschutz festgestellt wurden, der für das Jahr 1985 ein »nicht sehr erfolgreiches, da von Uneinigkeit innerhalb der Organisation« geprägtes Jahr feststellte?[10] Die einzelnen Veränderungen werden in den jeweiligen Zusammenhängen dargestellt und interpretiert.

Hier soll vorwegnehmend die Zäsur in einen weiteren, gesellschaftspolitischen Kontext gestellt werden, wobei ich zwei Faktoren hervorheben möchte: die Frage des Nachwuchses und die Verortung der OFRA in der allgemeinen Entwicklung der Frauenbewegung:

> »Es war eine Zeit des Aufbruchs und Engagements. Sie hat mich mehr geprägt als alles, was vorher war. Ich lernte, dass Veränderungen nur dann möglich sind, wenn wir sie selber in die Wege leiten. Die Mittel dazu waren vielfältig: Über Diskussionen bis zu meiner ersten nächtlichen, angstlustbesetzten Sprayaktion erstreckte sich die Palette. Alles war

Einleitung

wichtig, alles war nötig und richtig. Ich bin noch heute
glücklich, dabei mitgemacht zu haben.«[11]

Mit diesen Worten beurteilt Ruth Marx, ehemalige Sekretärin der OFRA Basel und langjähriges Redaktionsmitglied der »emanzipation«, rückblickend ihre Zeit als Aktivistin in der OFRA. Diese positive und persönlichkeitsprägende Einschätzung ihres Engagements in der OFRA wird von den meisten Aktivistinnen der Gründungsgeneration geteilt.[12] Die Erfahrungen der »zweiten Generation« unterscheiden sich diesbezüglich grundsätzlich von denjenigen der »ersten Generation«:

»Diese positiven Erfahrungen kann eine Feministin ›der zweiten Generation‹ in dieser Form heute kaum noch erleben. Viele Errungenschaften, für welche die Frauen damals gekämpft haben, sind inzwischen Teil des Frauenalltags, Bestandteil der Erziehung und eine Selbstverständlichkeit im Leben der heranwachsenden Kinder und Jugendlichen.«[13]

Das Zitat verweist nebst den Erfahrungen in der Organisation eindrücklich auf die gewandelte Alltagserfahrung, die Frauen und insbesondere junge Frauen heute machen. Die veränderte Erfahrungswelt ist auch der entscheidende Faktor, um die Frage zu klären, weshalb sich immer weniger Frauen für ein Engagement in der OFRA und der autonomen Frauenbewegung überhaupt interessierten und interessieren. Im Zusammenhang mit der Mobilisierungsfrage stelle ich das Konzept des Wirtschaftshistorikers Hansjörg Siegenthaler vor. Es besagt kurz zusammengefasst, dass die Hauptmotivation, sich einer sozialen Bewegung in ihrer Entstehungsphase anzuschließen, die Lernchancen sind, die eine Bewegung anbieten kann. Und zwar

Lernchancen, die weniger auf technische Kenntnisse denn auf die Veränderung der eigenen Person ausgerichtet sind. Die eigenen Erfahrungen, die mit den dominierenden Deutungsmustern nicht in Einklang zu bringen sind, können im verständigungsorientierten Gespräch neu interpretiert werden. Was heißt das nun für eine neue Generation von Frauen, die Generation der in den siebziger Jahren Geborenen? Ihre Erfahrungswelt hat sich bezüglich ihrem geschlechtsspezifischen Rollenbild stark verändert: Das Stimmrecht ist eingeführt, der Zugang zu den Bildungsinstitutionen gewährleistet, das Berufsfeld für Frauen erweitert, das Selbstbewusstsein gestärkt, Gleichstellungsanliegen sind salonfähig, ja es gibt sogar ein breite Frauenförderung. Nicht zuletzt haben die Frauen nun auch eine Geschichte beziehungsweise sind daran, sie zu erforschen. Weshalb sich noch verändern, weshalb sich einer feministischen Gruppe anschließen?

In einem Videofilm, der im Auftrag der OFRA Schweiz hergestellt wurde, werden junge Frauen nach ihrer Meinung zu der Frauenbewegung, zum Geschlechterverhältnis und zum Generationenkonflikt befragt. Eine der zehn porträtierten Frauen, eine Gymnasiastin der Oberstufe, äußert sich zum Generationenkonflikt:

> »Ich selber kann mich nicht als richtige Emanze bezeichnen und bin nicht irgendwie feministisch veranlagt. Aber ich profitiere natürlich wahnsinnig von dem, was die vor uns gemacht haben. Mich würde es gar nicht interessieren, politisch etwas zu unternehmen, weil es ja quasi schon läuft. Ich kann so quasi in die Fussstapfen treten. Wenn ich zum Beispiel an meine Tante denke, die musste kämpfen ... aber wir hier haben alles vorausgearbeitet und ich sehe meine Zukunftschance sicher nicht darin, dass ich als Hausfrau

Einleitung

enden werde. Ich habe das Gefühl, wir haben es hier quasi etwas bequem. Ich kann mir gut vorstellen, dass sich keine Jungen finden lassen, weil die meinen, es sei schon alles passiert, man müsse nicht mehr viel machen, obwohl es wahrscheinlich doch noch recht viel zu tun gäbe.«[14]

Diese Stellungnahme bestätigt, dass sich in den letzten dreißig Jahren sehr viel verändert, verbessert hat. Die Alltagserfahrungen der Frauen haben sich stark gewandelt. Rhetorisch ließe sich fragen, ob die neue Frauenbewegung zu erfolgreich war. In Erinnerung an das Zitat von Cécile Bühlman, die den Unterschied zwischen den kulturellen und den materiellen Veränderungen hervorhob, kann diese Frage nicht bejaht werden. Im Gegenteil. Die Historikerin Elisabeth Joris bezeichnet dieses Auseinanderklaffen zwischen Grundsätzen und Fakten wie etwa zwischen der formalen Gleichstellung und der geschlechtsspezifischen Lohndiskrepanz als »typisch für die heutige Situation«.[15] Der generelle Bewusstseinswandel seit den sechziger Jahren habe zwar zu Zugeständnissen an die Frauen geführt. Allerdings nur dann, wenn sie nicht mit Kosten verbunden waren. Insgesamt haben die Frauen aber heute mehr Möglichkeiten, ihre Interessen wahrzunehmen, ihre eigenen Deutungsmuster mit den dominierenden in Einklang zu bringen. Sie fühlen sich weniger in einer Rolle gefangen, die sie sprengen müssen.

Der erwähnte Videofilm dokumentiert darüber hinaus eines deutlich: Die jungen Frauen mögen weder violette Kleider noch kurz geschnittene Haare, die keinen Schnitt erkennen lassen – und, darin sind sie sich einig, das Feindbild Mann hat für sie keine Bedeutung. Im Gegenteil: Sie lehnen diese ideologische Seite der Frauenbewegung ab, können sich nicht damit identifizieren.[16]

Um die Frage der Bedeutung der Zäsur von 1985/86 zu klären, soll die OFRA in die Entwicklung der neuen Frauenbewegung[17] eingeordnet werden. Der Zeitpunkt ihrer Gründung lässt zwei Einschätzungen zu: Die Konstituierung der OFRA kann als spät oder früh bezeichnet werden. Für die erste Einschätzung spricht, dass die Frauenbefreiungsbewegung (FBB) 1977, im Gründungsjahr der OFRA, bereits seit bald zehn Jahren bestand – die Aufbruchphase der neuen Frauenbewegung im eigentlichen Sinne war vorbei. Betrachtet man allerdings die Weiterentwicklung der Frauenbewegung hinsichtlich ihrer Ausdifferenzierung und Professionalisierung, lässt sich folgern, dass die OFRA früh entstand: Mit ihrem Organisationsgrad nahm sie die ständig wachsende Institutionalisierung der Frauenbewegung ein Stück vorweg. Allerdings konnte sie der Differenzierung und Professionalisierung wenig entgegensetzen, wie die Diskussionen um das »Durchlauferhitzer-Syndrom« zeigen werden (vgl. Kap. V. 3.).

Mitte der achtziger Jahre beginnt die vierte Phase der internationalen Frauenbewegung: Die wechselseitige Annäherung zwischen der autonomen Frauenbewegung und der etablierten Politik nimmt ihren Anfang. Die Zusammenarbeit zwischen der autonomen Frauenbewegung und den traditionellen Frauenverbänden sowie den Frauenorganisationen innerhalb von Parteien, Gewerkschaften und Kirchen, die sich stärker für die Forderungen der Frauenbewegung öffnen, wird enger. Ausdruck dieser Annäherung ist beispielsweise das Nationale Frauenkomitee, das sich 1987 im Rahmen der Teilrevision des Kranken- und Mutterschaftsversicherungsgesetzes (KMVG) bildet und dem sich erstmals Frauen vom rechten und linken Parteienrand – inklusive OFRA – anschließen (vgl. Kap. IV. 1.). Auch die ablehnende Haltung gegenüber staatlichen Institutionen wird in dieser Phase von großen Teilen der Bewegung aufgegeben. Auf kommunaler Ebene kommt es zu vielfältigen Formen der Zusammenarbeit und die Frauenprojekte werden vermehrt finanziell gefördert. Feministische Themen werden breit aufgenommen. Der Feminismus popularisiert sich und verliert damit gleichzeitig seine kulturrevolutionäre Spitze. Die Zeiten der Protestkultur sind auch für die Frauenbewegung vorbei: Nachdem der von der 68er Bewegung ausgelöste Protestzyklus bereits Mitte der siebziger Jahre unter dem konjunkturellen Einbruch an Dynamik verloren hat, flaut Mitte der achtziger Jahre auch die Protestwelle der 8oer Bewegung ab.[18] So werden etwa auch die Demonstrationen zum Internationalen Frauentag seit der Mitte der achtziger Jahre zusehends kleiner.

Die OFRA bleibt aber ihrem Anspruch, »alle« Themen zu bearbeiten, weiterhin treu. Dieses Programm ist für viele Frauen uninteressant. Sie wollen sich spezialisieren und ihre feministischen Kenntnisse beruflich umsetzen. Symptomatisch für diesen Prozess ist auch die Entwicklung der »emanzipation«. Die journalistischen Ansprüche des Redaktionsteams bezüglich Form und Inhalt steigen. Zudem entfernt sich ihr Programm vom politischen Geschehen. Sie greift vermehrt kulturelle und spirituelle Themen auf. Obwohl in vielen Städten Ende der achtziger Jahre Frauenparteien entstehen, entscheidet sich die OFRA gegen die parlamentarische Arbeit. Sie politisiert weiterhin sowohl auf der institutionellen als auch der nicht institutionellen Ebene. Als Ende der achtziger Jahre die FBB auch offiziell aufgelöst wird, ist die OFRA abgesehen von losen Gruppierungen die einzige Vertreterin der autonomen Frauenbewegung. In dieser Funktion arbeitet sie in vielen Komitees mit, hat aber ihre Schlagkraft eingebüßt. Zwar treten ihr neue, ländliche Sektionen bei, auf nationaler Ebene fehlen

Nr. 2: 1. Mai 1988: Die OFRA Basel fordert kantonale Gleichstellungsbüros. Links wird das Transparent von der damaligen OFRA Schweiz Sekretärin Barbara Speck getragen.

jedoch die personellen und vor allem auch die finanziellen Ressourcen. Trotz punktuellen und öffentlichkeitswirksamen Auftritten der Frauen Anfang der neunziger Jahre beim Frauenstreik und bei der Nichtwahl von SP-Kandidatin Christiane Brunner in den Bundesrat schließen sich der OFRA kaum neue Mitglieder an. Frauen, die politisch arbeiten wollen, gehen in die Frauenparteien, die SPS, die Grüne Partei und in die Gewerkschaften. Politisch-feministische Arbeit ist aber auch in Hilfs- und Sozialwerken, den Non Government Organizations (NGO) und in staatlichen Institutionen gefragt. Der Status der Autonomie im politischen Bereich hat seine Dringlichkeit und Faszination für viele Frauen verloren. So verabschiedet sich sogar das 1974 eröffnete autonome Frauenzentrum in Zürich 1998 vom Adjektiv »autonom« im Namen.[19] Die zahlreichen Zu-

Einleitung

sammenschlüsse von Frauen in Interessen- oder Berufsverbänden vertreten spezifische Anliegen in abgegrenzten Bereichen. Das Etikett »autonom« figuriert aber selten im Organisationsnamen.

Ich bin allerdings der Meinung, dass es dem Phänomen Frauenbewegung unangemessen wäre, mit dem Verschwinden der OFRA und öffentlichkeitswirksamen Protestdemonstrationen gleich die ganze neue Frauenbewegung totzusagen, wie das vielerorts der Fall ist. Der Titel dieses Kapitels, »Wir haben viel in Bewegung gesetzt«,[20] charakterisiert treffend die Schubkraft, die die OFRA der Frauenbewegung – und zwar der neuen wie auch der traditionellen – in der Schweiz während langer Zeit gegeben hat. Er benennt zudem einen generelleren Prozess, der mit dem erneuten Aufbruch der Frauen 1968 begonnen hat und bis heute andauert. Die deutsche Sozialwissenschafterin Silvia Kontos hat sich mit dem »Backlash«, wie er von der US-Amerikanerin Susan Faludi Anfang der neunziger Jahre diagnostiziert wurde, auseinandergesetzt und ihm ein Modell entgegengesetzt, das die heutige Situation der Frauenbewegung plausibel beschreibt. Kontos kritisiert das Modell des »Backlash«, das einem mechanischen Politik- und Bewegungsmodell von Angriff und Gegenschlag verpflichtet, machttheoretisch veraltet und unfähig sei, hochkomplexe Machtstrukturen wie die des Geschlechterverhältnisses zu erklären:

> »Um den gegenwärtigen Zustand der Frauenbewegung besser zu erfassen und sie auch besser in ihrem gesellschaftlichen und politischen Kontext zu situieren, müssen wir deshalb das Konzept des Gegenschlags auflösen, verflüssigen in Richtung auf eine gesamtgesellschaftliche Gegenbewegung, nun aber nicht im Sinne eines Stoßtrupps, der einen Gegenvorstoß unternimmt, sondern eher im Sinne einer Interferenz von

Nr. 3: Frauenstreik 1991 in Zürich.

> Wellenbewegungen. Das gesamte Feld von Frauenbewegung und Frauenpolitik wäre dann eine Art großer Welle, die Ende der sechziger Jahre eine Serie von Impulsen in eine Richtung bekommen hat, aber in sich hochgradig beweglich ist, Bewegungen und Gegenbewegungen einschließt, die kippt, regressive Strudel erzeugt, sich nach allen Seiten ausbreitet, dabei sich selbst und ihre Teilbewegungen ständig verändert und deren Identität letztlich nur in ihrer Dynamik erkennbar ist. Sie bleibt, bis sie tatsächlich verebbt ist, ein Moment gesellschaftlicher Unruhe und Beunruhigung.«[21]

Wie es zum erneuten Aufbruch der Frauen kam, welche Rolle die OFRA darin spielte, welches politische Programm sie formulierte und verfolgte, welche Kämpfe sie auszufechten hatte, wie sie ihre politischen Forderungen durchzusetzen versuchte und wie sie sich organisierte, wird in den folgenden Kapiteln dargestellt und analysiert. Um dem verklärenden Blick zurück

Einleitung

zu entgehen, werden die Aktivitäten der OFRA in den sozialpolitischen Kontext eingebettet: Denn die Befreiungsmythen – auch die feministischen – lenken davon ab, dass eine Bewegung in komplexen strategischen Situationen agiert. Der organisationsinternen Perspektive wird die Außenperspektive – vor allem in Form der medialen Berichterstattung – entgegengesetzt. Damit öffnet sich der Blick auf ein Stück Schweizer Geschichte: den sozialen Wandel der letzten Jahrzehnte, der in einem hohen Maße von den neuen sozialen Bewegungen und insbesondere der neuen Frauenbewegung geprägt wurde.[22]

I.
»Rebellion in der Rebellion«

»Mehr als einmal in der Geschichte der Frauenbewegung haben es die Frauen zu eigenen, feministischen Organisationsformen gebracht. Zum Beispiel die Frauen, die aus der von Solidarität und Rebellion getragenen Studentenbewegung kamen. Sie fanden sich eines Tages wieder beim Tippen, Kochen und Saubermachen, während die Männder diskutierten und weltverändernde Theorien bildeten. Das führte zur ›Rebellion in der Rebellion‹; die Frauen wehrten sich.«[23]

Mit diesen Worten schilderten die Progressiven Frauen Schweiz (PFS) den Aufbruch der neuen Frauenbewegung im Jahre 1968. Sie selber vollzogen den Schritt zur eigenen Organisation erst Jahre später: 1977 lösten sie sich von den Progressiven Organisationen der Schweiz (POCH) und gründeten eine autonome Frauenorganisation, die Organisation für die Sache der Frauen (OFRA). Im Zuge der 68er Bewegung formierte sich die neue Frauenbewegung aber nicht nur in der Schweiz, sondern europaweit und, bereits etwas früher, in den USA. Im Folgenden stehen die Gründe für den erneuten Aufbruch der Frauenbewegung Ende der sechziger Jahre im Zentrum. Die relativ späte Gründung der OFRA wird im nächsten Kapitel dargestellt.

Um den damaligen Aufbruch zu verstehen, müssen sowohl strukturelle, langfristige Prozesse als auch situative, kurzfristige Ereignisse berücksichtigt werden. Zudem kann ein Mobilisierungsprozess nicht ohne sozialpsychologische Faktoren erklärt werden. Denn: Auch wenn die äußeren Bedingungen eine Mobilisierung fördern, sind es nie alle »Betroffenen«, die ihr folgen und die gesellschaftlichen Bedingungen verändern wollen. Eine weitere, nicht zu unterschätzende Rolle für die erfolgreiche

Mobilisierung der Frauenbewegung spielten die Medien, weshalb auf ihre Funktionen und Wirkungen eingegangen wird. Abschließend soll an einem Modell skizziert werden, wie sich die internationale Frauenbewegung in den siebziger, achtziger und neunziger Jahren entwickelte.

1. »Globuskrawall« – Aufbruch der 68er Bewegung

Die 68er Bewegung in der Schweiz wurde vor allem von StudentInnen der Sozial- und Geisteswissenschaften ausgelöst.[24] Zunehmend beteiligten sich aber auch Jugendliche und junge Erwachsene aus anderen Bildungsschichten an den Protestaktionen. Generell stammten die 68er vorwiegend aus den neuen Mittelschichten, die sich in der prosperierenden Nachkriegszeit entwickelt hatten und vor allem Beschäftigte aus dem stark wachsenden Dienstleistungssektor umfassten. Der so genannte »Globuskrawall« im Juni 1968 in Zürich gilt als Auftakt zur explosionsartigen Ausbreitung der Aktionen: Die ein autonomes Jugendhaus fordernden DemonstrantInnen prallten mit der Polizei vor dem ehemaligen Globus-Gebäude an der Bahnhofbrücke zusammen. Die Zürcher Polizei reagierte repressiv und ließ sich Misshandlungen zuschulden kommen. Die Bilder der Zusammenstöße zwischen der Polizei und den DemonstrantInnen gingen um die halbe Welt.

Die Gründe für den Aufstand der jungen Generation sind vielfältig. Stichworte wie »love not war«, Umweltverschmutzung, Verkehrschaos, antiautoritäre Erziehung und Konsumgesellschaft erinnern an die damalige Gesellschaftskritik. Im Zentrum stand der Zweifel an der Hochkonjunktur und deren weltwirtschaftlichen Folgen, der zu einem grundlegenden Wertewandel führte:

Kapitel I

»Wenn sich die Heranwachsenden der fünfziger Jahre, skeptisch gegenüber grossen Zielsetzungen, auf die Wahrnehmung ihrer beruflichen Chancen konzentriert hatten, so brach in der Jugend der sechziger Jahre, allerdings etwas später als in anderen westlichen Industrieländern, der Überdruss an der Hochkonjunktur durch. Zugleich wurde das Wertsystem, das Elternhaus und Schule vertraten, vielen unglaubwürdig. Eine Wohlstandsgesellschaft, die weder den Hunger in der Dritten Welt noch den mörderischen Krieg in Vietnam zu überwinden fähig war, wirkte unerträglich.«[25]

Trug die Rebellion zu Beginn eher anarchistische Züge, kam es doch bald zu disziplinierenden Bündelungen des politischen Potenzials. Es entstanden zahlreiche politische Gruppierungen, die sich ideologisch auf die leninistisch-marxistische Analyse des Kapitalismus stützten und die Arbeiterklasse zu mobilisieren versuchten. Neben vor allem lokal agierenden Gruppen wie etwa dem Revolutionären Aufbau Zürich (RAZ) formierten sich die so genannten Neulinken Parteien. 1968 wurden die Progressiven Organisationen der Schweiz (POCH) und die Revolutionäre Marxistische Liga (RML) gegründet, die sich als Gruppierungen links von der Sozialdemokratischen Partei der Schweiz (SPS) verstanden. Neben diesen gemischtgeschlechtlichen Zusammenschlüssen organisierten sich Frauen zu reinen, oder wie sie sich nannten, zu autonomen Frauenorganisationen. Sie fühlten sich zwar der 68er Bewegung zugehörig, wollten aber ihre spezifischen Forderungen, die von den Genossen im Rahmen des Klassenkampfschemas als zweitrangig eingestuft wurden, selber artikulieren. Ihre Gesellschaftskritik richtete sich gegen Widersprüche zwischen der gesellschaftlichen Stellung der Frau und dem weiblichem Rollenbild einerseits und den eigenen Erwartungen und Ansprüchen an die Lebensgestaltung andererseits. Anders gesagt: Ihre Kritik richtete sich gegen das geschlechtsspezifische Integrationsdefizit, das die von Politik und Gesellschaft nicht berücksichtigten Modernisierungsfolgen zeitigte.

2. Die neue Frauenbewegung – strukturelle Vorbedingungen

Was bedeuten die Ausdrücke Integrationsdefizit und Modernisierungsfolgen? Die Entwicklung der modernen Schweiz kann als Ein- und Ausgrenzungsprozess verstanden werden. Während gewisse soziale Gruppen und Interessen mittels Ausbau der demokratischen Rechte und Verfahren im Laufe der Zeit integriert wurden, blieben andere ausgegrenzt. So wurden beispielsweise die Interessen der Arbeiterschaft in den vierziger Jahren politisch integriert: 1943 erhielt die SPS ihren ersten Sitz im Bundesrat und der Wirtschaftsartikel von 1947 gestand den Gewerkschaften den Einbezug in das vorparlamentarische Vernehmlassungsverfahren des Bundes zu.[26] Andere Interessen und soziale Gruppen wurden ausgegrenzt, wie etwa die Kommunistische Partei (KP), die 1940 verboten wurde, oder die ImmigrantInnen, denen mit einem rigiden Einbürgerungsrecht die politische Integration noch bis heute erschwert bis verunmöglicht wird.

Zu diesen nicht oder wenig integrierten Gruppen gehörten auch die Frauen. Zwar wurden die großen Dachverbände wie der Bund Schweizerischer Frauenorganisationen (BSF) oder der Schweizerische Katholische Frauenbund (SKF) analog zu den Wirtschafts- und Berufsorganisationen zu Beginn des 20. Jahrhunderts ins politische System eingebunden.[27] Trotzdem blieb bis 1971 ein krasses Integrationsdefizit bestehen: das fehlende Stimm- und Wahlrecht der Frauen. Damit waren nicht nur der

Durchsetzungskraft der Frauenverbände enge Grenzen gesetzt, sondern den Frauen generell und somit der Hälfte der Staatsbürger die Mitsprache und die Beteiligung an der politischen Gestaltung des Landes verwehrt. Mit der Vorenthaltung der politischen Rechte für die Frauen stand die Schweiz im europäischen Vergleich alleine da: In den anderen demokratischen Staaten Europas wurde das Frauenstimmrecht nach dem Ersten, spätestens aber nach dem Zweiten Weltktrieg eingeführt.[28] Ausgeschlossen waren die Frauen aber auch von verschiedenen Berufen, den so genannten Männerberufen. Noch heute ist der Anteil der Frauen in Führungspositionen äußerst gering. Die schwache gesellschaftliche Integration der Frauen kam aber auch in vielen Sozialversicherungen und im Zivilrecht zum Ausdruck. Das bis 1988 geltende Eherecht beispielsweise beruhte auf dem patriarchalischen Ehemodell mit dem Mann als »Haupt der Familie«: Der Mann gab der Familie den Namen und das Bürgerrecht, ja sogar über die Berufstätigkeit der Frau konnte der Mann rechtlich bestimmen. Der Ausdruck Integrationsdefizit bezeichnet also den mangelnden politischen, rechtlichen, sozialen beziehungsweise kulturellen Einbezug von sozialen Gruppen, hier diejenige der Frauen. Nicht zuletzt ist mit dem Integrationsgrad auch die Machtbeteiligung verbunden: Ohne umfassende Integration bleiben soziale Gruppen in der Regel machtlos, wobei die politische Integration von zentraler Bedeutung ist.

Die weiteren Erklärungen der strukturellen Voraussetzungen für den Aufbruch der Frauen werden mit dem Ausdruck Modernisierungsfolgen zusammengefasst. Dieter Rucht hat in einer vergleichenden Studie die Frauenbewegungen der USA, Frankreichs und der Bundesrepublik Deutschland untersucht.[29] Es sei eigentlich paradox, meint er, dass gerade in einer Zeit wachsenden materiellen Wohlstands und einer teilweisen Verbesserung der gesellschaftlichen Stellung der Frauen in den fünfziger und sechziger Jahren der Nährboden für eine neue Welle des Feminismus gediehen sei. Mit diesen Fortschritten, das zeige ein zweiter Blick, hätten sich allerdings auch neue Erwartungen entwickelt beziehungsweise die Widersprüche zwischen gesellschaftlichem Rollenideal und Lebenswelt verschärft.

Einer der Hauptbereiche, die sich in diesem Zeitraum veränderten, war die zunehmende Erwerbstätigkeit insbesondere auch der verheirateten Frauen. Die Erwerbstätigkeit der Schweizerinnen nahm zwischen 1950 und 1960 um zehn Prozent, zwischen 1960 und 1970 um dreizehn Prozent zu.[30] In praktisch allen fortgeschrittenen westlichen Ländern ist ab Mitte des 20. Jahrhunderts der so genannte informelle Sektor, innerhalb dessen die unbezahlt verrichtete weibliche Hausarbeit einen großen Anteil hatte, zurückgegangen. Die Technisierung des Haushalts und die verringerte durchschnittliche Kinderzahl reduzierten den Aufwand für die Hausfrauen und Mütter und erlaubten ihnen eine verstärkte Erwerbstätigkeit. Allerdings muss hier ergänzt werden, dass zwar die Technisierung des Haushalts tatsächlich Erleichterungen brachte, im Gegenzug aber die Rolle der Mutter einen Wandel erlebte. Die pädagogischen und psychologischen Erwartungen an die Mutterrolle erhöhten sich. Während in anderen Ländern außerfamiliäre Versorgungseinrichtungen für Kinder eingerichtet wurden, waren solche Bemühungen in der Schweiz meist erfolglos. Trotzdem stieg auch hier der Anteil der Fauen an den Erwerbstätigen. Die Erwerbsquote war aber immer von der Lage des Arbeitsmarkts abhängig: In rezessiven Phasen wurde den Frauen das Recht auf Arbeit wieder streitig gemacht. Auch im

Kapitel I

Bildungsbereich legten die Frauen überdurchschnittlich zu. So erhöhte sich der Anteil der Studentinnen an den Schweizer Hochschulen von 13 Prozent im Jahre 1950 auf 23 Prozent im Jahre 1970.[31] Dies wiederum ließ das Interesse der Frauen an gesellschaftlichen Fragen und politischem Engagement ansteigen. Rucht weist zudem auf psychologische Auswirkungen hin. Die vermehrte Erwerbstätigkeit der Frauen führte zwar zu einer stärkeren Belastung oder – wie das Stichwort hierzu heißt – zur Doppelbelastung. Gleichzeitig verminderte sich aber durch die Erwerbstätigkeit der Frauen die ökonomische Abhängigkeit, was zu ihrem wachsenden Selbstbewusstsein beitrug. Auch die Untervertretung von Frauen begünstigte den Aufbruch: Trotz verbesserter Bildung waren die Frauen in öffentlichen Funktionen immer noch stark unterrepräsentiert.

Den Modernisierungsprozessen hinterher hinkte, wenn man so will, das Rollenverständnis der Geschlechter. Die Frauen als doch von Natur aus dem Humanen besonders zugetan, sollten – so die dominierende Meinung – den Entwicklungen entgegenwirken. Sie sollten im innerfamiliären Bereich den nicht beabsichtigten Folgen der Modernisierung – der zunehmenden Rationalisierung und Entfremdung, die mit der Technologisierung der Arbeitsplätze einherging – die alten Werte der Übersichtlichkeit, Gefühlswärme und Geborgenheit im trauten Heim entgegensetzen. Die Frauen sollten gewissermaßen den antimodernistischen Gegenpol bilden, um die unerwünschten Nebenfolgen des beschleunigten Wandels aufzufangen.[32] Dieses konservative Rollenverständnis, das die Geschlechter als sich ergänzende verstand und der Frau den privaten, dem Mann den öffentlichen Bereich zuordnete, hatte sich für alle Beteiligten über Jahrzehnte bewährt. Denn auch die Frauen – nicht alle, aber die Mehrzahl – hatten dieses Rollenbild internalisiert und stützten es. So stand dann die vom Bund Schweizerischer Frauenorganisationen (BSF) und rund weiteren hundert Frauenvereinen organisierte »Schweizerische Ausstellung für Frauenarbeit«, die SAFFA von 1958, unter dem Motto »Zu Hause muss beginnen, was leuchten soll im Vaterland«. Nicht mehr die außerhäusliche Erwerbstätigkeit der Frauen, wie bei der SAFFA 1928, sondern die moralisch hochstilisierte Mütterlichkeit und das Dreiphasenmodell[33] standen im Vordergrund. Mit letzterem wurde die Erwerbstätigkeit der Frau in biographische Phasen aufgegliedert und der Kindererziehung untergeordnet.[34] Genau dieses Rollenverständnis wurde von den jungen Frauen Ende der sechziger Jahre nicht mehr geteilt, sondern grundlegend in Frage gestellt. Der Nährboden, der diesen Aufbruch ermöglichte, wird von der Historikerin Elisabeth Joris folgendermaßen zusammengefasst:

> »Der allgemein steigende materielle Wohlstand, die erweiterten Erwerbsmöglichkeiten für Frauen, die zunehmende Zahl der Scheidungen, der Kinsey-Report über das sexuelle Verhalten von Männern und Frauen, die Verbreitung der Pille und die Kommerzialisierung der Sexualität führten in den sechziger Jahren auch in der Schweiz zu etwelcher Aufweichung der traditionellen Normvorstellungen über die Frauen.«[35]

3. Die neue Frauenbewegung – auslösende Faktoren

Wie erwähnt, kamen neben diesen strukturellen Vorbedingungen weitere auslösende Faktoren hinzu, die zum Aufbruch führten. Bevor ich auf die spezifische Situation in der Schweiz eingehe, möchte ich nochmals auf die Resultate von Ruchts län-

Kapitel I

dervergleichender Studie hinweisen. Denn gerade auch in der Internationalität der neuen Frauenbewegung liegt eines ihrer Merkmale. Rucht weist auf die gemeinsame Erfahrung der Frauen mit anderen Bewegungen hin, wie der Studenten- und Anti-Vietnamkrieg-Bewegung. In diesen gesellschaftspolitischen Kontexten wurden viele junge Frauen politisch sozialisiert. Gleichzeitig machten sie die Erfahrung, dass zwischen der propagierten Gleichheit und der Wirklichkeit der geschlechtsspezifischen Diskriminierung ein eklatanter Widerspruch herrschte.[36] Als zweiten auslösenden Faktor bezeichnet Rucht die Politisierung des Reproduktionsbereichs, also des traditionellen Zuständigkeitsbereichs der Frauen.[37] Im Zentrum standen Fragen um Sexualität, Verhütung und Abtreibung, deren Regelungen von einem männlich geprägten politisch-juristischen und alltagspraktischen Machtmonopol definiert wurden.[38] Die Medien, in der Mehrheit stark interessiert am Intimen, griffen diese bisher tabuisierten Themen auf, was zu ihrer Diskussion in der breiten Öffentlichkeit führte. Vor allem die Forderung nach der Liberalisierung des Schwangerschaftsabbruchs konnte viele Frauen interessieren, auch wenn große ideologische Unterschiede zwischen ihnen bestanden. Einen weiteren auslösenden Faktor stellen die reformpolitischen Maßnahmen dar, die von den Staaten bezüglich sozialer Gleichheit und Gerechtigkeit eingeleitet wurden. Und schließlich ist ein Diffusionseffekt über die Ländergrenzen hinweg zu beobachten: Erfolge der Frauenbewegung in einem Land wurden von anderen Ländern dank der Vermittlung durch die Medien oder durch direkte Kontakte zwischen Aktivistinnen aufmerksam registriert und in die eigene Mobilisierungsarbeit eingebaut.

Alle diese Faktoren bestimmten auch den Aufbruch der neuen Frauenbewegung in der Schweiz: Etliche Frauen hatten

Erfahrung mit politischen Gruppierungen; viele Forderungen bezogen sich auf den Reproduktionsbereich, und bereits der Name der ersten autonomen Frauengruppierung, Frauenbefreiungsbewegung (FBB), verweist auf die internationale Frauenbewegung: in den USA hieß sie Women's Liberation Movement und in Frankreich Mouvement de libération des femmes. Die staatliche Reformpolitik erwies sich auch in der Schweiz als starker Katalysator, wurde doch Ende der sechziger Jahre die Unterzeichnung der Europäischen Menschenrechtskonvention erwogen. Genau dieses Vorhaben beziehungsweise die damit verbundene öffentliche Diskussion hat in der Schweiz zum Aufbruch der Frauen geführt.[39]

1968 war nicht nur das Jahr des studentischen Aufbruchs, sondern auch das Internationale Jahr der Menschenrechte, was der Diskussion um das Frauenstimmrecht neuen Auftrieb gab. Die Schweiz war zwar seit 1963 Mitglied des Europarats, hatte aber die Europäische Menschenrechtskonvention (EMRK) nicht ratifiziert. Sie wollte zuerst prüfen, inwiefern die schweizerische Gesetzgebung mit der EMRK übereinstimmte. Einen der wichtigsten Widersprüche stellte das fehlende Frauenstimmrecht dar.[40] Der Bundesrat beabsichtigte, die EMRK unter Vorbehalt, also ohne Frauenstimmrecht, zu ratifizieren, und legte Anfang Dezember 1968 dem Parlament einen dementsprechenden Bericht vor. Dieses Vorgehen weckte den Unmut der großen Frauenverbände, die sich von Beginn an gegen eine Unterzeichnung unter Vorbehalt ausgesprochen hatten. Im Alleingang – die anderen Frauenverbände richteten Protestschreiben an die Landesregierung – riefen die Frauenstimmrechtsvereine Zürich und Basel auf den 1. März 1969 zum »Marsch nach Bern« auf und organisierten eine Kundgebung vor dem Bundesplatz. Rund 5000 Frauen und einige Männer folgten dem Aufruf.[41] Die FBB, die zwar an der Idee des »Marschs nach Bern« beteiligt war, nahm an der Protestkundgebung selber nicht teil. Sie weigerte sich, ohne konkreten Adressaten – der 1. März war der Tag vor Beginn der neuen Session und das Bundeshaus dementsprechend leer – nach Bern zu fahren.[42] Obwohl die Form eines Protestmarsches den jungen Frauen näher lag als Feiern – kurze Zeit vorher hatten sie die 75-Jahr-Feier des Zürcher Frauenstimmrechtsvereins mit einer Protestaktion gestört – kam es zu keinem gemeinsamen Auftritt.

Das Vorgehen und weniger die Inhalte ist denn auch der große Unterschied zwischen der alten und der neuen Frauenbewegung: Während die traditionellen Frauenverbände mit moderaten Mitteln die Partizipation anstrebten, zielte die neue Frauenbewegung auf Polarisierung und kämpfte mit spektakulären Aktionen für die Durchsetzung ihrer Forderungen.[43] Die Unterzeichnung der EMRK unter Vorbehalt wurde übrigens vom Ständerat Anfang Oktober 1969 blockiert.

4. Mobilisierung

Die Zeit, so könnte man aus den obigen Ausführungen ableiten, war also reif für den Aufbruch der Frauen. Eine solche Schlussfolgerung führt allerdings zur Frage, weshalb nicht alle (jungen) Frauen sofort der FBB beitraten. Zwar entstanden kurze Zeit nach der Gründung der Zürcher FBB in anderen Städten ebenfalls autonome Frauengruppierungen. Es machten aber immer nur relativ wenige Frauen mit. Die Beteiligung an Protestgruppen ist also nicht nur von langfristigen und auslösenden, sondern auch von individuellen Faktoren abhängig.

Der sozialpsychologische Fachbegriff, der die Voraussetzung individuellen Engagements in Gruppierungen benennt, die dem einzelnen keinen unmittelbaren, materiellen Nutzen bringen, heißt relative Deprivation. Die individuelle Erfahrung, nicht so leben zu können, wie man eigentlich sollte, nämlich den gesellschaftlichen Leitbildern entlang, führt zu Identitätsschwierigkeiten. Oder wie das der Zürcher Wirtschaftshistoriker Hansjörg Siegenthaler formuliert: »Sein und Sollen klaffen auseinander.«[44] So sprechen auch die Historikerinnen May B. Broda und Elisabeth Joris von einem »Zwang«, der die politische Mobilisierung der FBB ausgelöst habe – und zwar der »Zwang, sich mit unterschiedlichen und widersprüchlichen Mängeln, mit der ungenügenden Einlösung bestimmter Werte der Moderne, auseinanderzusetzen«.[45] Wird diese Erfahrung von vielen geteilt und nicht als selbstverursacht empfunden, können gesellschaftliche Sachverhalte politisiert werden: Die Erfahrung gemeinsamer Betroffenheit und Solidarität ist unabdingbare Voraussetzung für kollektive Aktionen.[46] Nun gibt es aber Menschen, die zwar ein Unbehagen, die Diskrepanz zwischen gesellschaftlichen Normen und eigenen Wertvorstellungen verspüren, sich aber trotzdem nicht an gemeinsamen Aktionen zur Veränderung dieser Situation beteiligen. Sie wünschen zwar den protestierenden Gruppierungen Erfolg, wissen aber, dass dieser Erfolg nur bedingt von ihrem persönlichen Verhalten abhängig ist. Wozu sich also anstrengen, wenn andere das tun?

»Er (der Mensch – DL) wird sich zurückhalten, er wird sich als Trittbrettfahrer verhalten, solange seine persönliche Teilnahme nur die Bewegung stärkt und nicht ihm selber und ganz unmittelbar und unabhängig davon, was die Bewegung

Kapitel I

als ganze zum Wohle aller Angehörigen seiner Interessengruppe durchsetzt, Vorteile bringt.«[47]

In der Regel versuchen Vereine oder Organisationen ihren Mitgliedern Vorteile zu verschaffen, häufig auch materielle, um sie an die Organisation zu binden. Gerade soziale Bewegungen können dies – zumindest in ihrer Anfangsphase – aber nicht, ist doch das nötige Geld nicht vorhanden. Stattdessen bieten sie immaterielle Anreize:

»Teilnehmer bindet sie (die Gruppierung – DL) an sich nicht durch materielle Anreize, sondern so, dass sie Lernchancen einräumt, dass sie eine Chance bietet für viele, nicht nur die Welt zu ändern, sondern zunächst sich selber.«[48]

Obwohl nur kurz zusammengefasst, scheint mir die Erklärung von Siegenthaler sehr überzeugend. Gerade für die neue Frauenbewegung, die vor allem zu Beginn die Selbsterfahrung als zentralen Teil ihrer Arbeit verstand, scheint die Erklärung individueller Lernchancen als Motivation für die persönliche Beteiligung an der Bewegung von großer Plausibilität.[49]

Ergänzend sei darauf hingewiesen, dass das Modell der relativen Deprivation allerdings nicht erklären kann, wie es zu einem advokatorischen Engagement kommt.[50] Die Geschichte der OFRA zeigt, dass diese zwei Formen des Engagements – die OFRA spricht von »Betroffenen- und Stellvertreterpolitik« – immer wieder zu heftigen Diskussionen führten, da sie die politische Strategie in einem hohen Maße mitbestimmen.

Nun kann aber der Mensch nur Trittbrettfahren oder sich aktiv an einer Bewegung beteiligen, wenn es sie *gibt*. Die Frage, wie es zu einer Mobilisierung deprivierter Menschen kommt, beschäftigt die Forschung über soziale Bewegungen intensiv und seit langer Zeit. Zahlreiche theoretische Ansätze machen unterschiedliche, die Mobilisierung beeinflussende Faktoren geltend.[51] Ich möchte hier lediglich auf einen, aber umso zentraleren Faktor eingehen, nämlich auf die Bedeutung der Medien. »Eine Bewegung, über die nicht berichtet wird, existiert nicht.«[52] Dieses Diktum formuliert einen Extremstandpunkt. Dennoch ist die Bedeutung der Medien für die Mobilisierung der neuen sozialen Bewegungen kaum zu überschätzen.[53] Was nützen Demonstrationen und spektakuläre Aktionen, wenn sie nicht gesehen, wenn nicht über sie berichtet wird? Der »Marsch nach Bern« im Jahr 1969 beispielsweise wurde dank der Medienberichterstattung von viel mehr Menschen zur Kenntnis genommen als das Protestschreiben der übrigen Frauenverbände an den Bundesrat. Der Diffusionseffekt, den Medien erzielen, macht aus der lokalen Aktion ein regionales, nationales oder gar internationales Ereignis.

Die Bedeutung der Medien für die neuen sozialen Bewegungen muss auf dem Hintergrund einer sich strukturell wandelnden Öffentlichkeit gesehen werden:

»Der Aufstieg neuer sozialer Bewegungen ging mit einem Strukturwandel der Öffentlichkeit und einer neuen Rolle der Medien einher, die sich zunehmend von der parteipolitischen Einbindung emanzipierten.«[54]

In den sechziger Jahren verselbständigen sich die Medien zunehmend in Richtung Kommerzialisierung und Boulevardisierung. Dem Mitgliederschwund der Parteien und dem Anwachsen der Wechselwähler entspricht ein Bedeutungsverlust der Parteimedien.[55] Die Medien lösen sich von den Parteimeinungen, um sich verstärkt dem Publikumsinteresse zuzuwenden.

Dies wiederum verstärkt ihre Abhängigkeit vom Markt, oder etwas verkürzt ausgedrückt, von der Auflagenhöhe der Zeitung oder der »Einschaltquote«. Im Herbst 1959 erscheint die Nullnummer des »Blicks« als erstes Boulevardmedium der Schweiz. Die veränderte Rolle der Medien führt zu neuen Auswahlkriterien in der Berichterstattung. Die Aufmerksamkeit der Medien richtet sich nicht mehr nur auf die Verlautbarungen der Parteien und der politischen Entscheidungsträger, sondern auch auf die spektakulären Aktionen neuer Akteure in der Öffentlichkeit: Gesucht wird das Neue, das Aufsehenerregende, das Konfliktgeladene. Und genau dies haben die neuen sozialen Bewegungen zu bieten: Sie greifen Themen auf, die vom politischen System vernachlässigt werden, formulieren ihre Forderungen provokativ und protestieren im öffentlichen Raum.

Die Berichterstattung in den Medien über spektakuläre Aktionen führt aber nicht nur zur Verbreitung neuer Themen in der Öffentlichkeit, sondern wirkt sich auch auf die Mobilisierung aus: Sie macht auf Bewegungen aufmerksam und macht sie breiteren Kreisen und damit auch potenziellen BewegungsteilnehmerInnen bekannt. Zudem informiert sie mögliche BündnispartnerInnen, seien dies Verbände, Parteien oder andere soziale Bewegungen. Gleichzeitig hilft die Präsenz in den Medien mit, die Bewegung zu stabilisieren. Durch die Wahrnehmung und Etikettierung in den Medien wird die Selbstwahrnehmung, die Bildung einer kollektiven Identität unterstützt, was den Zusammenhalt, das »Wir-Gefühl«, verstärkt. Die Bewegung erhält durch die Medienpräsenz sozusagen die Anerkennung als ernst zu nehmende Akteurin in der Öffentlichkeit, die auch die politischen Herrschaftsträger nicht mehr links liegen lassen können.[56]

5. Entwicklung der neuen Frauenbewegung

Die Aufbruchsphase der 68er Bewegung und in ihrem Gefolge auch der neuen Frauenbewegung endete 1973/74 mit dem Konjunkturumbruch, der so genannten Ölkrise. Was bis dahin an politischen Reformen nicht durchgesetzt werden konnte, hatte mit verschärften Widerständen zu rechnen.[57] Der wirtschaftliche Einbruch blieb nicht ohne Folgen für die neue Frauenbewegung. Doch trotz den widrigen Umständen entwickelte sie sich weiter und erhielt mit der Gründung der OFRA im Jahr 1977 neuen Schub. Rucht hat in seiner ländervergleichenden Studie ein Phasenmodell erarbeitet, das die Entwicklung der neuen Frauenbewegung entlang ihrer jeweils dominierenden strategischen Orientierung unterscheidet.[58] Dieses Modell hat auch für die Entwicklung der neuen Frauenbewegung in der Schweiz Gültigkeit und soll deshalb als Raster skizziert werden.

Die erste Phase beginnt in den USA im Jahre 1966 mit der Gründung der National Organization for Women (NOW), in Frankreich, der Bundesrepublik Deutschland und in der Schweiz in der Folge der Studentenunruhen. Sie ist durch zwei Bemühungen gekennzeichnet: erstens durch ein intensives Ringen um ein feministisches Selbstverständnis im Rahmen einer kritischen Gesamtanalyse der Gesellschaft. Es werden Diskussionszirkel gegründet, lose Treffen finden statt, Flugblätter und Publikationen werden gedruckt. Zweitens formieren sich eigenständige feministische Gruppierungen.

Die zweite Phase ist durch das verstärkte Vordringen der Frauenbewegung in der politischen Öffentlichkeit charakterisiert. Rucht spricht von symbolischer Politik und öffentlicher Provokation. Im Vordergrund stehen die öffentliche Regelverletzung, spektakuläre Aktionen und Happenings sowie der Er-

Kapitel I 43

Nr. 4: Einreichung der »Frauenzentrums-Initiative« vor dem Stadthaus Baden, ca. 1984, wesentlich mitgetragen von der OFRA Baden. Zweite von links: OFRA-Mitglied Britta Schibli und ganz rechts: OFRA-Mitglied Ursula Pia Jauch. Die Initiative wurde massiv abgelehnt.

fahrungs- und Informationsaustausch auf nationalen und internationalen Kongressen.

Das Ende dieser Aufbruchsphase kommt Mitte der siebziger Jahre und wird durch eine Phase des Rückzugs ins Private abgelöst. Ein Boom von Selbsterfahrungsgruppen in den USA, den so genannten »consciousness-raising groups«, dehnt sich weniger in Frankreich, dafür umso mehr in der Bundesrepublik und auch der Schweiz aus. Der Rückzug nach innen wird von der Gründung von advokatorischen Projekten begleitet, wie etwa Häuser für geschlagene Frauen, Gesundheitszentren und Nottelefone für vergewaltigte Frauen. Gleichzeitig wird eine Gegenkultur aufgebaut – vom Frauenzentrum über Frauenbuchläden und Frauenbeizen bis zu feministischen Zeitschriften. Leitend dafür ist der Gedanke einer möglichst großen Unabhängigkeit von den etablierten Institutionen.

Die vierte Phase beginnt in der ersten Hälfte der achtziger Jahre. Kennzeichen dieser Phase ist eine wechselseitige Annäherung zwischen der autonomen Frauenbewegung und der etablierten Politik, sprich den traditionellen Frauenverbänden und den Frauenorganisationen innerhalb von Parteien, Gewerkschaften und Kirchen, die sich stärker für die Forderungen der Frauenbewegung öffnen. Auch die ablehnende Haltung gegenüber staatlichen Institutionen wird von großen Teilen der Bewegung aufgegeben. Auf kommunaler Ebene kommt es zu vielfältigen Formen der Zusammenarbeit und die Frauenprojekte werden vermehrt finanziell gefördert. Feministische Themen werden breit aufgenommen, wie das etwa in speziellen Frauenreihen großer Taschenbuchverlage zum Ausdruck kommt. Allerdings hat diese Verbreitung und Aufnahme ihren Preis:

> »Auf direkten und indirekten Wegen ist es damit den neuen Frauenbewegungen gelungen, sich in der Öffentlichkeit und speziell der etablierten Politik mehr Gehör zu verschaffen. Der Preis hierfür ist freilich die Abschwächung ihrer ursprünglich (kultur-)revolutionären Positionen. Frauenfragen gehören somit ebenso wie Ökologie oder Arbeitslosigkeit zum routinemäßig behandelten Problemhaushalt westlicher Demokratien.«[59]

II.
Von den Progressiven Frauen Schweiz (PFS) zur autonomen Frauenorganisation

Im Vergleich mit der Frauenbefreiungsbewegung (FBB) begann der Verselbständigungsprozess der weiblichen Mitglieder der Progressiven Organisationen der Schweiz (POCH) relativ spät. 1975 wurden die Progressiven Frauen Schweiz (PFS) als separate Frauengruppe der POCH gegründet, wobei nicht alle weiblichen Mitglieder der POCH in der PFS organisiert waren. Im Frühling 1977 wurde die PFS aufgelöst und die OFRA gegründet. Während sich die FBB bereits Ende 1968 formierte, folgte ihr die OFRA erst acht Jahre später. Wie es dazu kam und weshalb sich die Mitglieder der Progressiven Frauen Schweiz (PFS) nicht der FBB anschlossen, sondern eine eigene Organisation gründeten, ist Thema dieses Kapitels.

1. Auch die POCH-Frauen machen sich selbständig

Am 10. November 1968 feierte der Frauenstimmrechtsverein im Zürcher Schauspielhaus sein 75. Jubiläum. Weibliche Mitglieder der Fortschrittlichen Studentenschaft Zürich (FSZ) störten diesen geruhsamen Anlass, indem sie sich des Mikrofons bemächtigten und eine Rede hielten. In der Folge dieser öffentlichkeitswirksamen Störaktion gründete eine kleine Gruppe von Frauen die FBB-Zürich.[60] Am 1. Februar 1969, von einem Journalisten nach dem Namen ihrer Gruppierung befragt, trat die Frauengruppe zum ersten Mal unter dem Namen FBB in der Öffentlichkeit auf.[61] Die Medien ordneten die neue Gruppierung sofort der Neuen Linken zu, was auch dem Selbstver-

Nr. 5: *PFS-Mitglieder fordern die volle Gleichberechtigung (Ort und Datum unbekannt).*

ständnis der FBB bis Anfang der siebziger Jahre entsprach.[62] Danach richtete sie sich verstärkt feministisch aus und löste sich mit der Gründung des Zürcher Frauenzentrums 1974 von der Linken.[63] Die Öffentlichkeit ordnete sie allerdings weiterhin der Linken zu. Es waren auch immer wieder Frauen aus diesem Milieu, insbesondere Mitglieder der Sozialistischen Arbeiterpartei, in der FBB aktiv.[64]

Die mit der Frauenbewegung sympathisierenden Mitglieder der POCH organisierten sich Anfang der siebziger Jahre zwar in eigenen Gruppierungen, den Progressiven Frauen Schweiz (PFS), blieben ihrer Partei aber immerhin bis 1977 treu. Allerdings engagierten sich nicht alle weiblichen Mitglieder der POCH in der PFS. Ein Teil der Frauen politisierte sowohl in

Kapitel II

der PFS als auch in der POCH, andere ausschließlich in der Partei. 1977 wurde die PFS aufgelöst und die OFRA als autonome überregionale Frauenorganisation gegründet.

Der Ausdruck autonom beziehungsweise Autonomie gehörte damals zu den zentralen Begriffen der neuen Frauenbewegung. Autonom bezog sich zunächst auf die geschlechtsspezifische Interessenvertretung, die reine Frauengruppe. Die Autonomieforderung sollte zudem die Abgrenzung zu Organisationsformen wie Parteien und Verbänden leisten und die Selbstbestimmung der politischen Arbeit garantieren. Neben diesen formalen Aspekten bedeutete Autonomie aber auch die Trennungslinie zwischen den klassischen politischen Inhalten der Arbeiterbewegung und dem frauenspezifischen Thema der Unterdrückung. In einem Interview der »Basler Zeitung« formulierten drei Vertreterinnen der autonomen Frauenbewegung die Bedeutung von Autonomie:

> »Autonom heisst für uns unabhängig, unabhängig von allen traditionellen Parteien und Organisationen, also auch unabhängig von den traditionellen Frauenorganisationen, organisatorisch und inhaltlich selbständig. Die traditionellen Frauenorganisationen erhofften sich vom Stimmrecht für Frauen die Gleichberechtigung; sie meinten, ein Tor werde aufgestossen und Barrieren würden umgestossen. Doch das ist nicht geschehen. Erst durch eine starke autonome Frauenbewegung wurden die Parteien und Gewerkschaften gezwungen, die Frauenforderungen aufzunehmen.«[65]

Insbesondere in der Diskussion um Bündnispartner bekam der Ausdruck eine hoch ideologische Note und konnte zum Gradmesser der Radikalität einer feministischen Gruppierung werden. Die Ablehnung jeglicher Zusammenarbeit mit gemischtgeschlechtlichen Gruppierungen war Ausdruck einer autonomen, radikalen Haltung. Radikalität wiederum fungierte in gewissen feministischen Strömungen als Gütezeichen für einen feministischen Lebensstil und feministische Politik. Nicht zuletzt wurde der Ausdruck auch auf die eigene Person angewendet:

>»Autonomie, wirkliche Autonomie hat viel mit dem Selbstwertgefühl der einzelnen Frauen zu tun. Und das ist nicht etwas, was die Organisation für die Frauen vergrössern kann, das muss jede selbst tun. Das einzige, was du von der Organisation aus tun kannst, ist einen Freiraum anbieten [...].«[66]

Aber nicht nur in den internen Diskussionen der Frauenbewegung spielte der Ausdruck eine zentrale Rolle, sondern er prägte auch das Außenbild der Bewegung. Lili Nabholz-Haidegger, FDP-Nationalrätin und erste Präsidentin der Eidgenössischen Kommission für Frauenfragen, charakterisiert diese Außenwahrnehmung folgendermaßen:

>»Dieser Wille zur Eigenständigkeit der Bewegung ist oft missverstanden und unter anderem dahingehend gedeutet worden, die Feministinnen wollten die Frauenherrschaft anstreben, was im Gegensatz zur allgemein akzeptierten Männerherrschaft als etwas absolut Ungehöriges aufgefasst wird.«[67]

Die Verzögerung des Autonomieprozesses der PFS ist insofern bemerkenswert, als die Mitglieder der FBB[68] und diejenigen der OFRA die gleichen Gründe für die Loslösung von der Neuen Linken geltend machten: Einerseits wurden ihre geschlechtsspezifischen Anliegen von den Männern der Neuen Linken – ganz der marxistisch-leninistischen Tradition gehorchend – als

Kapitel II

Nr. 6: Plakat »Frauefäscht« 3. Juli 1976, organisiert von den Progressiven Frauen Luzern (PFL) und der Frauenbefreiungsbewegung Luzern (FBB).

Frauenfrage der Klassenfrage subsumiert: Die Emanzipation der Frauen, so die damalige Doktrin, ginge mit derjenigen der Arbeiterklasse einher. Die Überwindung des Kapitalismus führe sozusagen automatisch auch zur Frauenbefreiung. Andererseits, und die Literatur der gesamten westeuropäischen Frauenbewegungen legt davon Zeugnis ab, herrschte in den gemischten Gruppierungen der Neuen Linken die traditionelle Arbeits- und Rollenverteilung der Geschlechter vor: Die Frauen tippten die Flugblätter und servierten Kaffee, während die Männer »weltverändernde Theorien« bildeten. Oder, wie dies ein bereits legendär gewordenes Flugblatt des Frankfurter Weiberrats, einen weiteren Aspekt dieser Rollenverteilung hervorhebend, zusammenfasst: »Befreit die sozialistischen Eminenzen von ihren bürgerlichen Schwänzen!«[69]

In einem Artikel über die Beweggründe zur Auflösung der Progressiven Frauen und die Gründung der Organisation für die Sache der Frauen, damals noch SAFRA genannt (vgl. nächstes Unterkapitel), wird diese sowohl in theoretischer als auch in praktischer Hinsicht unbefriedigende Situation folgendermaßen geschildert:

> »Die Genossen betonten, gemeinsam sei man stärker, Frauen und Männer der benachteiligten Klasse hätten gegenüber der privilegierten objektiv die gleichen Interessen zu verteidigen. Das stimmt zwar. Aber neben diesen Interessen haben die Frauen noch andere, besondere – und die sind genau so objektiv. Und es ist ebenso offenkundig, dass Männer sie nicht haben und deshalb auch keine Notwendigkeit sehen, dafür zu kämpfen. Das ist der Grund, warum Frauen, solange sie noch irgendwie diskriminiert sind, ihre eigenen Organisationen brauchen.«[70]

Kapitel II

Sicher hat die Gründung von separaten Frauengruppen innerhalb der POCH zu dieser relativ späten Trennung von der Partei geführt. Die Gründung der Progressiven Frauen Schweiz wurde von der Parteileitung vorangetrieben, sollten doch auf diesem Wege neue Mitglieder für die »Massenorganisation« geworben werden.[71] Sektionen der PFS bestanden in den Städten Basel, Bern, Luzern, Olten, Solothurn, Schaffhausen, St. Gallen und Zürich.[72] Die verschiedenen Sektionen arbeiteten unterschiedlich eng mit der Partei zusammen. In Basel etwa, der Hochburg der POCH, war die organisatorische Verbindung von PFS und Partei eng. In Zürich hingegen, der deutschschweizerischen Hochburg der mit der POCH konkurrierenden Revolutionären Marxistischen Liga (RML) und späteren Sozialistischen Arbeiterpartei (SAP), war die PFS-Sektion unabhängig. Dieses Konkurrenzverhältnis der beiden Neulinken Parteien wirkte sich auch auf die neue Frauenbewegung aus. So war die OFRA in Basel viel stärker verankert als in Zürich. Das umgekehrte Verhältnis galt für die FBB, die in Basel eher schwach vertreten war. Die beiden Parteien versuchten aber auch immer wieder die Frauenbewegung für ihre politische Arbeit zu gewinnen oder zu instrumentalisieren. Die PFS-Sektionen standen allen Frauen offen und eine Mitgliedschaft war nicht zwingend mit der Parteimitgliedschaft verbunden. Sie arbeiteten zu den klassischen Themen Schwangerschaftsabbruch, Mutterschaftsversicherung sowie Frau und Arbeit. Die PFS organisierten Schulungskurse über die traditionelle Arbeiterinnenbewegung und engagierten sich lokalpolitisch, beispielsweise bei der Lancierung von Kindertagesstätten-Initiativen. Zudem richteten sie in verschiedenen Städten Frauenberatungsstellen ein. Im Januar 1975 erschien die erste Nummer der »emanzipation«, des Zeitungsorgans der PFS, das 1977 zum Vereinsorgan der OFRA wurde.

Zur relativ späten Trennung von der Partei trug aber sicher auch das politische Selbstverständnis der PFS beziehungsweise der OFRA bei. Sie ortete bei den anderen Frauengruppierungen einen Richtungswechsel, den sie ablehnte. Andere Gruppierungen lehnten einen gemeinsam mit den Männern geführten politischen Kampf ab, hätten die »Kampfrichtung« geändert. Sie würden nicht mehr gegen »die Kapitalisten«, sondern gegen den Mann an und für sich kämpfen. Den gemeinsamen Kampf von Frau und Mann wollte die OFRA nun allerdings in einer autonomen Organisation führen. Dies aus zwei Gründen: Erstens seien Frauen in den politischen Organisationen mengenmäßig im Nachteil, weshalb sie ihre Interessen nicht durchsetzen könnten. Zweitens hätten die Frauen einen Wissens- und Bildungsrückstand aufzuholen, was ihnen in Frauenorganisationen besser gelinge. Besonders hervorgehoben wurde die eigene Interessenvertretung: Wer nicht Politik mache, mit dem werde Politik gemacht. Das Ziel der Organisation sei die Veränderung der gesellschaftspolitischen und wirtschaftlichen Entscheidungsprozesse im Sinne einer »radikalen Demokratisierung«:

> »Demokratie ist für uns mehr als das Spiel mit parlamentarischen Vorstössen und Abstimmungsdaten etc. – obwohl das alles auch sehr wichtig ist; in einer demokratisch erneuerten Gesellschaft soll allen ein sehr weitgehendes Recht auf Selbstbestimmung und Entscheidungsmöglichkeit gegeben werden.«[73]

Diese (radikal-)demokratische Ausrichtung ist auffällig. Sie unterscheidet sich deutlich von einer feministischen Ausrichtung, wie sie etwa die Radikalfeministinnen oder die FBB (ab Mitte der siebziger Jahre) vertraten, die auf die »Abschaffung des Patriarchats« zielten. Obwohl im Artikel selbst nicht erwähnt, zeigt sich in der programmatischen Ausrichtung der SAFRA die nach wie vor große ideologische Nähe zur POCH: Denn genau dies, die »demokratische Erneuerung der Schweiz«, war deren damaliges Parteiprogramm.[74] Die POCH strebte zwar nach wie vor eine sozialistische Gesellschaft an. Strategisch setzte sie aber weniger auf eine Revolution des Proletariats denn auf eine »demokratische Erneuerung« des politischen Systems.[75] Die PFS wird abschließend als notwendige Vorform der SAFRA bezeichnet, die nun durch eine breitere, strukturell offenere Frauenorganisation abgelöst werden sollte. Organisatorisch war die OFRA von Beginn an autonom. In ideologischer Hinsicht, im Sinne eines explizit feministischen Programms, entfernte sie sich erst später von ihren Wurzeln, wobei sie sich nie so stark von der Linken distanzierte wie die FBB.

2. Der »Frauenmärz« 1977

Gewissermaßen als letzte aktive Tat organisierten die Progressiven Frauen Zürich und ihr nahe stehende Frauen eine Veranstaltungswoche. Höhe- und Schlusspunkt der Woche sollte mit dem Gründungskongress der SAFRA am 13. März 1977 gesetzt werden. Das vielfältige Programm umfasste sowohl kulturelle als auch politische Veranstaltungen. Eingeladen waren alle Frauen – und auch »Männer, wenn sie nicht antifeministisch (waren) und in Begleitung von Frauen« kamen. Es traten bekannte Künstlerinnen wie etwa die Musikerin Irène Schweizer auf, und die Historikerin Susanna Woodtli las aus ihrem Buch »Gleichberechtigung«, das übrigens lange Zeit die einzige Darstellung der schweizerischen Frauenbewegung war. Weiter wurden Frauenfilme vorgeführt und nicht zuletzt ein »riesengrosses Frauenfest« organisiert – »erstmals ausschliesslich von Frauen«. Geboten wurden ein »Frauen-Theater«, ein Konzert mit einer »Frauenrockband« aus Rom, »feministische Disc Jockeys« sowie »antipatriarchalische Spielstände« (sic!). Die damalige Musikstudentin und spätere OFRA-Sekretärin Zita Küng sang »EISLER-Lieder«.[76] Aus der Sicht der OFRA war die Veranstaltung ein großer Erfolg, und zwar auch in finanzieller Hinsicht. Allerdings gab es Stimmen, die lieber auch die »nicht antifeministischen« Männer nicht zugelassen hätten.[77] Der Bericht in der »emanzipation« dokumentiert neben der Freude über den Erfolg – über 1000 Personen besuchten die Veranstaltungen – vor allem auch die damalige Aufbruchstimmung:

> »Für hunderte von Frauen war es ein erst- und einmaliges Erlebnis: eine ganze Woche lang konnten sie in Zürichs ›Roter Fabrik‹ Frauen antreffen, die sich in irgendeiner Weise für ›die SACHE der FRAU‹ engagiert hatten – die einen als Künstlerinnen, die anderen als Referentinnen, Diskussionsteilnehmerinnen, Organisatorinnen, im technischen Dienst und in allen möglichen Spezialeinsätzen. Und mit der Frau, die jeweils gerade in der Cafeteria hinter dem Buffet stand, konnte man die ›Frauenfrage‹ ebenso gut diskutieren wie mit der Frau an der Kasse oder am Flohmarktstand. Für unzählige Frauen war es ein ganz neues Erlebnis, ihre privat geglaubten Probleme als gesellschaftlich relevante Probleme zu erfahren, sie offen und öffentlich zu diskutieren, und zu erleben, wie Frauen ein Selbstbewusstsein entwickeln können und wie dieses Bewusstsein sie verändert.«[78]

Weniger euphorisch war die Berichterstattung in der Zürcher Tagespresse. Die »Neue Zürcher Zeitung« reagierte weder auf die Veranstaltungswoche noch auf die Gründung der SAFRA.

Kapitel II

Nr. 7: Sondernummer der Emanzipation, März 1977, zum Gründungskongress der OFRA.

Der »Tages-Anzeiger« kündigte die »Frauenwoche« in einem kurzen Artikel an und berichtete danach etwas ausführlicher über den Gründungskongress. »Rund 400 Frauen« hätten an der Gründungsversammlung teilgenommen. Hervorgehoben werden die Grußbotschaften von Angehörigen ausländischer Frauenorganisationen und insbesondere der Auftritt der damaligen Zürcher Stadträtin Emilie Lieberherr, die der neuen Organisation in einer kurzen Ansprache »Mut, Durchhaltevermögen und Erfolg« gewünscht habe. Weiter wird das Programm der neu gegründeten Organisation vorgestellt:

> »Die SAFRA, die aus der seit einigen Jahren bestehenden PFS (Progressive Frauen Schweiz) hervorgegangen ist, möchte ein möglichst breites Spektrum von Frauen ansprechen; sie hofft, ihr Programm werde von vielen neuen Mitgliedern aufgenommen und mitgestaltet werden. Auf der einen Seite stehen Forderungen nach vermehrter Vertretung der Frauen in politischen Ämtern und Behörden, nach Freigabe der Abtreibung, Abbau der geschlechtsspezifischen Erziehung und nach gleichen Rechten auf Arbeit und Lohn, auf der anderen Seite will sich die SAFRA auch für alternatives Kulturschaffen der Frauen und für Frauenzentren als Begegnungsstätten einsetzen.«[79]

Erstaunlicherweise steht im Artikel kein Wort über den Beschluss des Gründungskongresses, eine eidgenössische Initiative zur Einrichtung einer obligatorischen Mutterschaftsversicherung zu lancieren. Dies wurde von der SAFRA selbstverständlich auch im Pressecommuniqué zum Schluss der Veranstaltungswoche bekannt gegeben.[80] Die Journalistin beziehungsweise der Journalist stützte sich aber offensichtlich nicht auf das Pressecommuniqué, sondern war selber anwesend. Ebenfalls anwesend war ein Spitzel der Zürcher Stadtpolizei, der zuhanden der Schweizerischen Bundesanwaltschaft sowohl über den Gründungskongress als auch die anderen Veranstaltungen des »Frauenmärz« rapportierte. In dieser Fiche werden vor allem die Namen der Organisatorinnen, Referentinnen und Künstlerinnen hervorgehoben.[81]

Abschließend bleiben die Fragen zu beantworten, wie es zum Namenswechsel von SAFRA zu OFRA kam und wie die bestehenden Frauenorganisationen auf die neue Organisation reagierten.

Kapitel II 59

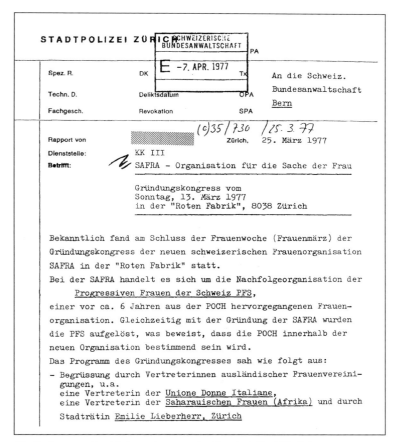

Nr. 8: Auszug des Ficheneintrags der Stadtpolizei Zürich.

In der Juni-Nummer der »emanzipation« wurde der neue Name bekannt gegeben. Die 1928 gegründete Bürgschaftsgenossenschaft SAFFA (Schweizerische Ausstellung für Frauenarbeit) drohte eine Woche nach dem Gründungskongress wegen Verwechslungsgefahr mit einer Klage. Rechtliche Abklärungen ergaben, dass die SAFRA keine Chancen gehabt hätte durchzudringen, so dass sie auf einen Prozess verzichtete. Allerdings bekundete die OFRA Mühe mit dem gerichtlichen Vorgehen der SAFFA, einer Organisation, die ja ähnliche Postulate vertrete. Dies koste Geld, das allen Frauenorganisationen fehle. Da die SAFRA den Namen unbeabsichtigt nochmals öffentlich verwendete, musste sie doch noch die Prozesskosten übernehmen.[82]

Wie beurteilten Vertreterinnen anderer Organisationen die Neugründung? Bereits zwei Tage vor dem Gründungskongress stellte die SAFRA ihr Programm einer breiteren Öffentlichkeit vor. Frauen der FBB, so der Bericht in der »emanzipation«, ergriffen in der Diskussion über die verschiedenen Formen, wie Frauen sich organisieren können, das Wort. Dabei habe sich herausgestellt, dass politisch-strategisch keine großen Differenzen bestünden und eine künftige Zusammenarbeit gut vorstellbar sei. Damit hatte sich die Einstellung der FBB gewandelt. Ende 1974, als sich die Zürcher Sektion der PFS konstituierte, reagierte die FBB Zürich zornig: Sie warf den Progressiven Frauen vor, dass diese »fiese und bösartige Taktiken« anwende und mit dem Glauben auftrete, »die alleinseligmachende Generallinie zu vertreten«.[83] Aber auch die am Gründungskongress festgestellte Übereinstimmung sollte nicht von langer Dauer sein. In der Diskussion um den internationalen Frauentag, dies sei vorweggenommen, zeigten sich Anfang der achtziger Jahre große Differenzen. Trotz der politisch-strategischen Überein-

Kapitel II

stimmung hatte die OFRA andere Ansprüche als die FBB. Die FBB engagierte sich zunehmend in der feministischen Projektarbeit. Projekte wie die Informations- und Beratungsstellen für Frauen (INFRA), die Abtreibungsgruppen sowie die Frauenzentrumsgruppen waren personell stark mit der FBB verknüpft.[84] Die OFRA grenzte sich aber nicht nur gegenüber der FBB ab, sondern auch gegenüber anderen Frauenorganisationen, die sich, in den Augen der OFRA, »nur« für ein Thema engagierten:

> »Und sie (die OFRA – DL) wird sich von anderen Frauenorganisationen und deren mehr oder weniger eingeschränkten Zielsetzungen (für politische Rechte, für die Veränderung des Bewusstseins, für die Verteidigung der Arbeitnehmerinnen – oder Konsumentinneninteressen, der ledigen Mütter etc.) vor allem dadurch unterscheiden, dass sie die Frauenfrage umfassend stellt, sie von ihren Ursprüngen her anpackt und sich gleichzeitig an ihren modernen Erscheinungsformen orientiert: das heisst, sie gesellschaftlich und frauenspezifisch zugleich angeht.«[85]

III.
»Gemeinsam sind wir stark«

»Einerseits die Rollen tradierter Weiblichkeit zu kritisieren, verändern zu wollen, und doch andererseits gerade ›Frau-Sein‹ zum ausschlaggebenden Bezugspunkt der Befreiungsbewegung, der Frauenbewegung zu machen, scheint ein Widerspruch zu sein, der die Frauenbewegung von ihren Anfängen an begleitet und immer wieder zu Missverständnissen geführt hat. [...] Die besondere Übung in Autonomie, einer Kultur der ›Subjektivität‹ und Politik der ersten Person hat die Widersprüche in der neuen Frauenbewegung noch schärfer konturiert.«[86]

Mit diesen Worten charakterisiert die deutsche Soziologin Ute Gerhard die widersprüchliche Ausgangslage jeder feministischen Theorie und Politik. Inwiefern das politische Selbstverständnis der OFRA von dieser durch die Geschlechterdifferenz erzeugten Spannungslage geprägt ist und wie sie sich dazu verhält, soll anhand des politischen Programms analysiert werden. Zudem stoßen wir bei dieser Untersuchung auf eine zentrale Bedingung, die zur Mobilisierung und Organisierung der neuen Frauenbewegung nicht nur in der Schweiz, sondern weltweit wesentlich beitrug: das gemeinsame Lernen, die Selbsterfahrung. Nicht zuletzt zeigt die Analyse des politischen Programms die Deutungsmuster der OFRA: Welche Sachverhalte definiert sie zum Problem? Welche Wertorientierung steht hinter ihrer Kritik? Wie legitimiert sie ihre Forderungen? Der theoretische Hintergrund des feministischen Selbstverständnisses wird an einem frühen Grundsatzartikel aufgezeigt, der gleichzeitig eine Positionierung der OFRA im linken Politspektrum vornimmt.

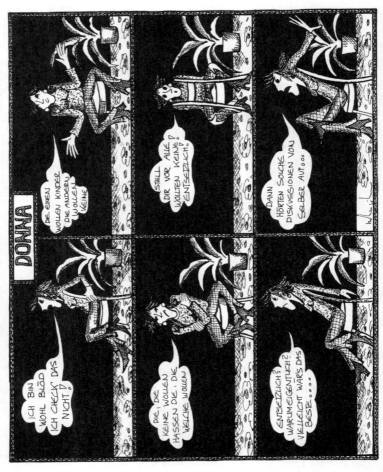

Nr. 9: Cartoon von Madeleine Hunziker, abgedruckt in der »emanzipation« Nr. 3 1987.

Kapitel III

Wie der Slogan »Gemeinsam sind wir stark« durch verschiedene Konflikte in Bedrängnis geriet, soll an zwei Beispielen aufgezeigt werden. Erstens der Lesben-Hetera-Konflikt. Der Konflikt zwischen lesbischen und heterosexuellen Frauen wurde in der OFRA zwar kaum ausdiskutiert, sondern lange Zeit tabuisiert, was aber nicht bedeutet, dass er keine Wirkung entfaltete. Er spielte in der neuen Frauenbewegung zumindest im deutschsprachigen Raum eine zentrale Rolle und zeigt die Sprengkraft einer radikal verstandenen Autonomie sowie die Grenzen der damaligen Homogenisierungstendenzen. Das zweite Beispiel, der Konflikt zwischen autonomen und sozialistischen Feministinnen, traf die OFRA mit voller Wucht. Zwar wurden auch in diesem Konflikt die politischen Differenzen kaum mit Argumenten ausgetragen. Trotzdem werden an den unterschiedlichen politischen Strategien dieser zwei feministischen Strömungen die ideologischen Hintergründe, die zur Trennung führten, deutlich. Zudem wird in der besonderen Ausprägung der sozialistischen Feministinnen als Mitglieder der Sozialistischen Arbeiterpartei (SAP) und deren taktischem Vorgehen die fragile Organisationsstruktur offensichtlich.

Weitere, die neue Frauenbewegung sprengende Konflikte, wie etwa der Konflikt zwischen Müttern und Nichtmüttern oder derjenige zwischen den sogenannten Spontifrauen und Theoretikerinnen sowie zwischen spirituellen und politischen Feministinnen, werden hier nicht nachgezeichnet. Das heißt aber nicht, dass die OFRA nicht auch von diesen Konflikten beeinflusst war.

1. Das politische Programm: Die Plattform

Das politische Programm der OFRA wurde am Gründungskongress im März 1977 in Form einer Plattform[87] diskutiert und angenommen. Sie umfasste eine Auflistung der Diskriminierung der Frauen in allen gesellschaftlichen Bereichen, formulierte das gesellschaftspolitische Ziel der Organisation sowie die Mittel, dieses zu erreichen. Sie galt als verbindliches Grundsatzprogramm, mit dem sich jedes Mitglied der OFRA identifizieren und einverstanden erklären sollte. Die Plattform war aber auch Bestandteil der Öffentlichkeitsarbeit. Sie wurde in der ersten Organisationsbroschüre, »Wer sind wir?«, 1977 und später, etwas überarbeitet, in der zweiten Broschüre, »Wir wollen immer noch alles!«, 1986 abgedruckt. Nach 1986 wurden weder die Plattform noch die Broschüre überarbeitet oder neu aufgelegt. Zwar gab es im Laufe der Zeit einige Vorstöße, die Broschüre neu zu gestalten, doch diese konnten sich nicht durchsetzen.[88]

Im ersten Abschnitt der Plattform wird unter dem Titel »Wir erfahren es tagtäglich« die – aus der Sicht der OFRA – totale Diskriminierung der Frauen formuliert:

> »Wir Frauen sind in allen Bereichen unserer Gesellschaft diskriminiert und unterdrückt: am Arbeitsplatz, in der Familie, in der Erziehung und Ausbildung, vor dem Gesetz, in der Sexualität und in der Beziehung zwischen Mann und Frau. Im öffentlichen Leben sind wir in allen Bereichen untervertreten: in Regierungen, in Parlamenten, in Parteien und Gewerkschaften.«

Bezeichnend für die damalige Phase der neuen Frauenbewegung ist die umfassende und gruppenbildende Anrede. »Wir

Frauen« war damals die gängige Formel um Frauengemeinschaft und Frauensolidarität auszudrücken, sozusagen ein Code, der die Bewegungszugehörigkeit signalisierte. Gleichzeitig und genauso wichtig für die Gruppenidentität werden mit diesem Code die »anderen«, also insbesondere die Männer, ausgegrenzt. Das Wir-Gefühl, das damit erzeugt werden soll, bildet die Grundvoraussetzung, unter der die Aktivitäten überhaupt stattfinden können. Typisch für die Frauenbewegung (aber nicht nur für diese, sondern für alle sozialen Bewegungen, allerdings in unterschiedlichem Ausmaß) ist, dass die Alltagserfahrung die Motivation zur Veränderung bildet: Nicht ein abstraktes theoretisches Konzept, wie etwa die marxistische Gesellschaftstheorie, sondern die alltägliche Erfahrung ist Ausgangspunkt des politischen Programms. Die Erfahrungsebene umfasst explizit auch den privaten Bereich, womit ein unmittelbares Identifikationsangebot an »alle Frauen« eröffnet wird. Die OFRA, das zeigt die Untersuchung der Mitgliederzahlen im letzten Kapitel, hatte aber auch in ihren besten Zeiten nie viel mehr als tausend Mitglieder. Heißt das, dass ihre Analyse der sozialen Ungleichheit von Frauen falsch war? Oder aber, und das scheint mir plausibler, die individuelle Beteiligung am gesellschaftlichen Veränderungsprozess, konkret eine Mitgliedschaft in der OFRA, beruhte nur zu einem geringeren Teil auf der Wahrnehmung der sozialen Benachteiligung der Frau. Dass »Frau« sich bewegt, ist neben gesellschaftspolitischen Bedingungen vom individuellen Veränderungswillen abhängig.

Die in der Plattform bezeichneten Gesellschaftsbereiche, Arbeitsplatz, Familie und so weiter, werden im Weiteren konkretisiert und mit Fakten geschlechtsspezifischer Ungleichbehandlung untermauert. Aufgeführt wird beispielsweise die Stellung der Frauen im Familien-, im Arbeitsrecht und in den

Grundrechten, aber auch die Ungleichbehandlung der Frauen in den Sozialversicherungen oder das »verwehrte Recht auf den eigenen Körper«, das etwa in der Kriminalisierung des Schwangerschaftsabbruchs zum Ausdruck komme. Die in dieser Perspektive als homogene Gruppe verstandenen Frauen, »Wir Frauen«, kennt weder eine Spezifik der Schicht, noch des Alters oder der Ethnie beziehungsweise Nationalität oder der sexuellen Orientierung. Als besondere Gruppen, die eigenen Formen der Diskriminierung unterliegen, werden lediglich die (verheirateten) Hausfrauen und die allein stehenden Frauen unterschieden, also Gruppen, die sich durch den Zivilstand unterscheiden. Um diesen Aspekt der Homogenisierung zu illustrieren, der notwendig ist, um die Bewegung zu vergrößern, und zwingend, wenn das Mobilisierungsziel eine »Massenorganisation« ist, soll nochmals ein Abschnitt zitiert werden. In diesem kommt zudem die Opferperspektive, welche die ganze Diskriminierungsliste prägt, deutlich zum Ausdruck.

Unter dem Titel »Wir werden zu Sexualobjekten gemacht« wird ein Bereich thematisiert, der erst seit der 68er Bewegung überhaupt zu einem öffentlichen Thema wurde. Dem damaligen Slogan »Das Private ist politisch«[89] hat die Frauenbewegung allerdings einen spezifischen Drall verliehen: Verfolgten die 68er mit diesem Slogan etwa die Liberalisierung der herrschenden Sexualmoral, verwiesen die Frauenbewegungen mit ihm vor allem auf die ungleichen Verantwortlich- und Zuständigkeiten der Geschlechter im Privatbereich. Nicht nur die Abtreibungsfrage gehörte dazu, sondern auch das Konzept einer »weiblichen Sexualität«. In der Plattform von 1977 ist letzteres allerdings noch wenig konkret, im Gegenteil: Die Perspektive des Opfers dominiert:

Kapitel III

»In der Sexualität, dem scheinbar privaten Bereich, der ausnahmslos alle Frauen betrifft, werden wir Frauen in grossem Ausmass und oft in besonders erniedrigender Weise unterdrückt. Wir sind die Leidtragenden einer verkümmerten Sexualität, in der wir uns den Männern unterordnen sollen. Unsere Sexualität ist entfremdet und vermarktet: In der Werbung und den Massenmedien verkauft man uns Frauen als Sexualobjekte.«

Diesen Objekt- und Opferstatus der Frauen will die Organisation grundlegend verändern.

Nach der Auflistung der gesellschaftlichen Bereiche und ihrer geschlechtsspezifischen Diskriminierungen wird das gesellschaftspolitische Ziel formuliert, das die OFRA erreichen will. Es wird eine Gesellschaft angestrebt, die keine Diskriminierung der Geschlechter mehr kennt und in der Mann und Frau ihre Lebensbedingungen gemeinsam bestimmen können. Um dieses Ziel zu erreichen, müsse die Einflussnahme auf die Gestaltung des Lebens wahrgenommen und verbessert werden. In einer Gesellschaft, in der der weitaus größte Teil der Bevölkerung immer weniger Einfluss nehmen könne, sei der Kampf der Frauen um ihre Selbstbestimmung auch ein Kampf um die Verteidigung und den Ausbau der Demokratie. Diesen Kampf will die OFRA »gemeinsam mit allen fortschrittlichen Kräften« führen.

Ein weiterer Abschnitt thematisiert das Organisieren von Frauen. Diese seien von klein auf zu Passivität und Anpassungsfähigkeit erzogen, weshalb es für Frauen besonders schwierig sei, die eigenen Stärken zu entdecken und sich zu wehren. Frauen könnten aber lernen, sich gemeinsam zu wehren:

»Erst wenn wir Frauen lernen, unsere Probleme, die die Probleme aller Frauen sind, gemeinsam und solidarisch zu lösen, werden wir Erfolg haben. Erst wenn wir Frauen unsern uns zustehenden Platz in der Gesellschaft einnehmen, in den Regierungen und Parlamenten, in den Parteien und Gewerkschaften, werden unsere Forderungen auf allen Ebenen Gehör finden. Wir organisieren uns, um gemeinsam die Rechte der Frauen zu verteidigen, die vollen Rechte zu erkämpfen.«

Der Slogan zu diesem Programm heißt »Gemeinsam sind wir stark!«. Solidarität ist das zentrale Stichwort und umfasst auch die solidarische Haltung gegenüber den ausländischen Kolleginnen, die neben ihrer geschlechtsspezifischen Diskriminierung die Rechtlosigkeit und Isolation als Ausländerinnen erfahren müssen. Die Solidarität der OFRA gilt zudem den Frauen in der so genannten Dritten Welt und deren Befreiungskämpfen.

Voraussetzung allen Handelns, und damit sind wir bei den Mitteln, die zum Ziel führen sollen, ist das Lernen, sich gemeinsam zu wehren. In der Plattform wird nicht ausgeführt, was oder wie, mit welcher Methode gelernt werden soll. Geht es um das Lernen von technischen Fähigkeiten, wie etwa das Drucken von Flugblättern, oder um das Lernen rhetorischer Fähigkeiten? Sicher auch. Aber ob diese Kenntnisse das Hauptziel des Lernprozesses waren, ist zu bezweifeln. Zu Recht verweist die Plattform in diesem Zusammenhang auf ein geschlechtsspezifisches Merkmal: Die weiblichen Widerstandsformen manifestierten sich eher selten kollektiv und öffentlich. Die Gründe dafür sind vielfältig und können hier nicht ausgeführt werden.[90] Die Aktionsformen der neuen Frauenbewegung erregten aber unter anderem gerade dadurch so viel Aufsehen, weil sie den Erwartungen über traditionelles »weibliches Verhalten« völlig widersprachen. Diese Aktionsformen wiederum wurden nicht

Nr. 10: Handgeschriebenes Programm aus der Frühzeit der OFRA, das 20 Jahre lang auf dem Sekretariat der OFRA hing.

nur aus strategischen Gründen gewählt, sondern waren Ausdruck eines veränderten Selbstbewusstseins.

Und genau hier liegt der Kern des gemeinsamen Lernprozesses: Dieser ermöglichte in erster Linie, sich selbst zu verändern. Die Fachliteratur über soziale Bewegungen geht davon aus, dass das Bedürfnis, sich selbst zu verändern, die Voraussetzung bildet, um sich überhaupt einer sozialen Bewegung anzuschließen. Im Vordergrund steht also nicht die Veränderung der Welt, sondern zunächst die eigene. Das könnte auch der Grund sein, weshalb sich zwar viele Frauen mit den Zielen der OFRA einverstanden erklärten, sich aber selbst nicht aktiv beteiligten: Sie wollten sich nicht verändern. Oder aber die OFRA konnte oder wollte solche Lernchancen nicht zur Verfügung stellen. Zwar bot die OFRA Kurse zur Erlangung verschiedener technischer Fähigkeiten wie Schreib-, Rhetorik- oder Selbstverteidigungskurse an. Aber diese Art von Kursen bildet nur einen Teil der persönlichen Veränderung. Wichtiger als diese und eigentlich ihre Voraussetzung ist eine neue Verständigung über »die Welt«. Der Zürcher Wirtschaftshistoriker Hansjörg Siegenthaler, auf dessen Konzept ich mich hier stütze, nennt diese Form der Verständigung fundamentales Lernen. Fundamentales Lernen steht, etwas vereinfacht gesagt, im Gegensatz zum normalen, schulischen Lernen, das nach verfügbaren und vertrauten Regeln der Selektion und Interpretation der Aneignung von Wissen dient. Fundamentales Lernen ist demgegenüber erfahrungszentriert. Die eigenen Erfahrungen werden im verständigungsorientierten Gespräch neu interpretiert, ohne dass die Deutung der Erfahrung im vornherein klar wäre. Gelingt die Verständigung, können die Erfahrungen neu gedeutet, der Entscheidungsspielraum erweitert, Handlungsfolgen neu beurteilt und neue Strategien zur Informationsbeschaffung entfaltet

Kapitel III

werden. Es kommt zu einem neuen Entwurf von Bildern der Realität.[91] Folgendes Zitat eines OFRA-Mitglieds aus der »emanzipation« soll die etwas abstrakten Ausführungen konkretisieren:

> »Ich will mich für die Befreiung aller Frauen einsetzen, also auch für die Veränderung der ganzen Gesellschaft. Ich möchte aber auch mich selber verändern: ich merke immer wieder, wie stark meine Gefühle und mein Verhalten noch von den Normen geprägt sind, die uns alle eingetrichtert werden. Wie unwirklich das, was in meinem Kopf schon existiert, oft noch ist.«[92]

Die Verständigung über das, was »im Kopf schon existiert«, wird in der vertrauten Gruppe, hier in der OFRA, gesucht. Diese Art von verständigungsorientierten Gesprächen fanden weniger in der nationalen OFRA, die primär die politischen Aktivitäten und vereinsinterne Angelegenheiten bearbeitete, als in den Sektionen statt. Bedenkt man, welchen zentralen Stellenwert die Selbsterfahrung in den Frauenbewegungen überhaupt einnahm, gewinnt das Modell der »sozialen Bewegung als Lerngemeinschaft«[93] viel an Erklärungskraft. Rosemarie Heilmann, ehemalige Sekretärin der Basler OFRA, stellt rückblickend für die Frauenbewegung der siebziger Jahre fest, dass diese den Frauen die Möglichkeit geboten habe, ihre Befindlichkeit zu erkennen und ihre Identität zu definieren, sofern sie das wollten und konnten.[94]

Wie oben erwähnt, wurde die Plattform 1986 in der zweiten Organisationsbroschüre erneut abgedruckt. Formal nur wenig überarbeitet wurden inhaltlich doch einige Akzentverschiebungen vorgenommen. So wurden bei etlichen Abschnitten, vor allem denjenigen, die die gesellschaftlichen Bereiche geschlechtsspezifischer Diskriminierungen aufzeigen, die Titel geändert. Beim Titel »Wir haben kein Recht auf den eigenen Körper« beispielsweise wird in der überarbeiteten Fassung das »k« von kein weggelassen: »Wir haben ein Recht auf den eigenen Körper«. Damit wird der Opferperspektive entgegengearbeitet und die Selbstbestimmung sowie die Definitionsmacht der Frauen behauptet. Als weitere Veränderung taucht neu das Adjektiv patriarchalisch auf. Patriarchalisch oder Patriarchat bezeichnet *das* zentrale Gesellschafts- und Herrschaftskonzept der neuen Frauenbewegung und meint, kurz gesagt, die Jahrtausende währende Unterdrückung der Frau durch den Mann. Im Abschnitt »Für Mit- und Selbstbestimmung in der Gesellschaft« wird die damalige Gesellschaftsform nicht mehr nur einfach beschrieben als eine, die immer stärker durch »die grossen Banken und Konzerne« dominiert sei, sondern mit Begriffen als »patriarchalisch und kapitalistisch« bestimmt. Ebenfalls in diesem Abschnitt wird nun der Kampf für den »Ausbau der Demokratie« um die Bereiche Umwelt und Ausbeutung der Dritten Welt erweitert. Dieser Kampf wird aber nicht mehr »gemeinsam« geführt, sondern alleine: »Die fortschrittlichen Kräfte« fallen in der neuen Plattform weg. Obwohl insgesamt nur kleine Veränderungen vorgenommen wurden, lässt sich an diesen doch ein Orientierungswechsel hin zu einer selbstbewussteren, stärker feministisch ausgerichteten Position der OFRA ablesen.

Wie ist dieses politische Programm im feministischen Diskurs zu situieren? Unter dem Aspekt der Gleichheit oder der Differenz ist das Programm der OFRA sicher dem Gleichheitskonzept zuzuordnen. Die beiden Emanzipationskonzepte dominieren seit langem den feministischen Diskurs und führen immer wieder zu Konflikten. Das Gleichheitskonzept geht von einer prinzipiellen Gleichheit der Geschlechter aus, denn nur

Kapitel III

darauf kann sich das Postulat der Gleichberechtigung beziehen. Referenzpunkt ist die gesellschaftliche Stellung des Mannes, an der die Situation der Frau gemessen wird. Das Differenzkonzept hingegen geht von einer grundlegenden Verschiedenheit der Geschlechter aus. Feministische Strömungen, die diesem dualen Konzept der Geschlechter verpflichtet sind, reklamieren spezifische weibliche Qualitäten, wie etwa Friedfertigkeit, Naturnähe oder Emotionalität, die aufgewertet und als verpflichtende Norm gesetzt werden.[95] Die neueren Auseinandersetzungen zielen auf eine Präzisierung und Verbindung der beiden Konzepte, wobei Theorien, die aus der Zweigeschlechtlichkeit der menschlichen Gattung ein allgemeines Grundprinzip allen Denken und Handelns etablieren wollen, eher ins Hintertreffen geraten sind. Dies gilt vor allem für die wissenschaftliche Diskussion. In den Medien, aber auch im Privaten ist die Auffassung des Geschlechterverhältnisses als eines dualen oder häufig auch komplementären weit verbreitet. Im Zentrum des feministischen Diskurses stehen nun Ansätze, welche die Gleichheit und Gleichberechtigung neu diskutieren und vom Referenzpunkt Mann lösen wollen:

> »[...] die gegenwärtige rechtliche Konzeption von Gleichberechtigung ist am Bild der Waage und der Äquivalenz orientiert. Die gesellschaftliche Lage der Frau wird an der der Männer gemessen als Benachteiligung erkannt, die es auszugleichen gilt, bis ein Gleichgewicht im Verhältnis der Geschlechter hergestellt ist. Die Situation der Frau ist damit primär als Mangel im Blick. Die Verschiedenheit der Frau wird folglich vornehmlich in negativer und damit diskriminierender Form wahrgenommen, als etwas nämlich, was Frauen gemessen an den Möglichkeiten von Männern benachteiligt und daher ausgeglichen werden muss. Das Recht auf Gleichbehandlung mit dem Mann sowie auf kompensatori-

sche Ungleichbehandlung wird dementsprechend mit der – zumindest potentiellen – Gleichheit der Frau begründet. Massstab ist dabei immer der Mann. Seine Lage, seine Fähigkeiten sind Gradmesser für ihre emanzipatorische Entwicklung. Die Formulierung ihrer Rechte geht nicht von den Frauen aus, von ihren Fähigkeiten, ihren Erfahrungen und Kompetenzen, von ihren Vorstellungen, wie sie arbeiten, Karriere machen, wie sie Familien, Kinder und Leben miteinander verbinden wollen. Die Frauen sind nicht Subjekt des Rechts.«[96]

Die Forderung der OFRA in der Plattform nach gleichen Rechten, das Sichberufen auf die Demokratie, das (staats-)politische Gleichheitsmodell par excellence, sind deutlicher Ausdruck egalitärer Prinzipien. Frauenorganisationen und feministische Gruppierungen, die sich auf das Differenzkonzept stützen, verfolgen in der Regel nicht in erster Linie die politische und gesellschaftliche Partizipation der Frauen in der öffentlichen Sphäre, sondern lehnen im Gegenteil diese Art der politischen Einmischung teilweise kategorisch ab. Dass die OFRA nicht nur einer formalen Gleichberechtigung anhing, zeigen die Betonung spezifischer weiblicher Lebenszusammenhänge und der als gesellschaftspolitisches Ziel formulierte gemeinsame Gestaltungswille der Lebensbedingungen von Frau und Mann. 1987 behandelte die OFRA im Rahmen ihres Jahreskongresses unter dem Thema »Feministische Politik und ihre Strategien« die zwei Emanzipationskonzepte. Alle drei Referentinnen, Marie-Thérèse Sautebin, Mitglied der Bieler Sektion der OFRA und der SAP, Stefanie Brander, Berner Philosophin, und Mascha Madörin, Basler Ökonomin, plädierten für eine Synthese der beiden Prinzipien:

Kapitel III

»Abzielen muss diese Synthese-Strategie auf die Schaffung von Chancengleichheit, die Öffnung aller Lebensmöglichkeiten für beide Geschlechter, die Schaffung der strukturellen Voraussetzungen einer echten Wahlfreiheit für alle Lebensformen, das Aufbrechen von Rollennormen.«[97]

Abschließend soll auf die Funktionen der Plattform hingewiesen werden. Sie bezweckte zwar die Festlegung des politischen Programms, sollte aber gleichzeitig auch als Mobilisierungsinstrument dienen. In dieser Funktion sollte sie die persönlichen Erfahrungen in einen gesellschaftlichen Rahmen stellen und damit als kollektive Diskriminierung versteh- und somit bekämpfbar machen. Eine vertiefende Theoriediskussion hätte diesen Zwecken widersprochen. Um die theoretischen Positionen herauszuarbeiten, soll im Folgenden die Diskussion um das politische Selbstverständnis der OFRA untersucht werden.

2. »Donna e bello«: Politisches Subjekt Frau – oder »Frausein« als Programm?

Unter dem Titel »Donna e bello – Frau sein ist schön«[98] skizziert 1978 die damalige Sekretärin der OFRA, Ruth Hungerbühler, in der »emanzipation« die Entwicklung der neuen Frauenbewegung seit 1968.[99] Zehn Jahre nach der 68er Bewegung stelle sich die Frage, inwiefern sich die Frauenbewegung als Folge der 68er verstehe, welche neuen politischen Inhalte in der Frauenbewegung entwickelt wurden und welches ihre Beziehung zur Neuen Linken sei.

Die Überlegungen zur Beziehung der 68er und der Frauenbewegung müssen hier nicht mehr aufgenommen werden. Hungerbühler führt dieselben Argumente an, die wir bereits beim Verselbständigungsprozess der Frauen der POCH kennen gelernt haben: In der Theorie sei die Frauenfrage als Nebenwiderspruch abgetan worden und in der Praxis habe sich gezeigt, dass die 68er Männer genauso patriarchalisch eingestellt seien wie der Rest der Männer. Die Hauptkritik des Feminismus müsse an dieser falsch konzipierten Frauenfrage in Theorie und Praxis ansetzen und diese neu formulieren:

>»Als neue Qualität der Frauenpolitik greift nun der Feminismus die fundamentale Kritik an der Familie wieder auf, die ansatzweise schon von Marx und Engels formuliert, von den Organisationen der Arbeiterbewegung aber auf das Konzept des Einbezugs der Frau in den Produktionsprozess reduziert worden ist. Dem Postulat der Einheit der Klasse setzen die Feministinnen den Widerspruch zwischen den Geschlechtern, der sich durch alle gesellschaftlichen Klassen und Schichten zieht, entgegen. Neu ist in der Folge eine Politik, die ›die Frau‹ als politisches Subjekt begreift.«

Als wichtigsten Auslöser für die Entstehung der neuen Frauenbewegung bezeichnet Hungerbühler aber nicht die 68er Bewegung, sondern die schwarze Bürgerrechtsbewegung in den USA. Neben dem Antiautoritarismus und der Betonung der Subjektivität, die die Politik der 68er Bewegung auszeichnete, habe die Frauenbewegung vor allem die »Suche und Manifestation einer neuen eigenen Identität von der Black-Power-Bewegung (Black is beautiful / Donna e bello)« beeinflusst. Die konsequente Infragestellung der männlichen Autorität, die Entwicklung einer alternativen Frauenkultur und die Suche einer neuen, selbst definierten Identität sind die zentralen Elemente der Politik der feministischen Bewegung:

Kapitel III

»Diese aktive Teilnahme (an der Studenten- und Schwarzenbewegung – DL) sowie die konsequente Weiterentwicklung und Neuschöpfung wichtiger Elemente der antiautoritären Bewegung von einem Frauenstandpunkt aus bildeten die Voraussetzung für das Entstehen der neuen Frauenbewegung. Das ›Neue‹ besteht darin, dass die eigene Unterdrückung als Frau zum Angelpunkt des gesellschaftlichen Kampfes gemacht wird. [...] Die Sprengkraft der neuen Frauenbewegung besteht gerade in dieser Politik der Subjektivität: Die Frauen werden als politische Subjekte angesprochen, Frauen machen als Frauen Politik.«

Abschließend formuliert die Autorin die politische Strategie und das Ziel der neuen Frauenbewegung. Die neue Frauenbewegung sei die »konsequenteste Verfechterin« einer Demokratisierung der Gesellschaft. Die patriarchalischen Gesellschaftsstrukturen verlangten eine »grundsätzliche Änderung«. Diese Veränderung könne zwar mit »anderen gesellschaftsverändernden Kräften« in Angriff genommen werden. In erster Linie müsse sich aber die Frauenbewegung innerhalb dieser Kräfte denjenigen Platz erobern, der es ihr erlauben würde, den begonnenen Befreiungskampf zu Ende zu führen. Wenn es der Frauenbewegung gelinge, diesen Platz zu erobern, so werde sie zur »gesellschaftlichen Avantgarde«, denn die Ziele der Frauenbewegung würden »weit über diejenigen einer sozialistischen Gesellschaft« hinausgehen.

Mit diesem Artikel verabschiedet sich Hungerbühler vom Marxismus-Leninismus sowie vom Sozialismus. Das revolutionäre Subjekt ist in dieser Perspektive nicht mehr der Proletarier sondern die Frau. Der antagonistische Klassenkampf Proletariat versus Bürgertum hat somit ausgedient und wird vom Befreiungskampf der Frauen abgelöst. Damit wird die Frauen-

Nr. 11: Stillleben mit einschlägiger Literatur.

bewegung zur »gesellschaftlichen Avantgarde«. Die Frauenbewegung soll innerhalb der gesellschaftsverändernden Kräfte die Führung übernehmen.

Mit diesem Programm rivalisiert Hungerbühler implizit mit demjenigen der POCH, die sich ebenfalls als Avantgarde verstand. Die Unorganisiertheit der Arbeiterklasse, so ihre Argumentation, und die Gefahr, die von reformistischen und revisionistischen Kräften ausgehe, würden ein »Machtorgan« als »Vorhut der Klasse« verlangen. In der Erfüllung dieser Rolle sah die POCH in den siebziger Jahren ihre Aufgabe und grenzte sich damit gegenüber der Sozialdemokratie (SPS) sowie der Partei der Arbeit (PDA) ab.[100] Neben diesem Avantgarde-Konzept stimmen Hungerbühlers und das Programm der

Kapitel III

POCH in der Forderung nach einer Demokratisierung der Gesellschaft überein. Deshalb vertritt sie auch die Zusammenarbeit mit anderen gesellschaftsverändernden Kräften. Das Postulat einer Demokratisierung der Gesellschaft ist aber gleichzeitig Teil der feministischen Forderung nach Gleichberechtigung. Insofern lässt sich Hungerbühlers Programm mit der Plattform vergleichen, die, wie wir gesehen haben, dem Gleichheitsprinzip verpflichtet war. Wie die angestrebte Gesellschaft aussehen wird oder gar welchen Namen sie tragen soll, lässt die Autorin offen.

Inwiefern Hungerbühler mit diesem Programm den Standpunkt der OFRA vertritt, ist schwierig zu entscheiden, gab es doch auch Mitglieder, die sich weniger stark vom Sozialismus distanzierten. Aber sicher hat Hungerbühler mit diesem Artikel die Grundelemente eines feministischen Politikverständnisses, wie sie die neue Frauenbewegung verfolgte, herausgearbeitet. Was sie, rückblickend gesehen, vernachlässigte, sind die »großen Unterschiede« unter den Frauen. Die unvereinbaren Lebenslagen der Frauen – seien die Unterschiede nun politischer, sozialer oder ökonomischer Art – lassen eine Mobilisierung lediglich aufgrund des Geschlechts kaum zu. Die Diskussion über die Differenzen unter den Frauen, die zu unterschiedlichen Interessenlagen führen, wurde in der Frauenbewegung allerdings erst Ende der achtziger Jahre breit geführt. Erst dann konnte auch das Opfer-Täter-Verhältnis diskutiert werden. Die sogenannte »Mittäterschafts«-These von Christina Thürmer-Rohr löste heftige Diskussionen aus, ging es doch um die Analyse der Art und Weise, wie Frauen ihre eigene Unterdrückung immer wieder herstellen und von der patriarchalischen Herrschaft nicht nur diskriminiert werden, sondern davon auch profitieren.

3. Strömungskämpfe I: Der Lesben-Hetera-Konflikt

Den Auseinandersetzungen und Konflikten zwischen homo- und heterosexuellen Frauen wird in der wissenschaftlichen Fachliteratur über die neue Frauenbewegung relativ wenig Aufmerksamkeit geschenkt. Dies ist umso erstaunlicher, als der Lesben-Hetera-Konflikt nicht selten zu Spaltungen und wichtigen theoretischen sowie persönlichen Auseinandersetzungen führte. Mehr Aufmerksamkeit erhält der Konflikt in populären Darstellungen der neuen Frauenbewegung. Alice Schwarzer, Herausgeberin der »EMMA«, der erfolgreichsten feministischen Zeitschrift im deutschsprachigen Raum, räumt dem Konflikt in ihrem Buch »So fing es an!« einen zentralen Stellenwert ein. Die deutsche Journalistin Bascha Mika, Autorin einer 1998 erschienenen Biographie über Alice Schwarzer, diskutiert den Konflikt ebenfalls ausführlich. Die folgenden Ausführungen stützen sich auf diese beiden Autorinnen.

Schwarzer datiert den Ausbruch der Spannungen in der westdeutschen Frauenbewegung Mitte der siebziger Jahre. Sie begründet ihn mit einer Veränderung der Frauenszene, insbesondere mit dem veränderten »Verhältnis von Frauen zu Frauen«:

> »Im weitesten wie im engsten Sinne: das ging von der Frau, die nun einfach mal einen schönen Abend mit Frauen verbrachte (um dann ins eheliche Bett schlafen zu gehen), bis hin zu der Frau, die nun mit ihrer besten Freundin nicht mehr nur ins Café, sondern auch – ins Bett ging.«[101]

Auslöser für das Coming-out von lesbischen Frauen wurde ein Mordprozess im Jahr 1974. Die skandalöse Berichterstattung in den Medien über ein Liebespaar, das den Mann der einen Frau

Kapitel III

hatte umbringen lassen, hatte zu einer landesweiten Solidaritätsaktion in Itzehoe, dem Ort des Prozesses, geführt. Einmal mehr wurde die lesbische Liebe pathologisiert. Das folgende Zitat aus dem Boulevardblatt »Bild« dokumentiert eindrücklich die damaligen Vorurteile und die Diskriminierung der lesbischen Frauen:

> »Kann die Liebe zwischen zwei Frauen so absolut sein, so endgültig? Oder ist sie krankhaft, nicht normal? Die Leidenschaft der lesbischen Frauen kann zu den grausamsten Konflikten führen: zu verlassenen Kindern, zerrissenen Ehen, zu aller Art von Unglück, Tötung, Selbstmord, Mord [...].«[102]

Die Lesben hätten sich, so Schwarzer, zunehmend in eigenen Gruppierungen organisiert und eine eigene Szene aufgebaut. Die militanten Lesben schließlich hätten die Heterofrauen zu kritisieren begonnen, weil diese mit ihren Heterobeziehungen das Patriarchat unterstützen würden. Die Heterofrauen wiederum klagten über einen »Lesbenterror«. Im Zentrum stand die Frage nach dem Verhältnis von Theorie und Praxis. Radikaler Feminismus, so die Behauptung der militanten Lesben, setze ein lesbisches Leben voraus: »Feminismus ist die Theorie, Lesbianismus die Praxis!«[103] Im Gegensatz zur Fachliteratur, das sei hier ergänzend erwähnt, wurde lesbisch sein oder lesbisch werden in der Belletristik und vor allem in den autobiographischen Texten der siebziger Jahre häufig thematisiert. Verena Stefans »Häutungen«, mittlerweile über zwanzig Mal aufgelegt und auch als Taschenbuch erhältlich, oder Anja Meulenbelts »Die Scham ist vorbei« wurden zu eigentlichen Kultbüchern. Aber nicht nur bewegungsintern, sondern auch -extern spielte die reale oder projizierte sexuelle Identität der Feministinnen eine bedeutende Rolle. Die Gleichsetzung Feministin gleich Männerhasserin gleich Lesbe ist eine der meistverwendeten abwertenden Stereotypisierungen »der Feministin«:

> »Ein [...] altbewährtes Mittel der Schwächung der Frauensolidarität ist auch die manipulative Gleichsetzung von feministischen und lesbischen Frauen. [...] Die Spaltung der Frauen in heterosexuelle und lesbische ist ein bis heute wirksames Instrument zur Schwächung der Frauenbewegungssolidarität.«[104]

Die OFRA hat den Lesben-Hetera-Konflikt ebenfalls vernachlässigt. Zwar wurden einige Diskussionsanläufe unternommen, diese kamen aber für lange Zeit nicht über ein Anfangsstadium hinaus. Erstmals wurde der Konflikt in einem Artikel mit dem programmatischen Titel »Lesbianismus – Feminismus – Frauenbewegung« im Juni 1977 in der »emanzipation« veröffentlicht. Er illustriert die obigen Ausführungen und dokumentiert, dass die von Schwarzer für die westdeutsche Frauenbewegung gemachten Feststellungen mehrheitlich auch für die Schweiz zutreffen.[105] Die Verfasserin des Artikels, Edith Stebler, war Mitglied des damaligen Redaktionsteams, ehemaliges PFS-Mitglied und eine der Gründerinnen der OFRA. In der Einleitung zum Artikel deklariert sie sich, wie das damals üblich war, als »Nicht-Lesbe«. Aus der heutigen Sicht mutet diese »Deklarationspflicht« doch ziemlich dogmatisch an. Der Slogan »Das Private ist politisch« zeigt hier eine Dynamik, die sehr rigid wirkt: Sogar die persönliche sexuelle Orientierung muss zur Legitimation offen gelegt werden.

Während eines Frauenlagers der OFRA[106] habe sie festgestellt, dass »die OFRA als Kind der neuen Frauenbewegung diese Diskussion bis heute vernachlässigt« habe. Mit ihrem Ar-

Kapitel III

tikel wolle sie deshalb einen ersten Diskussionsbeitrag leisten. Zunächst befasst sich Stebler mit der gesellschaftlichen Diskriminierung der lesbischen Frauen und deren Integration in der OFRA. Eine emanzipatorische Bewegung müsse tolerant sein. Die Bildung von lesbischen Gruppen in der OFRA müsse nicht nur möglich, sondern erwünscht sein. Die Toleranz der heterosexuellen Frauen habe aber Grenzen:

»Allerdings möchten wir, genauso wie wir die Zudringlichkeiten eines Mannes, der uns nicht interessiert, ablehnen, auch die Zudringlichkeit einer lesbischen Frau abweisen können, ohne uns den Vorwurf, wir seien frauenfeindlich, einzuhandeln.«

Im Zentrum des Artikels steht die Kritik an der Auffassung, die Heterosexualität sei die Hauptursache der Frauenunterdrückung. Stebler bezieht sich auf einen Artikel in der Zeitschrift »Lesbenfront«, die seit 1975 monatlich erschien.[107] Dort wurde die Behauptung geäußert, dass die homosexuelle Befreiung die zentrale Forderung für radikale Feministinnen sei und »dass wir (Lesben) potentiell den Kern der Frauenbewegung bilden, weil wir durch unser Schwulsein den Ausschliesslichkeitsanspruch der Zwangsheterosexualität (…) angreifen«. Die Forderung, die sich davon ableiten lasse, heiße: »Frauen, werdet lesbisch, dann stirbt das Patriarchat.«. Stebler widerspricht dieser Auffassung:

»Im Gegensatz zu den Lesbierinnen bin ich der Meinung, dass nicht die Heterosexualität die Grundfeste des Patriarchats ist, sondern die ökonomischen Verhältnisse. Die Heterosexualität ist eine der Erscheinungsformen der Unterdrückung der Frau (auch des Mannes), wenn sie Ausschliesslichkeitscharakter trägt und Minderheiten verteufelt. Heterosexualität muss aber nicht notwendigerweise Unterdrückungscharakter haben.«

Sie stimmt mit den lesbischen Frauen dahingehend überein, dass sicher mehr Frauen als gemeinhin sichtbar homosexuell seien, da die gesellschaftlichen Tabus diese sexuellen Bedürfnisse unterdrücken würden. Die Behauptung, alle seien eigentlich lesbisch, verstehe sie aber als »Versuch, das eigene Randgruppendasein in der Offensive zu überwinden«. Auch wenn jeder Mensch mehr oder weniger homosexuelle Anlagen habe, sei es für das persönliche Glück nicht zwingend, diese zu entwickeln oder auszuleben.

In einem weiteren Abschnitt befasst sich Stebler mit der Utopie einer Gesellschaft, die keine Diskriminierung kennt, und dem Weg, diese zu erreichen. Sie gehe nicht davon aus, dass mit der Überwindung des Kapitalismus das Patriarchat »automatisch« überwunden werde. Allerdings könne nur die Beseitigung des Kapitalismus die Voraussetzung für die Gleichstellung der Geschlechter gewährleisten. Aber was tun, bis der Kapitalismus überwunden ist? Stebler ist sich bewusst, dass dies ein langfristiges Ziel ist. Der Kampf für eine Veränderung setze »ein gerüttelt Mass an Zukunftsglaube« voraus, der nicht von allen verlangt werden könne. Sich auf den Tag X zu vertrösten, sei aber keine Alternative. Stattdessen soll die »Entwicklung neuer menschlicher Beziehungen schon heute vorangetrieben« werden.

Abschließend kritisiert Stebler die »falschen Tendenzen« in der Frauenbewegung und plädiert für eine »Stellvertreterpolitik«.[108] Als falsche Tendenz bezeichnet Stebler den selbst gewählten Rückzug aus der »feindlichen« Gesellschaft«, den sie nicht nur bei den lesbischen Gruppierungen beobachtet. Sie an-

Kapitel III

erkenne zwar, dass die Selbsterfahrung wichtiger Bestandteil der Frauenbewegung sei. Wenn die »Beschränkung auf die eigene Individualität« allerdings zum alleinigen Inhalt werde, würde diese zu einer gewissen Gefahr:

> »Zurück aufs Land, weg von der Pharmazie, hin zu Joghurt und Knoblauch, Brotbacken wird zur wiederentdeckten Erfüllung fraulichen Daseins. Waren die Frauen vorher isolierte Einzelwesen, isolieren sie sich nun freiwillig in Gruppen von der ganzen Gesellschaft. (Ich meine bei den Radikalfeministinnen ist diese Gefahr sehr gross.)«

Um die Gesellschaft zu verändern, brauche es Hartnäckigkeit. Sich resigniert auf eine heile Insel zurückzuziehen, sei keine Lösung. Im Gegenteil: Die Frauenbewegung habe die Aufgabe, die Situation der Frauen in allen gesellschaftlichen Bereichen zu verbessern, und müsse deshalb in die politische Situation eingreifen.

Stebler kritisiert also nicht nur das Unterdrückungskonzept der »Lesbierinnen«, sondern auch die Strategien und die generelle Entpolitisierung. Der Rückzug wird ebenfalls in der Fachliteratur diskutiert, die für die Mitte der siebziger Jahre eine Trendwende feststellt. Der Rückzug in Nischen wird hier allerdings als zweiseitiger Prozess charakterisiert:

> »Doch der ›Rückzug nach innen‹ ist nur die eine Seite. Daneben entstanden zahlreiche stärker aussenorientierte, teils advokatorische Projekte mit einer Vielfalt spezieller Zielsetzungen. Hierzu gehören unter anderem Gesundheitszentren, Häuser für geschlagene Frauen, Gruppen zur Betreuung ausländischer Frauen, selbstverwaltete Kleinbetriebe im Dienstleistungs- und Handwerksbereich, die Einrichtung von Notruftelefonen, Frauenkulturgruppen und die Etablierung

grösserer feministischer Zeitschriften. Leitend war in allen
drei Ländern (Deutschland, Frankreich und USA – DL) der
Gedanke, unabhängig von den etablierten Institutionen eine
autonome feministische Gegenkultur aufzubauen. Im extremen Spektrum führte dies zu einer separatistischen Haltung
von Lesbengruppen und – in der Bundesrepublik – sogar zu
militanten Aktionen einschliesslich von Sprengstoffanschlägen durch Frauengruppen.«[109]

In den achtziger Jahren wurde der Lesben-Hetera-Konflikt auch in der Öffentlichkeit sichtbar, pikanterweise am internationalen Frauentag, *dem* Ereignis, das der Frauensolidarität Ausdruck geben soll. Hinter den Kulissen brodelte es allerdings schon Ende der siebziger Jahre:

»Die Aktion ›Zwang zur Heterosexualität – Nein Danke!‹ galt
1979 in Zürich als Höhepunkt der Kundgebung zum Internationalen Frauentag. Die Homosexuelle Frauengruppe Zürich
(HFG) 110 hatte die Kundgebung mitorganisiert, und zum
ersten Mal gehörte das Lesbentransparent nicht zur Opposition, sondern war Teil des nationalen Forderungskatalogs.
Schon im Jahr darauf wurden die Lesbengruppen jedoch
nicht mehr in die Vorbereitung des 8. März einbezogen, und
die Parole gegen die Unterdrückung der Homosexualität
konnte sich nicht mehr als eine der Hauptforderungen
durchsetzen.«[111]

1982 konnten sich die Frauengruppierungen nicht mehr einigen. Gestritten wurde über die Zusammensetzung des Organisationskomitees und die Beteiligung der Männer. Schließlich fanden zwei nationale Demonstrationen statt: In Lausanne demonstrierten die organisierten Feministinnen mit Männern, während die Autonomen und Radikalfeministinnen »puur in

Kapitel III

Fribourg« vorzogen.[112] Auch 1983 kam es zu keiner gemeinsamen Demonstration: Die OFRA demonstrierte mit Frauen und Männern der Linken und der Gewerkschaften in Biel, die FBB, die Radikalfeministinnen, die Lesben und die Frauen aus den autonomen Frauenprojekten »unter explizitem Ausschluss der Männer« in Zürich.

»Mit oder ohne« (Männer) wurde zur Gretchenfrage, die alle gemeinsamen Aktivitäten dominierte. Insbesondere in den größeren Städten gingen die Frauen- und die Lesbenszene in den achtziger Jahren eigene Wege. Kurz zusammengefasst: Die Lesbenszene baute ihre Sub- und Gegenkultur aus, während die »Heteras« den Institutionalisierungsprozess vorantrieben.

In der »emanzipation« erschienen nur wenige Artikel zum Thema. 1984 versuchte die Redaktion »die Diskussion zwischen Lesben und heterosexuellen Frauen wieder in Gang« zu bringen.[113] Sie engagierte eine Autorin, die in einem Überblick die Situation der lesbischen Frauen und das Verhältnis von Lesben und Heterosexuellen sowie lesbische Lebensformen beschrieb. Der Name der Autorin konnte nicht bekannt gegeben werden, da lesbische Frauen mit Repressionen vor allem im Beruf rechnen mussten. Obwohl der Artikel ausführlich auf verschiedene Konfliktpunkte zwischen Lesben und Heteras einging, konnte er keine Resonanz, geschweige denn eine Diskussion auslösen.

Erst Anfang der neunziger Jahre wurde der Lesben-Hetera-Konflikt in der OFRA zum offiziellen Thema. Anlässlich der Delegiertenversammlung im August 1992 zum fünfzehnjährigen Jubiläum wurden zwei langjährige ehemalige Aktivistinnen der OFRA eingeladen. Sie hielten Rückblick auf fünfzehn Jahre OFRA. Unter anderem äußerten sie sich auch zu den internen Debatten:

» [...] eine Debatte hat nicht stattgefunden, die der Lesben/Nichtlesben, bis heute wahrscheinlich nicht. Zum guten Ton gehört, mal eine Frauenbeziehung gehabt zu haben, um eine rechte Feministin zu sein ...«[114]

Knapp ein Jahr später holte die OFRA, wiederum im Rahmen einer Delegiertenversammlung, die nichtgeführte Debatte nach. Unter dem Titel »Solidarität zwischen Lesben und Heteras« wird im Jahresbericht die Diskussion geschildert.[115] Einleitend wird festgehalten, dass in der OFRA Schweiz Lesben und Heteras gemeinsam Politik machen. Die Diskriminierung der Lesben sei aber kaum Gegenstand der politischen Arbeit. Im Zentrum der Diskussion stehe deshalb die Frage nach der Solidarität: »Lesben und Heteras: Brauchen wir mehr Solidarität in der Frauenbewegung?« Eingeladen wurde die Psychologin und Feministin Katharina Belser, die ein Referat hielt mit dem Titel »Frauen-Solidarität – Reflexionen über Möglichkeiten und Grenzen am Beispiel von Lesben und Heteras in der Frauenbewegung«. Auszugsweise wurde das Referat im Jahresbericht dokumentiert. Rückblickend stellt Belser fest, dass die politische Analyse der gesellschaftlichen Strukturen und Prozesse in den siebziger Jahren zu einer wichtigen Forderung geführt habe: »Kein Zwang zur Heterosexualität!« Aber gerade diese Forderung habe zu vielen Konflikten und Spaltungen in der Frauenbewegung geführt. Insbesondere wenn es um die Zusammenarbeit mit Parteien, Gewerkschaften und traditionellen Frauenorganisationen gegangen sei, hätten die Feministinnen den Anliegen der Lesben keine Rechnung mehr getragen. Organisationen wie die OFRA, die allein zu wenig Gewicht gehabt hätten, waren auf eine solche Zusammenarbeit angewiesen, wollten sie »realpolitische Ziele« wie etwa die Initiative für

Kapitel III

eine Mutterschaftsversicherung durchsetzen. Die Situation Anfang der neunziger Jahre wird folgendermaßen charakterisiert:

»Und heute? Obwohl die Lesben massgeblich am Aufbau zahlreicher Projekte beteiligt waren und die Anfänge der neuen Frauenbewegung wesentlich gestaltet und getragen haben, haben sich Organisationen, wo Lesben traditionell stark vertreten waren, aufgelöst. Lesbenorganisationen machen heute Lesbenpolitik, gemischte Organisationen, Lesben und Heteras, machen Heterapolitik. Im Vordergrund stehen konkrete Fragen der Diskriminierung und Projekte, die Professionalität und Spezialisierung verlangen.«

Auseinandersetzungen um grundsätzliche theoretische Positionen würden nicht mehr stattfinden. Die politischen Forderungen der Lesben würden von den Heteras kaum unterstützt. Diese Funkstille gelte es zu überwinden. Notwendige Voraussetzung sei eine neue Vorstellung von Solidarität. Belser versteht Solidarität als ein Doppeltes: einerseits als Zusammenhalt einer Gruppe um ihrer Ziele willen, andererseits als Beziehung, die auf gegenseitiger Anerkennung basiere und auf dem Wissen, dass das Dasein der anderen für das Eigene wesentlich sei. Das heiße, dass Lesben und Heteras ihre gemeinsamen Ziele wiederentdecken, sich aber auch mit ihren gegensätzlichen Positionen auseinandersetzen müssten. Anschließend an das Referat habe eine angeregte Diskussion stattgefunden. Diese habe deutlich gemacht, dass das Thema für die OFRA mit dieser Veranstaltung nicht beendet sei:

»In der Folge versuchten wir, lesbische Forderungen und Positionen bewusster mitzudenken und sie – leider nicht immer mit dem gewünschten Erfolg – einzubringen, wo es uns wichtig und nötig erschien (z. B. in die Petition des EFS [Evangelischer Frauenbund der Schweiz – DL] ›Stop der Gewalt‹ und die Plattform des Komitees für einen umfassenden Mutterschutz, in Stellungnahmen zu diversen Gesetzesvorlagen und familienpolitischen Positionen). Den Auseinandersetzungen, die diese Haltung mit sich bringt, gingen wir nicht aus dem Wege, sondern betrachteten sie als notwendigen, anregenden Bestandteil unserer Entscheidungs- und Meinungsbildungsprozesse.«[116]

Weshalb wurde der Lesben-Hetera-Konflikt in der OFRA nicht diskutiert? Handelt es sich hier um ein spezifisches Problem der OFRA oder um ein generelles Problem der Frauenbewegung? Bascha Mika spricht von einem generellen Problem. Sie ortet in der Frauenbewegung einen »Mangel an Streitkultur« und bezeichnet diesen als eines der Grundprobleme der Bewegung:

»Sie (die Frauenbewegung – DL) hat sich mit Kritik schon immer schwergetan. Dabei fehlte es nicht an Differenzen zwischen den Schwestern. Konfliktstoff gab es immer genug, Anlässe für Ärger und Krach zuhauf. Doch zu oft wurden Probleme nur angeschnitten und nicht wirklich ausgetragen, zu oft und zu schnell wurde der Mantel der Frauensolidarität darüber gedeckt. Weiberzank diene nur dem Patriarchat, hiess es dann. Und die Kritikerinnen wurden als Verräterinnen ins Abseits gestellt.«[117]

Der Mangel an Streitkultur ist aber nicht nur ein Merkmal der Frauenbewegung, sondern sozialer Bewegungen insgesamt. Als fragile Gebilde, deren Wertvorstellungen und politische Aktivitäten weniger auf gesellschaftliche Akzeptanz als auf Ablehnung stossen, sind sie nur in einem geringen Maße zur Selbstkri-

Kapitel III

tik fähig. Dissens gefährdet die Grundlagen der Bewegung: die emotionale Bindung und das einheitliche Deutungsmuster, die übereinstimmende Interpretation »der Welt«. Konkret: Wenn sich die lesbischen Frauen eine Zukunft ohne Männer wünschen, dann wird eine gemeinsame Zukunft mit den heterosexuellen Frauen undenkbar. Die OFRA, so ist zu vermuten, die oft auch mit gemischtgeschlechtlich organisierten Gruppierungen zusammenarbeitete, wollte dem Vorurteil, Feministinnen seien männerfeindlich und damit lesbisch, möglichst entgehen. So wurden ja auch bei den Gründungsveranstaltungen 1977 Männer, sofern »nicht antifeministisch«, zugelassen. Deutlich wird die Strategie, sich nicht dem Vorwurf der Männerfeindlichkeit auszusetzen, bei der Organisation des internationalen Frauentags. Die Historikerin Elisabeth Joris schreibt, dass die Forderung »Kein Zwang zur Heterosexualität« anlässlich des 8. März 1979 den Frauen der OFRA und vielen in linken Organisationen engagierten Frauen gar nicht gepasst habe.[118]

Die Aufspaltung in eine Frauen- und in eine Lesbenbewegung in den achtziger Jahren ist eine Folge des Lesben-Hetera-Konflikts. Gleichzeitig trug diese Trennung zur Beruhigung und, wie die resonanzlosen Diskussionsversuche in der »emanzipation« vermuten lassen, auch zur Tabuisierung des Konflikts bei. Als Organisation, die oft mit traditionellen Mitteln Politik machte, war die OFRA stärker zu Kompromissen gezwungen als Gruppierungen, die traditionelle politische Strategien per se verwarfen.

In den neunziger Jahren hat sich die Situation für Feministinnen, seien diese lesbisch oder heterosexuell, zumindest in den Großstädten grundlegend verändert. Die Gleichsetzung Feministin gleich Lesbe hat an Bedeutung verloren, bezeichnen sich doch unterdessen auch Mitglieder bürgerlicher Parteien wie beispielsweise die FDP-Nationalrätin Christiane Langenberger-Jaeger als Feministinnen.[119] Aber auch die massive Stigmatisierung lesbischer Frauen in den siebziger Jahren ist schwächer geworden, was nicht heißen soll, dass sie verschwunden ist. Die Ausdifferenzierung der Frauen- und Lesbenbewegung in spezialisierte Interessenverbände, deren Grundlage weniger die emotionale Bindung als die übereinstimmende Interessenlage bildet, fördert die Annäherung zwischen lesbischen und heterosexuellen Frauen. Die persönliche sexuelle Identität tritt damit in den Hintergrund. Unter diesen gewandelten Bedingungen konnte die OFRA die Diskussion nicht nur aufnehmen, sondern deren Ergebnisse zumindest teilweise in ihre politische Arbeit integrieren.

4. Strömungskämpfe II:
Sozialistische versus autonome Feministinnen

Ein ebenso virulenter Konflikt wie derjenige zwischen lesbischen und heterosexuellen entbrannte zwischen sozialistischen und autonomen Feministinnen. In Spanien beispielsweise bildete sich 1982 eine lose organisierte, sozialistisch-feministische Strömung, welche ihre Haltung in die Politik einbringen wollte. Sie kritisierte an den unabhängigen Feministinnen der übrigen Linken, dass sie sich zu sehr auf den Privatbereich konzentrieren und die politischen Möglichkeiten zu wenig nutzen würden.[120] Die Entwicklung in den Niederlanden schildert die Sozialfeministin Anja Meulenbelt in ihrem Buch »Feminismus und Sozialismus«.[121] Sie begründet im Vorwort, weshalb sich die sozialistischen Feministinnen nicht bestehenden Frauenorganisationen anschlossen, sondern eine eigene Organisation gründeten. In einer Selbsterfahrungsgruppe, deren Mitglieder mehrheitlich eine linke Vergangenheit gehabt hätten, sei nach einigen Jahren Gruppenarbeit das Bedürfnis entstanden, »von unserem feministischen Standpunkt aus an unser sozialistisches Erbe« anzuknüpfen. Die anderen damals existierenden Frauengruppierungen hätten eine »naive« Politik vertreten: Die eine Organisation sei der Ansicht gewesen, dass die Befreiung der Frauen dann zustande käme, wenn die Frauen eine bessere Stellung in den politischen Organen einnehmen würden. Die andere, die »Dolle Mina«, hätte »ebenso naiv« die traditionelle Position der Arbeiterbewegung vertreten, wonach die Frauenbefreiung mit dem Sozialismus ohnehin komme. Diesen Postulaten konnte sich die Selbsterfahrungsgruppe nicht anschließen, weshalb sich eine neue Strömung, die Sozialfeministinnen, aufgedrängt habe.

Für die bundesdeutsche Frauenbewegung stellt die deutsche Sozialwissenschaftlerin und sozialistische Feministin Frigga Haug eine vergleichbare Situation fest. Ausgehend von verschiedenen Unterdrückungskonzepten kam es zur Trennung von autonomen und sozialistischen Feministinnen:

> »Frauen wollten sich unabhängig von Männern zusammenschliessen und deren alltägliche Herrschaft bekämpfen, um das Gesamtsystem an der Wurzel zu treffen, das somit als doppelköpfig, als kapitalistisch-patriarchalisch entziffert war. In diesem Doppelbegriff sind alle weiteren Kämpfe und Bemühungen, Fragen und Probleme verdichtet. Der Bindestrich hält noch zusammen, was in der Entwicklung der Frauenbewegung auseinanderstrebte. Sie spaltete sich in einen Teil, der mehr und mehr das Patriarchalische der Herrschaft ins Zentrum rückte, und einen anderen, der den Kapitalismus als Hauptübel auf eine Weise begriff, dass alle Frauenfragen als ein Nebending erschienen; [...].«[122]

In der Schweiz lässt sich eine solche Spaltung der neuen Frauenbewegung nicht so deutlich erkennen: Sozialistisch ausgerichtete Feministinnen gab es sowohl in der FBB als auch in der OFRA sowie in den linken Parteien und den Gewerkschaften. 1980 versuchte sich allerdings eine Gruppe sozialistischer Feministinnen auf Initiative von Mitgliedern der Sozialistischen Arbeiterpartei (SAP) zu organisieren, wobei nicht eine eigene Organisation angestrebt wurde, sondern eine Tendenz sozialistischer Feministinnen.[123] Die »Tendenz« sollte für alle interessierten Frauen aus der Frauen- und Arbeiterbewegung ein Forum bieten, um diese zu koordinieren. Sie stellten ihr Programm, das von Frauen der FBB entwickelt worden war, auch in der »emanzipation« vor. Gezeichnet ist der Artikel von je einem Mitglied der FBB- und der OFRA Zürich.[124] Das Programm, übrigens auch in einer Plattform festgehalten, soll hier nicht näher vorgestellt werden. Die wesentlichen Unterschiede zur Plattform der OFRA lassen sich auf die Strategie und das Ziel reduzieren: Strategisch wird »die Zusammenarbeit mit der Arbeiterbewegung« gesucht, als Ziel »eine sozialistische Gesellschaft« angestrebt. Die Reaktionen der OFRA-Mitglieder fielen harsch aus. Im Zentrum stand der Vorwurf, die sozialistischen Feministinnen wollten die OFRA und die autonome Frauenbewegung insgesamt spalten:

> »Die Frauen, die heute die ›sozialistische Tendenz‹ aufbauen wollen, kommen zum Teil aus der FBB und zum Teil aus der SAP (RML). Sie sind in die OFRA eingetreten, weil sich die FBB aufgelöst hat und auch sie gemerkt haben, dass die OFRA stark geworden ist. Ihr Anspruch, ›sich um gemeinsame Inhalte wieder zu vereinigen, ausserhalb von bestehenden organisationellen Grenzen‹, bedeutet im Klartext, dass sie versuchen, den organisatorischen Rahmen der OFRA zu sprengen.«[125]

Kapitel III

Nr. 12: Cartoon von Madeleine Hunziker, abgedruckt in der »emanzipation« Nr. 9 1980.

Zita Küng, Mitglied des damaligen Sekretariatsgremiums, wirft den Vertreterinnen der »Tendenz Sozialistischer Feministinnen« vor, dass sie mit ihrem Programm bereits einmal gescheitert seien und daraus nichts gelernt hätten. Sie sei zwar auch »für den Sozialismus« vertrete aber »die Sache der Frauen« als Prinzip und eben nicht »die Sache des Sozialismus«. Der sozialistisch orientierte Feminismus sei in der OFRA sowieso vertreten. Die OFRA lasse sich aber von dieser Richtung nicht einengen:

> »Die gleichen Frauen, die jetzt die Tendenz der sozialistischen Feministinnen aufbauen wollen, via Koordination (nota bene: von Frauen aus der Frauenbewegung und von Frauen aus Parteien und Gewerkschaften, die sich nicht als autonome Frauen verstehen und demnach auch keinen ›Frauenblick‹ haben), genau die Frauen haben 10 Jahre in der FBB/MLF gearbeitet. Sie haben den gleichen Standpunkt vertreten (›Frauen setzt Euch für den Sozialismus ein!‹, nur die linken Frauen vertreten die Frauen wahrhaftig) innerhalb der FBB und sind damit gescheitert. Die anderen Frauen haben sich nicht vor den ›Sozialismus-Karren‹ spannen lassen. Dieses Konzept hat versagt. Und was tun die Frauen? Machen sie eine Analyse, wo der Fehler liegt? [...] Nein! Sie versuchen mit dem genau gleichen Konzept – frisch aufgewaschen – in andere Frauengruppen hineinzukommen.«[126]

Als dritte OFRA-Stimme meldete sich Elisabeth Freivogel, damaliges Mitglied des Sekretariatsgremiums. Sie erinnerte an die Erfahrung, die die Frauenbewegung mit »solchen Tendenzen« gemacht habe:

> »Die Erfahrung sollte doch wirklich langsam gelehrt haben, dass solche Tendenzen immer zum Gegenteil dessen führen,

was sie ursprünglich angestrebt haben, nämlich zur Zersplitterung der Kräfte! [...] Ich betrachte das ganze nicht nur als nutzlos, sondern als kontraproduktiv. Wenn Frauen aus bestehenden Organisationen zur Arbeit in dieser neuen bereit sind, so können sie bei allem guten Willen nicht mehr oder nicht gleich stark in der alten mitarbeiten.«[127]

Die Antwort der OFRA fiel deutlich aus. Die Debatte wurde nach diesen Stellungnahmen nicht mehr weitergeführt. Die Tendenz sozialistischer Feministinnen stieß aber nicht nur in der OFRA auf Ablehnung. Sie konnte sich außer in Biel, wo sich ein »sf-Zirkel« bildete, eine Gruppe sozialistischer Feministinnen, in der Schweiz nicht etablieren. Die SAP selber beurteilte ihre Arbeit etwas anders. In einem internen Bulletin aus dem Jahre 1981 wird der Erfolg der »Tendenz« bilanziert. Sie habe zur Klärung mit den »FBB-Übrigbleibseln (unterdessen vollkommen zerfallen)« beigetragen und insgesamt verhindert, dass die ganze Frauenarbeit in »Richtung Gewerkschaften« abgeglitten sei.[128] In der OFRA allerdings sei der Tendenz sozialistischer Feministinnen von zwei Seiten Widerstand erwachsen: einerseits von Mitgliedern, die nichts mit der Arbeiterbewegung zu tun haben wollten (»Ablehnung von Gewerkschaftsarbeit, Klassenpositionen, Komiteearbeit«), und andererseits von der POCH nahe stehenden Frauen, die eher Bündnisse mit ungemischten Frauengruppen (»auch bürgerliche«) eingehen wollten. Zudem seien Letztere »teilweise sehr sektiererisch gegenüber der SAP«.[129] Trotz diesen »Widerständen« engagierten sich die Frauen der SAP zu Beginn der achtziger Jahre vermehrt in der OFRA. Dieses Engagement führte Mitte der achtziger Jahre zu einem offenen Konflikt, der mit dem Austritt der Sektion Zürich endete.

Was war der Auslöser für den Streit? Im Zusammenhang

mit dem Beitritt in ein nationales Komitee gegen die Initiative »Recht auf Leben« zeigten sich große Differenzen zwischen den autonomen und den sozialistischen Feministinnen. Im Zentrum stand die Frage, ob die OFRA einem breiten Komitee, das auch bürgerliche Kräfte umfasste, beitreten sollte oder nicht. Die sozialistischen Feministinnen waren strikt gegen den Beitritt, die autonomen befürworteten eine Zusammenarbeit.

Einmal mehr wurde der Konflikt auch in der »emanzipation« ausgetragen. In den Artikeln wird allerdings nicht von sozialistischen Feministinnen gesprochen, sondern von »SAP-Frauen«, also von Mitgliedern der OFRA, die gleichzeitig Mitglied der Sozialistischen Arbeiterpartei waren. Davon abgesehen, dass die Mitglieder der SAP sicher nicht die Meinung der sozialistischen Feministinnen insgesamt repräsentierten, verdeutlicht sich aber an der Bündnisfrage ein genereller Unterschied zwischen sozialistischen und autonomen Feministinnen: Die autonomen Feministinnen, wenn sie eine Zusammenarbeit mit gemischtgeschlechtlichen Organisationen nicht kategorisch ablehnten, gingen sachorientierte Bündnisse ein. Die sozialistischen Feministinnen hingegen verfolgten eine klassenorientierte Bündnispolitik. Sie wollten ausschließlich mit der Arbeiterbewegung zusammenarbeiten, wählten ihre BündnispartnerInnen nach dem Links-rechts-Schema. Hier zeigt sich die Virulenz des antagonistischen Klassenkampfes Proletariat versus Bürgertum im Programm der sozialistischen Feministinnen, von dem sich die autonome Frauenbewegung verabschiedet hatte.

Gleichzeitig mit der Diskussion um die Bündnisfrage fand im Hintergrund ein »Kleinkrieg«[130] statt. In einem Artikel mit dem Titel »OFRA durch SAP ins Offside?« griff die Redaktion der »emanzipation« den schwelenden Konflikt auf. Die SAP-

Kapitel III

Frauen, so die Redaktion, hätten Anfang der achtziger Jahre innerhalb der OFRA an Macht gewonnen. Auf nationaler Ebene sei die OFRA von diesen dominiert.[131] Wie es allerdings zu diesem Machtzuwachs kam, wird in der »emanzipation« nicht dargelegt. Um diesen Machtzuwachs und Machtkampf zu verstehen, soll deshalb kurz die Strategie der SAP in Sachen Frauenpolitik skizziert werden.

Nachdem sich die FBB-Gruppierungen in vielen Städten aufgelöst hatten, traten zahlreiche ehemalige FBB-Mitglieder[132] und damit auch FBB/SAP-Doppelmitglieder in die OFRA ein. Die SAP beschloss 1981 neben der Arbeit in den Gewerkschaften ihre Arbeit in der OFRA systematisch auszubauen. Die OFRA stelle die einzige noch organisierte Kraft der Frauenbewegung dar, weshalb diese verstärkt werden sollte. Das hieß konkret, dass Frauen der SAP in verschiedenen Sektionen und vor allem in den Leitungsgremien, und zwar koordiniert, aktiv werden sollten:

> »Heute (1981 – DL) arbeiten 9 Genossinnen in der OFRA (4 in Basel, 2 in Olten, 2 in Zürich, 1 in Luzern). 3 Frauen sind im nationalen Vorstand. In Zürich und in Basel ist je eine Frau im lokalen Vorstand. In Olten spielen unsere Genossinnen in der Arbeitsgruppe Gleiche Rechte (circa 12 Frauen, 1/4 der Sektion) eine dominierende Rolle. Die Absicht besteht darin, Aspekte der Arbeiterpolitik in die OFRA hineinzutragen. Die Arbeit in der OFRA setzt eine intensive Fraktionsarbeit voraus. Wir müssen eine Konzeption entwickeln, wie wir in den verschiedenen Strukturen der OFRA (auch in der Zeitung) intervenieren können.«[133]

Diese Aufbauarbeit sollte bis Anfang 1982 verstärkt werden, wobei vor allem auch Anstrengungen in der Westschweiz vorgesehen waren. Dass dieser koordinierte Aktivismus Probleme aufwerfen würde, war der SAP bewusst. Nicht zuletzt die Diskussion um die Tendenz sozialistischer Feministinnen hatte dies deutlich gemacht. Um diesen Problemen aus dem Weg zu gehen, wurde sozusagen ein Streitverbot verordnet:

> »Unser Beitrag zum Aufbau der OFRA scheidet jede Konfrontations- und Polarisationslogik aus, auch wenn zahlreiche Meinungsverschiedenheiten auftauchen werden. Wir arbeiten in Richtung Aufbau der OFRA als Frauenorganisation, welche mit der A.B. (Arbeiterbewegung – DL) privilegierte Beziehungen unterhält. Diese Orientierung soll uns erlauben, die Anwesenheit der SAP in der F.B. (Frauenbewegung – DL) zu verstärken und so die Frauen zu überzeugen, sich am Aufbau der SAP zu beteiligen, indem sie ihr beitreten.«[134]

Inhaltlich strebte die SAP eine »Einheitsaktionspolitik zwischen den feministischen, politischen und gewerkschaftlichen Kräften« an. Die OFRA sollte zu diesem Zweck auf »uns wichtige Themen« verpflichtet werden, was aber nicht immer gelang:

> »Am diesjährigen Kongress ist es uns nicht gelungen, vom nationalen Schwerpunktthema Frauen und Militär abzulenken. Unser Vorschlag, drei nationale Themen (Schwangerschaftsabbruch, Gleiche Rechte, Militär) gleichzeitig anzugehen, da dies die heutige Situation erfordere, wurde aber insofern berücksichtigt, dass die OFRA[135] beschloss, auf diesen drei Themen nationale Kommissionen zu bilden.«[136]

So viel zur Strategie der SAP in Sachen Frauenpolitik. Dass dieses Programm in einer basisdemokratischen Organisation wie der OFRA, deren Sektionen zum Teil nur lose mit den nationa-

Kapitel III

len Strukturen verknüpft waren, zu Machtverschiebungen führen musste, ist offensichtlich: Eine »intensive Fraktionsarbeit«, die zudem mit einer Parteizugehörigkeit abgesichert wird, führt in einer heterogen zusammengesetzten Organisation in der Regel zu einer Machtfülle. Dementsprechend verwundert es wenig, dass den SAP-Frauen in der Frage der Beteiligung im nationalen Komitee gegen die Initiative »Recht auf Leben« nicht nur eine falsche Politik, sondern auch ihr Vorgehen bei der Entscheidfällung vorgeworfen wurde:

> »Ein starkes Stück allerdings ist es, wenn nun die OFRA unter Federführung von SAP-Aktivistinnen an einer schlecht besuchten nationalen Vorstandssitzung (es waren gar nicht alle Sektionen vertreten) ebenfalls beschließt, dem Komitee gegen die Initiative ›Recht auf Leben‹ aus den gleichen Gründen (wie die SAP, die dem Komitee wegen der bürgerlichen Beteiligung nicht beitrat – DL) nicht beizutreten. Zustande gekommen ist dieser Entscheid nicht zuletzt durch massive Falschinformationen: [...]«[137]

Diese Anschuldigungen lösten heftige Reaktionen aus. Einige Stimmen griffen die Redaktorinnen an und bezichtigten sie einer parteiischen Berichterstattung. Andere Stimmen dementierten die Falschmeldungen und wieder andere forderten, dass der Konflikt zwischen den Mitgliedern der SAP und denjenigen der POCH diskutiert werden sollte. Die damalige Sekretärin, Liliane Christen-Urech, verteidigte das Vorgehen des nationalen Vorstands. Da der nationale Vorstand an der Sitzung wegen zu wenig Anwesenden nicht beschlussfähig gewesen sei, habe sie alle Sektionen schriftlich um eine Stellungnahme gebeten:

»Vom Interesse, was national läuft oder eben nicht läuft, war leider wenig zu spüren, denn NUR eine Sektion hat sich rechtzeitig, eine nachträglich noch gemeldet! Trotzdem war der Entscheid für NICHTBEITRITT EINDEUTIG!!«[138]

Am Kongress vom 8./9. Juni 1985 wurde der Konflikt zwischen »Parteifrauen« und »parteilosen« Frauen zwar aufgegriffen, aber nicht gelöst.[139] Die Berichterstattung in der »emanzipation« bleibt diffus: Die derzeitigen Konflikte seien »zumindest im Ansatz transparenter« geworden. Für »relativ neue OFRA-Frauen« habe die Diskussion vermutlich aber noch mehr Verwirrung geschaffen, gebe es doch Sektionen, welche von den Konflikten weniger betroffen seien. Dies bestätigt das folgende Zitat eines Mitglieds der Sektion Fribourg, Judith Stofer, heutige Vizepräsidentin der Gewerkschaft comedia:

»Ich hatte den Eindruck, dass um ›den heissen Brei‹ geredet wurde. Jedenfalls waren für mich die diversen Diskussionsbeiträge nicht transparent genug. Der Eindruck eines Kleinkriegs zwischen den Sektionen Zürich und Basel drängte sich in mir auf. Dass in der OFRA Schwierigkeiten aufgebrochen waren (SAP-Frauen in der OFRA kontra ›partei-lose‹ OFRAuen), hatte auch ich als relativ neue Fribourger-OFRAu mitbekommen. Doch ein Aufzeigen, eine Klärung, wo die Schwierigkeiten nun genau liegen könnten, brachte diese Samstagnachmittagsdiskussion nicht.«[140]

Der Kongress beschloss eine einjährige Denkpause. Ein Jahr später tauchte der Konflikt wieder auf, allerdings in anderer Form. Unterdessen war aus der Sektion Zürich das Zürcher Aktionsforum Mutterschaft ohne Zwang (MoZ) hervorgegangen, das sich auf das Thema Schwangerschaftsabbruch (SAB)

Kapitel III

konzentrierte. Die Sektion Zürich brachte das Thema Schwangerschaftsabbruch am Kongress ein und wollte ihn darauf verpflichten. Dies gelang nur unvollständig: Der Kongress verabschiedete vier Schwerpunktthemen, eines davon war der Schwangerschaftsabbruch. An der Delegiertenversammlung im August 1986 beantragte das Aktionsforum MoZ eine Teilfusion mit der OFRA. Dieser Antrag wurde »mit ganz knappem Abstimmungsergebnis« angenommen.[141] Doch die Teilfusion sollte nicht von langer Dauer sein. Organisationsexterne Aktivitäten brachten die OFRA in Bedrängnis. Die Schweizerische Vereinigung für die Straflosigkeit des Schwangerschaftsabbruchs (SVSS) überlegte sich die Lancierung einer neuen Initiative und versetzte die OFRA in Zugzwang. Die Meinungen, ob die OFRA einer föderalistischen Lösung oder einer nationalen Fristlösung zustimmen sollte, waren nämlich geteilt:

> »Die Zugerinnen und Luzernerinnen schliessen sich den MoZ-Forderungen (Fristenlösung – DL) an und lehnen eine FöLö (föderalistische Lösung – DL) ab, von der sie mit Sicherheit keine Verbesserung ihrer desolaten Lage erwarten können. Eine Spaltung in Kantone mit liberaler Praxis (BS, Baden, Olten, BE) und in solche mit konservativer SAB-Praxis (ZG, LU unter ZH's Führung) zeichnet sich auch innerhalb der OFRA ab.«[142]

Diese Uneinigkeit zeigte sich auch an der Delegiertenversammlung Anfang Dezember 1986. Zusätzlich wurde aber das »vereinnahmende Vorgehen der MoZ-Frauen«, das die Delegiertenversammlung nicht zum ersten Mal beschäftige, kritisiert. Die Sektionen Zürich und Zug hatten sehr kurzfristig – zwei Tage vor der Delegiertenversammlung – zwei Anträge eingereicht, was ihnen übel geommen wurde. Ein Rückkommensantrag über die Teilfusion mit dem Aktionsforum MoZ wurde in der Abstimmung angenommen. In der darauf folgenden Diskussion wurde ein neuer Antrag formuliert: »MoZ und OFRA-CH trennen sich«. Der Antrag wurde bei 5 Enthaltungen mit 26 Ja gegen 18 Neinstimmen angenommen[143]:

> »Als Folge davon verliert die OFRA-CH die Sektion ZH, deren aktive Frauen sich am Ende als identisch mit MoZ erweisen.«[144]

Mit dem Austritt der Sektion Zürich verloren sich die Spannungen zwischen den sozialistischen und den autonomen Feministinnen. Diese Beruhigung ist aber nicht darauf zurückzuführen, dass alle sozialistischen Feministinnen oder Mitglieder der SAP die OFRA verlassen hätten. So arbeitete etwa Marie-Thérèse Sautebin als langjähriges Doppelmitglied weiterhin aktiv in der Sektion Biel mit. Das bedeutet, dass der Konflikt zwischen sozialistischen und autonomen Feministinnen nicht ausschließlich von der Parteizugehörigkeit geprägt war. Offensichtlich waren es vor allem die Zürcherinnen, denen die Heterogenität oder »die Einheit in der Vielfalt«[145] der OFRA zu umständlich erschien. Allerdings zeigt das »interne Bulletin« der SAP, dass die Partei eine Strategie verfolgte, die als Unterwanderungsversuch zu bezeichnen ist. Die systematische Besetzung wichtiger Leitungsfunktionen, die Fraktionsbildung und vor allem das geheime Vorgehen stützen diese Interpretation. Das Streitverbot, das die Partei verhängt hatte, konnte den Konflikt nicht verhindern. Im Gegenteil: Vermutlich hat genau dieses jede Verständigung zwischen den verschiedenen Positionen verhindert. Inwiefern in diesem Konflikt der Parteienstreit zwischen der SAP und der POCH wirkte, kann nicht beurteilt werden. Die

Nr. 13: Auszug des Ficheneintrags der Stadtpolizei Zürich.

beiden Neulinken Parteien rivalisierten von Beginn an und waren zerstritten. In welchem Ausmaß dieser Streit in die Frauenbewegung insgesamt getragen wurde, kann hier nicht untersucht werden.[146] Zu einer eigenständigen Organisation wie in der Bundesrepublik Deutschland oder den Niederlanden konnten sich die sozialistischen Feministinnen in der Schweiz nicht entwickeln. Die Versuche der SAP, die OFRA zu einer sozialistisch orientierten Organisation umzufunktionieren und damit letztlich die eigene Partei zu stärken, müssen als gescheitert betrachtet werden. Allerdings muss der Verlust der Vertretung der OFRA in Zürich als größter Schweizer Stadt und urbanem Zentrum der Deutschschweiz auch für die OFRA als Misserfolg bezeichnet werden, den sie nicht mehr korrigieren konnte: Eine neue Zürcher Sektion konnte nicht mehr aufgebaut werden.

Ergänzend sei auf ein weiteres Projekt hingewiesen, das auf die Initiative sozialistischer Feministinnen zurückgeht, sich aber unterdessen davon gelöst hat: die sogenannten Weiberräte, die in der Mitte der achtziger Jahre in verschiedenen Städten der Schweiz gegründet wurden. Die Idee der Weiberräte wurde in Westdeutschland vom Projekt Sozialistischer Feminismus erarbeitet.[147] Im Zentrum stand die Entwicklung von Strategien, die zu einer Vertretung feministischer Politik im Parlament führen sollten. In der »emanzipation« wird der Zürcher Weiberrat 1985 vorgestellt.[148] Die Verfasserin des Artikels, Rita Karli, damaliges Redaktionsmitglied der »emanzipation«, weist darauf hin, dass die Idee der Weiberräte vom westdeutschen Sozialistischen Frauenbund stammte und von den Zürcherinnen übernommen wurde. Inwiefern das Modell modifiziert und den schweizerischen Verhältnissen angepasst werden musste, wird nicht diskutiert. Auch über die Initiantinnen wird nicht informiert. Die Historikerin Elisabeth Joris charakterisiert die Weiberräte als Versuch, »diverse Aktivitäten der autonomen Frauenbewegung zu vernetzen, um daraus Möglichkeiten einer feministischen Politik zu entwickeln«. Später sei die in den Weiberräten entwickelte Strategie von der Gruppe Frauen Macht Politik FraP! in Zürich und von verschiedenen autonomen Frauenlisten mit mehr Erfolg wieder aufgenommen worden.[149] 1993 schlossen sich sieben Frauenlisten zu den Unabhängigen feministischen Frauenlisten der Schweiz (UFF!) zusammen, um politische Strategien auszutauschen, Themen zu diskutieren und um bessere Chancen bei Nationalratswahlen zu haben. Ende der neunziger Jahre arbeiteten die Frauenlisten mit unterschiedlichen Strategien und unterschiedlichem Erfolg im Kanton Aargau (FraPoli), in Basel (FraB), Basselland (Frauenliste), im Kanton Graubünden (Unabhängige Frauen), in Luzern (UFL), St. Gallen (Politische Frauengruppe PFG) und in Zürich (FraP!).[150]

IV.
Die politischen Aktivitäten

Die OFRA unterschied sich von anderen Gruppierungen der neuen Frauenbewegung nicht nur durch ihre Organisationsstruktur, sondern auch durch ihre politische Strategie. Im Gegensatz zu anderen Gruppierungen der autonomen Frauenbewegung arbeitete sie sowohl auf der institutionellen wie auch auf der nicht institutionellen politischen Ebene. Von Beginn an politisierte sie ebenso mit traditionellen politischen Instrumenten wie etwa der Initiative wie auch mit den medienwirksamen Mitteln der Protestkultur. Die OFRA hatte zwar vereinzelte Mitglieder in den kommunalen, kantonalen oder eidgenössischen Räten, strebte aber nie eine Parlamentsbeteiligung an, wie dies später die Frauenlisten oder Frauenparteien taten. In einem Artikel in der »emanzipation«, der auf eine Artikelserie aufmerksam macht, wird die doppelte Strategie begründet:

> »Wir starten in dieser Nummer eine Serie, in der wir einige Parteien und Gewerkschaftsverbände vorstellen werden. Dabei interessieren uns ihre Geschichte, ihre Stärke, ihre Programme und Frauenpolitik. [...] Was bezwecken wir damit? Als OFRA, als reine Frauenorganisation, haben wir klar andere Ziele und Aufgaben als die Parteien: wir haben die Möglichkeit, unsere Politik ausserhalb des offiziellen Polit-Apparates zu machen, andere Mittel einzusetzen. Wir kommen aber auch nicht darum herum, zumindest in Sachfragen unsere Meinung in herkömmlicher Manier einzubringen. Mit- beziehungsweise Gegenspieler sind dann die Parteien oder ihre Frauenkommissionen.«[151]

Diese doppelte Strategie und das politische Programm der OFRA, das die Diskriminierung der Frauen in allen gesellschaftlichen Bereichen bekämpfen wollte, führten zu einer Fülle von Aktivitäten. Oganisationsintern bildeten sich temporäre Arbeitsgruppen, die sich mit Themen wie Gewalt gegen Frauen, Pornographie oder mit den neuen Gen- und Reproduktionstechnologien u.v.m. auseinandersetzten. Nicht selten gingen aus diesen Arbeitsgruppen selbständige Organisationen wie etwa die Nationale Organisation gegen Gen- und Reproduktionstechnologie (NOGERETE) hervor. Andere Arbeitsgruppen befassten sich mit Gesetzesentwürfen, die dem Vernehmlassungsverfahren unterlagen, und verfassten Stellungnahmen zuhanden des Bundesrates. Insgesamt beteiligte sich die OFRA an über zwanzig Vernehmlassungsverfahren von der Totalrevision der Bundesverfassung im Jahr 1979 über das Opferhilfegesetz im Jahr 1986 bis zur Schweizerischen Migrationspolitik im Jahr 1995. Die OFRA organisierte zudem Bildungsveranstaltungen wie etwa zu feministischer Theorie oder Schreib- und Rhetorikkurse. Sie war aber auch in unzähligen organisationsexternen Arbeitsgruppen und Komitees vertreten, wobei sie nicht selten die Koordination übernahm oder selber neue Komitees initiierte. Sie organisierte medienwirksame Aktionen und Demonstrationen, verfasste offene Briefe zuhanden der ParlamentarierInnen und der Presse, nahm in Pressecommuniqués Stellung zu aktuellen politischen Entscheidungen, verabschiedete Resolutionen und lud zu Pressekonferenzen ein. Sie organisierte Fachtagungen, unterstützte und initiierte Solidaritätskampagnen sowie Boykottmaßnahmen und wurde von anderen Organisationen der neuen Frauenbewegung, der neuen sozialen Bewegungen und der linken Parteien immer wieder zur ideellen und finanziellen Unterstützung aufgerufen. Nicht zuletzt war die OFRA auch im kulturellen Bereich tätig. Sie organisierte Konzerte und Lesungen, zeigte Filme und hatte zeitweise eine eigene Frauenband, die OFRAgetten.

Kapitel IV

Nr. 14: Die Frauenband der OFRA, die Ofragetten.

Diese vielen und durchaus heterogenen Aktivitäten sollen hier nicht alle dargestellt werden. Vielmehr sollen diejenigen hervorgehoben werden, denen die größte Relevanz zukommt. Zwei Kriterien sind dafür ausschlaggebend: der organisationsinterne Aufwand und die öffentliche Resonanz. Konkret heißt das, dass diejenigen Aktivitäten untersucht werden, die erstens innerhalb der Organisation mit einem großen Arbeitsaufwand verbunden waren und während eines langen Zeitraums verfolgt wurden. Zweitens wurden diejenigen Aktivitäten ausgewählt, die eine große Öffentlichkeit erreichten und den öffentlichen geschlechterpolitischen Diskurs seit den sechziger Jahren am stärksten präg(t)en. Aufgrund dieser zwei Kriterien werden die Diskussionen und die Gesetzgebungsprozesse um die Einführung einer Mutterschaftsversicherung, die Liberalisierung des Schwangerschaftsabbruchs sowie der Gleichstellungsartikel in der Bundesverfassung, »Gleiche Rechte für Frau und Mann«, untersucht.

Diese drei Forderungen können als gleichstellungspolitische Anliegen bezeichnet werden, die die OFRA vorwiegend mit institutionalisierten Mitteln verfolgte. Weiter wird die Entwicklung des internationalen Frauentags seit 1975 dargestellt. Die OFRA übernahm Anfang der achtziger Jahre die Koordination der Veranstaltungen zum 8. März und versuchte alljährlich möglichst viele Frauen zu mobilisieren. Einen speziellen Fall stellt der Skandal um das so genannte Offiziersschießen dar. Diese Aktiviät wurde ausgewählt, weil die OFRA mit ihr die größte öffentliche Resonanz ihrer Geschichte erzielen konnte.

Bei all diesen Aktivitäten steht die Rolle der OFRA im Zentrum: Mit welchen Mitteln verfolgte sie ihre Ziele? Wie reagierte sie auf politische Vorstöße von anderer Seite? Mit welchen Organisationen arbeitete sie zusammen, mit welchen nicht? Mit welchen Schwierigkeiten war die Zusammenarbeit mit anderen Organisationen verbunden? Wie begründete die OFRA ihre Forderungen? Mit welchen Forderungen war sie erfolgreich oder erzielte einen »Etappensieg«? Neben der Binnensicht der OFRA wird die Außensicht, die Problemwahrnehmung anderer gesellschaftlicher Kräfte, untersucht. Denn die Erfolgschancen gesellschaftsverändernder Forderungen hängen in einem hohen Maße von den Reaktionen der Umwelt, der anderen gesellschaftlichen Akteure ab. Eine zentrale Rolle spielen dabei die Medien. Denn sie sind es, die politische Positionen und Meinungen einer breiten Öffentlichkeit bekannt machen. Und nur wenn Themen in der Öffentlichkeit erscheinen, können sie überhaupt diskutiert werden und Zustimmung gewinnen. Gelingt es Organisationen nicht, ihre Problematisierungen in die Öffentlichkeit zu bringen, bleiben ihre Deutungs-

Kapitel IV

Nr. 15: Die OFRA Basel demonstriert 1995 gegen den Krieg in Ex-Jugoslawien.

muster in der Regel auf den engen Kreis der Organisationsmitglieder beschränkt.

Die OFRA selber war sich der Bedeutung der Medien bewusst. Von Beginn an versuchte sie mit Pressecommuniqués, Pressekonferenzen und medienwirksamen Aktionen auf sich und ihre Themen aufmerksam zu machen. Sie verschickte jährlich um die zehn Pressecommuniqués an die Schweizer Medien. Wie viele davon und in welchen Zeitungen abgedruckt wurden, konnte hier nicht untersucht werden. In den neunziger Jahren beklagte sich die OFRA aber zunehmend über das mangelnde Echo auf ihre Pressecommuniqués.[152] Ausdruck der Bedeutung, die die OFRA den Medien zumaß, ist auch ein Projekt, das sie 1994 lancierte. Mit dem Titel »Die Printmedien als Sprachrohr feministischer Politik – Zukunftsmusik?« reichte sie es beim

Eidgenössischen Büro für die Gleichstellung von Frau und Mann ein.[153] Die Untersuchung hatte folgendes Ziel:

> »Das Projekt in Kürze: Auf der Grundlage einer inhaltlichen Analyse der Berichterstattung in Schweizer Printmedien über frauenrelevante Themen aus Politik, Wirtschaft, Gesellschaft und Kultur, die auch erfassen soll, ob und wie weit die feministische Sichtweise zu gesellschaftlich relevanten Themen vertreten ist, soll in einer Zukunftswerkstatt mit VertreterInnen feministischer Organisationen und Journalistinnen erarbeitet werden, wie die Printmedien feministische Politik einer breiten Öffentlichkeit zugänglich machen können.«[154]

In den folgenden Darstellungen wird die Berichterstattung in der Presse ebenfalls hinzugezogen.[155] Sie wird dem Binnendiskurs der OFRA gegenübergestellt, um unterschiedliche Interpretationen von Sachverhalten, Handlungen und Akteuren aufzuzeigen. Der Vergleich der Berichterstattung mit dem Binnendiskurs zeigt zudem, ob und wie die OFRA als Organisation wahrgenommen, wo sie politisch positioniert, wie ihre Forderungen beurteilt und ihre Mitglieder charakterisiert wurden. Die Berichterstattung wird aber auch als Quelle zugezogen, wenn die Dokumente der OFRA oder die Sekundärliteratur einen Prozess ungenügend abbilden. Nicht zuletzt soll auf die Funktionsweisen des Mediensystems eingegangen werden, um die medialen Bedingungen, unter denen die OFRA politisierte, herauszuarbeiten.

Kapitel IV

1. Mutterschaftsschutzversicherung

Die Geschichte der Einführung einer Mutterschaftsschutzversicherung in der Schweiz – auf deren letztes Kapitel wir ja immer noch warten – entbehrt nicht, gelinde ausgedrückt, einer gewissen Dramatik. Obwohl seit 1945 verfassungsmäßig verordnet und von verschiedenen politischen Kräften gefordert, steht die reiche Schweiz im europäischen Vergleich als einziges Land ohne Mutterschaftsversicherung da. Zwar wurden mehrere Vorstöße zur Verbesserung der Leistungen bei Schwangerschaft und Niederkunft unternommen, doch in der Regel ohne Erfolg. Die bestehenden Schutzbestimmungen sind in verschiedenen Gesetzeswerken geregelt und inhaltlich nicht aufeinander abgestimmt. Diese Verzettelung ist einer der Gründe, weshalb die einzelnen Bestrebungen immer wieder blockiert wurden. Bei Veränderungsvorschlägen findet sich immer von neuem eine Interessengruppe, die die Verbesserung bekämpft. Die folgende Darstellung soll einige Facetten dieses Spannungsfeldes beleuchten.

Die OFRA hat mit der Lancierung einer Initiative zur Einrichtung einer Mutterschaftsversicherung nicht nur ihre aufwändigste Arbeit in Angriff genommen, sondern gleichzeitig eine große Resonanz ausgelöst. Genauer untersucht wird hier, wie sie diese Arbeit bewältigte, die Abstimmungkampagne der Gegner und dementsprechend die Gründe für die Niederlage. Trotz Misserfolg beteiligte sich die OFRA aktiv an den weiteren Vorstößen zur Einrichtung einer Mutterschafsversicherung und versuchte kontinuierlich auf die Verbesserung des Mutterschaftsschutzes einzuwirken.

Lancierung

Mit dem am Gründungskongress gefassten Beschluss, eine Initiative zur Verbesserung des Mutterschaftsschutzes zu lancieren, konnte sich die OFRA der Aufmkersamkeit in der Öffentlichkeit sicher sein. Und das wusste sie auch:

> »Es begann wie bei einer Verschwörungssitzung. Im engen Kreise der Progressiven Frauen und der POCH-Medizin trafen wir uns zu vertraulichen Sitzungen mit der Aufgabe, eine politisch tragende Forderung für die zu gründende autonome Frauenorganisation zu finden. [...] Die Anforderungen lauteten: Die SAFRA (OFRA) braucht eine politische Forderung, die möglichst viele Frauen bewegt und klassenpolitisch richtig liegt, d.h. jenen Frauen am meisten bringt, die sozial am stärksten unter ihrer Diskriminierung leiden. Gleichzeitig soll es nicht nur eine sozialpolitische Forderung sein, sondern auch die Befreiung der Frau als Fernziel anvisieren, soll ihr einen Schritt weiterhelfen aus dem Dilemma der Unvereinbarkeit von Berufstätigkeit und Mutterrolle. Die Forderung muss die Möglichkeit einschliessen, ein möglichst breites Bündnis der politischen Kräfte in der Schweiz zu garantieren: kurz gesagt, die CVP-Frau, die Gewerkschafterin und die POCH-Frau soll sich hinter die Forderung stellen können. Unser Resultat: Mutterschutzinitiative.«[156]

Was in diesem Zitat nicht erwähnt wird, aber zum breiten Interesse beitrug, war der Umstand, dass sich verschiedene politische Kräfte seit längerem mit der Mutterschaftsversicherung beschäftigten, ja das Anliegen als ihr Steckenpferd betrachteten. Zu diesen gehörte die CVP. Sie beziehungsweise die damalige Katholisch-Konservative Partei hatte mit der so genannten Familienschutzinitiative 1945 die Verfassungsgrundlage für eine Mutterschaftsversicherung gelegt.[157] Aber auch die Sozialdemokratische Partei der Schweiz (SPS) und der Schweizerische Gewerkschaftsbund (SGB) hatten sich verschiedentlich um die Verbesserung des Mutterschaftsschutzes bemüht.[158] So erstaunt es wenig, dass die OFRA von diesen Kräften – die CVP-Frauen richteten sogar einen öffentlichen Appell an die OFRA – zu einer Zusammenarbeit aufgefordert wurde.[159] Daraufhin lud die OFRA alle interessierten schweizerischen Frauenorganisationen, Parteien und Verbände zu einer gemeinsamen Sitzung ein.[160] An der Koordinationssitzung im Dezember 1977 nahm ein »sehr breites Spektrum« von Frauenorganisationen teil.[161] Das »Vorpreschen« der OFRA, heißt es in der Basler Zeitung, habe sich letztlich gelohnt, denn nun würden sich tatsächlich Parteifrauen (SP, CVP, FDP, PdA), Gewerkschafterinnen (SGB, CNG) und andere Frauengruppen – unter anderem die größte Frauenorganisation, der Bund Schweizerischer Frauenorganisationen (BSF) – mit dem Initiativtext der OFRA befassen.[162]

Bis zur Lancierung der Initiative sollten allerdings noch einige Gruppierungen aussteigen. Vor allem der Elternurlaub war umstritten, wie das folgende Beispiel der CVP zeigt, deren Frauenkommission bis kurz vor der Lancierung im Komitee mitarbeitete[163]:

> »Nach Ansicht des CVP-Vorstandes darf das Ziel einer echten Mutterschaftsversicherung ›nicht durch Forderungen wie einen neunmonatigen Elternurlaub und einen Kündigungsschutz, der über die Zeit der Schwangerschaft und den Mutterschaftsurlaub von 16 Wochen hinausgeht, gefährdet werden‹.«[164]

Aber auch die SP und der Gewerkschaftsbund sowie die FBB waren mit dem Elternurlaub nicht einverstanden. Ihre Kritik richtete sich allerdings nicht gegen einen Elternurlaub als solchen, sondern dagegen, dass dieser unbezahlt sein sollte. Die SP argumentierte, dass sie nicht eine Forderung unterstützen könne, die Personen mit kleinen Einkommen diskriminiere: »Die Frauen, die wir vertreten, können einfach nicht ein Jahr lang auf den Lohn verzichten.«[165] Die OFRA hingegen machte pragmatische Gründe geltend. Sie erachtete die Realisierungschancen für die Initiative durch die Forderung eines bezahlten Elternurlaubs als stark gefährdet.[166] Der BSF beschloss, sich gegenüber der Initiative »neutral« zu verhalten, sich also nicht im Lancierungskomitee zu beteiligen. Zwar sei auch er für eine Verlängerung des Mutterschaftsurlaubs. Die Meinungen der Frauenverbände über die Modalitäten einer Mutterschaftsversicherung seien allerdings auseinandergegangen.[167]

In zahlreichen Sitzungen wurde ein Kompromiss gesucht. Die OFRA bedauerte, dass sich die Diskussionen so lange hinzogen, und vermutete, dass der SGB und die SP die Lancierung verzögern wollten.[168] Schließlich konnten die Differenzen bereinigt und die Bildung des Initiativkomitees bekannt gegeben werden:

> »Freude bei der Organisation für die Sache der Frauen (OFRA): Die breite Unterstützung der von der OFRA initiierten Initiative [...] ist für die OFRA ein ›Zeichen der sich stärkenden Frauenbewegung‹ [...] Damit sei auf Initiative der Frauen hin ›erstmals auf schweizerischer Ebene über alle partei-ideologischen Differenzen hinweg ein breites gemeinsames Vorgehen möglich geworden‹.«[169]

Anlässlich der Lancierung der »Initiative für einen wirksamen Schutz der Mutterschaft« am 31. Oktober 1978 sprach auch die »Neue Zürcher Zeitung« von einem historischen Ereignis. Allerdings betonte sie vor allem die Zusammenarbeit zwischen

Kapitel IV

Nr. 16: Demonstration für die Mutterschaftsversicherung 1978.

der Arbeiterbewegung und den Feministinnen und weniger die erstmalige Initiative der Frauen:

> »Zum ersten Mal in der Geschichte der Schweiz ist damit ein Bündnis zwischen feministischen Organisationen und Organisationen der Arbeiterbewegung zustande gekommen. Die Frauen hätten damit etwas erreicht, das den Männern nicht gelungen sei, meinte die Walliser SP-Nationalrätin Gabrielle Nanchen an der Pressekonferenz.«[170]

Das Initiativkomitee bestand schließlich aus den folgenden zehn Organisationen: OFRA, FBB, Frauenkommission des SGB, Schweizerische Frauen für Frieden und Fortschritt (SFF), SPS, PdA, POCH, RML, Partito Socialista Autonomo (PSA) und Schweizerische Gesellschaft für ein soziales Gesundheitswesen (SGSG). Die zentralen Forderungen der Initiative wurden in der »Neuen Zürcher Zeitung« wie folgt zusammengefasst. Bezüglich der Finanzierung wurde bereits erste Kritik angedeutet:

> »[...] eine obligatorische Mutterschaftsversicherung, die unter anderem einen Mutterschaftsurlaub von mindestens 16 Wochen und einen Elternurlaub von mindestens 9 Monaten mit teilweisem oder vollständigem Ersatz des Einkommensausfalls umfasst. Ferner sieht das Volksbegehren einen umfassenden Kündigungsschutz vor. Die Kosten sollen nach dem Prinzip der AHV finanziert werden und machen angeblich für Arbeitgeber und Arbeitnehmer zusammen weniger als ein Lohnprozent aus.«[171]

Unterschriftensammlung und Einreichung der Initiative
In den folgenden dreizehn Monaten wurden von den lokalen Unterstützungskomitees über 140 000 Unterschriften gesammelt. In der »emanzipation« erschienen regelmäßig Artikel, die zum Unterschriftensammeln aufrufen. Die OFRA hatte sich dazu verpflichtet, 20 000 Unterschriften zu sammeln, das hieß, »dass jede OFRA-Frau im Durchschnitt circa deren 40 zusammenbringen sollte«.[172] Zugleich wurden Anleitungen zum »richtigen Sammeln« gegeben und ein Argumentekatalog zusammengestellt. Ein Autorinnenkollektiv der OFRA hatte eine Broschüre erarbeitet, die Auskunft gab über die Geschichte der Mutterschaftsversicherung, die Initiative erläuterte, die OFRA vorstellte sowie einen internationalen Vergleich der Mutterschaftsschutzversicherungen anstellte. In einem weiteren Kapitel der Broschüre wurde begründet, in welchem Sinne der Schutz der Mutterschaft, der ja auch von bürgerlichen Kreisen – allerdings mit anderen Argumenten – gefordert wurde, als feministische Forderung zu verstehen sei.

Kapitel IV

Die OFRA stellte ihre Initiative in den Rahmen ihres Kampfes um Gleichberechtigung und Emanzipation. Immer noch werde die Benachteiligung der Frauen etwa in der Ausbildung oder im Beruf mit der biologischen Begründung der Mutterschaft legitimiert. Aus dieser biologischen Komponente die eindimensionale Rolle der Frau als Mutter abzuleiten, widersprach sowohl dem Geschlechterrollenverständnis der OFRA als auch ihrem Verständnis von Gesellschaft:

> »Dass wir die Kinder gebären, heisst nicht, dass wir sie für uns allein haben wollen, in ihnen die einzige Möglichkeit eines erfüllten Lebens sehen wollen. Deshalb möchten wir auch nicht allein für unsere Kinder verantwortlich sein – für ihre Erziehung und Betreuung. Die Verantwortung des Kinderhabens in unserer Gesellschaft soll von allen gemeinsam und solidarisch getragen werden.«[173]

Der Entscheid zwischen Kindern und Beruf sei sicher einer der schmerzlichsten im Leben der Frau. Zudem – und das ist der zweite zentrale Punkt in der Argumentation der OFRA – seien die meisten berufstätigen Mütter kleiner Kinder mehrheitlich nicht aus Freude am Beruf, sondern aus finanziellen Gründen berufstätig. Sie würden aber gemeinhin als schlechte Mütter abgestempelt, was bei ihnen zu Gewissenskonflikten führe. Die Initiative sei zwar nur ein kleiner Schritt auf dem Weg zur Chancengleichheit. Aber für das erste Jahr nach der Geburt könne sie die Situation der Mütter »(und Väter)« sicher erleichtern.[174]

Die Unterschriftensammlung verlief erfolgreich und am 21. Januar 1980 konnte die Initiative mit 143 000 Unterschriften[175] eingereicht werden. Die Einreichung wurde mit einer kleinen Aktion untermalt: Die Unterschriftenbögen wurden von den

Initiantinnen in Kinderwagen vor das Bundeshaus geführt. In der Presse stieß die Einreichung auf kritische Resonanz, und zwar sowohl aus dem liberalen wie aus dem sozialdemokratischen Lager. Die »Neue Zürcher Zeitung«, die ja bereits bei der Lancierung gegenüber der Finanzierung der Mutterschaftsversicherung Vorbehalte andeutete, unterschied nun das »sozialpolitisch Wünschbare« vom »finanziell Möglichen«. Eine Unterscheidung, die womöglich auch die Arbeitnehmer, im Gegensatz zu den sie vertretenden Parteirepräsentanten, machen könnten. Die eigentlichen »heissen Eisen« seien der Elternurlaub und der sich auf Schwangerschaft, Mutterschafts- und Elternurlaub erstreckende Kündigungsschutz. Die Kostenschätzungen der Initiantinnen würden für den Elternurlaub jährliche Erwerbsersatzkosten in der Höhe von 340 Millionen Franken ausweisen. Diese seien der Hauptgrund für die vorgeschlagene Lohnprozentlösung, die jährlich rund 500 Millionen decken müsste und somit etwa ein halbes zusätzliches Lohnprozent jedes Erwerbstätigen erfordern würde. Nach der Erfahrung mit der KUVG-Abstimmung[176] müsse man sich fragen, ob die Stimmbürger »einem solchen Lösungsvorschlag« zustimmen würden.[177] Die Kritik der Basler AZ richtete sich ebenfalls gegen den »Vaterschaftsurlaub«. Sie beschäftigte sich allerdings nicht mit der Finanzierung, sondern mit der taktischen Wirkung dieser Teilforderung. Man wisse nicht so recht, ob man sich nun freuen oder ärgern solle. Freuen darüber, dass ohne Rücksicht auf einen möglichen Erfolg oder Misserfolg »ein gesellschaftliches Problem keck angegangen« werde. Nur durch Diskussion und Konfrontation könne schließlich die »Gesellschaft aus dem bedächtig-konservativen Dösen geweckt werden«. Andererseits hätten aber Zehntausende die Initiative nicht um der Diskussion des gesellschaftlichen Fortschritts

Kapitel IV 125

Nr. 17: Einreichung der 143 000 Unterschriften für die »Volksinitiative für einen wirksamen Schutz der Mutterschaft« im Bundeshaus am 21.1.1980.

willen unterschrieben, sondern um die »längst fällige Mutterschaftsversicherung« zu verwirklichen:

> »Der mögliche Vaterschaftsurlaub – in anderen Ländern bereits eingeführt – wird den Demagogen, welche eine neue Sozialversicherung grundsätzlich ablehnen, die Möglichkeit eröffnen, mit wenig Argumenten und viel Spott und der bekannten Ausflucht ›So nicht‹ der Initiative ein Grab zu schaufeln. Insofern bleibt ein Ärger zurück, dass eine gute Sache einmal mehr an ihrer Reinheit scheitern und der Fortschritt, mit dem eigenen Rüstmesser zerschnetzelt, im Kehrichteimer landen wird.«[178]

Die Erfolgschancen für die Abstimmung wurden in der Presse als gering eingeschätzt, wobei zum Kommentar in der »Basler Zeitung« hinzuzufügen ist, dass auch mit moderateren Forderungen, wie wir das beispielsweise mit der Teilrevision der Kranken- und Mutterschaftsversicherung (KMVG) sehen werden, die »Demagogen« keineswegs umgestimmt werden konnten.

Wie aber sah die Binnensicht der OFRA aus? Wie beurteilte sie die Erfolgschancen der Initiative? Die OFRA war zwar über den Erfolg der Unterschriftensammlung erfreut, insgesamt aber ernüchtert. Nicht Spekulationen über die Abstimmungschancen der Initiative standen an, sondern Standortbestimmungen. Unter dem Titel »Nie mehr eine Initiative?«[179] analysierte Brigitte Pfiffner die Vor- und Nachteile der Lancierung der MSV-Initiative. Unumstritten sei die öffentliche Wirkung der Initiative für die Organisation. Die MSV sei das wirkungsvollste Aushängeschild, das die Organisation bekannt gemacht und ihr zum Status einer ernst zu nehmenden Organisation verholfen habe. Ebenfalls als klarer Erfolg sei das erstmalige breite Bündnis des Initiativkomitees zu beurteilen. Die Initiative habe zudem sowohl in der Öffentlichkeit wie auch im Parlament Diskussionen und Reaktionen ausgelöst. Nicht zuletzt sei die OFRA an der Zusammenarbeit mit den anderen Organisationen gewachsen. Gründe für die Ernüchterung sieht die Autorin in der mangelnden Solidarität bei der Unterschriftensammlung. Die Arbeit sei oft von wenigen gemacht worden und enttäuschte, sich ausgenutzt vorkommende Frauen seien zurückgeblieben. Vom anfänglichen Elan – zumindest soweit er »die traditionelle politische Arbeit (Initiative, Vernehmlassung, Parlamentarismus, Vorstandssitzungen)« betreffe – sei nicht mehr viel übrig geblieben. Vom Unterschriftensammeln wollten schon viele gar nichts mehr hören. Ein weiterer Grund für die Ernüchterung sei vermutlich in der anfänglichen Selbstüberschätzung gelegen. Der »furchtbar lange, vermeintlich fast wirkungslose schweizerische Gesetzgebungsweg« habe viele zu einer anderen politischen und persönlichen Prioritätensetzung geführt. Vor diesem Hintergrund gesehen, könne die »jetzige Phase eine kreative Verschnaufpause« sein.

Abstimmungskampagne

Nachdem der Bundesrat 1981 eine Vorlage für eine Teilrevision des Kranken- und Mutterschaftsversicherungsgesetzes (KMVG) vorgelegt hatte, die einen Ausbau der Leistungen bei Schwangerschaft, Geburt und Mutterschaftsurlaub vorsah, lehnte er 1982 die Volksinitiative »für einen wirksamen Schutz der Mutterschaft« ab. Neben formalen Begründungen wurde der Elternurlaub als »finanziell nicht tragbar und wünschbar« bezeichnet.[180] Mit dem Hinweis auf die Teilrevision des KMVG verzichtete der Bundesrat auf einen Gegenvorschlag zur Initiative. Der Termin für die Abstimmung über die MSV-Initiative wurde nach längerem Hin und Her – die Beratungen über das KMVG dauerten noch an[181] – auf den zweiten Dezember 1984 festgelegt. Kaum war dieses Datum bekannt, begann die OFRA mit der Mobilisierung für die Abstimmungskampagne:

> »Das Abstimmungsdatum ist festgelegt: am 2. Dezember 1984. Ab sofort läuft die Abstimmungskampagne, wie wir sie bereits am 7. April an unserer Delegiertenversammlung besprochen haben. Das bedeutet, dass die lokalen und regionalen MSV-Komitees spätestens jetzt mit ihren Aktivitäten beginnen, also Informationsveranstaltungen, Feste, Stände etc. machen, sowie Material über die Situation in ihrer Region sammeln, zum Beispiel über Entlassungen

schwangerer Frauen, die Folgen des lächerlich kurzen Mutterschaftsurlaubs und die Dreifachbelastung der Mütter mangels Elternurlaub.«[182]

Weiter wurde darauf hingewiesen, dass Abstimmungsplakate, Broschüren, MSV-Kleber etc. beim nationalen Sekretariat sowie bei einzelnen Sektionen zu bestellen seien. Genau mit diesen Verkaufsartikeln, mit Bettelbriefen, Spendenaufrufen und den Einnahmen bei Veranstaltungen sollte die Abstimmungskampagne finanziert werden. Neben diesen externen Einnahmen waren aber auch die Mitglieder selbst angehalten, Beiträge in die Abstimmungskasse zu leisten. Insgesamt 50 000 Franken mussten von der OFRA für die Kampagne aufgetrieben werden.[183]

Etwas später, Anfang November, begann der Abstimmungskampf in den Medien. Hauptstreitpunkt auch hier: der Elternurlaub und die Finanzierung hauptsächlich über Lohnprozente. Hugo Bütler, damaliger Inlandredaktor und heutiger Chefredaktor der »Neuen Zürcher Zeitung«, eröffnet in seinem Blatt die Meinungsbildung für das bürgerliche Milieu. Der Titel des Artikels, »Eine kontraproduktive Übertreibung«[184], ist gleichzeitig Programm. Der Artikel greift alle wesentlichen Elemente auf, die den Abstimmungskampf des bürgerlichen Lagers dominierten und 1987 beim Referendum gegen die Teilrevision des KMVG sowie teilweise auch in den neunziger Jahren in der Diskussion um die bundesrätlichen Vorschläge wieder auftauchten. Auffällig ist die starke Links-rechts-Perspektive. Diese wird durch das damals relevante Interpretationsmuster des Kalten Kriegs, das erst in den neunziger Jahren, nach dem Zusammenbruch des Ostblocks, verschwindet, stark aufgeladen. Im Folgenden stelle ich die verschiedenen Elemente des

Kapitel IV

gegnerischen Deutungsmusters anhand des Artikels von Hugo Bütler vor.

Als Erstes wird die initiierende Organisation politisch positioniert und ins Links-rechts-Schema eingepasst:

> »Hinter der Volksinitiative steht offiziell die politische Linke – ob auch ihre Wählerschaft unter den Arbeitern, muss sich erst noch weisen – zusammen mit den progressiven Frauenorganisationen neuen Typs, die sie vor mehr als sechs Jahren konzipiert und die Unterschriftensammlung gestartet haben. Die von Poch-Frauen Mitte der siebziger Jahre ins Leben gerufene ›Organisation für die Sache der Frauen‹ (OFRA), welche sich unter anderem auch für eine völlige Liberalisierung des Schwangerschaftsabbruchs einsetzt, konnte bereits bei der Lancierung auf die Unterstützung der Frauenbefreiungsbewegung (FBB), [...], der Trotzkisten sowie verwandter Gruppierungen der äussersten Linken zählen.«

Zweitens wird die Uneinigkeit der Frauen als gesellschaftliche Subgruppe sowie Gruppe der Betroffenen hervorgehoben, um auch bei ihnen zwischen Links und Rechts zu unterscheiden. Mit dieser Spaltung werden Interessengegensätze legitimiert und dem Vorwurf, die Gegner und Gegnerinnen der MSV-Initiative seien unsozial einerseits und demjenigen der Frauenfeindlichkeit andererseits begegnet:

> »Bei dieser politisch beschränkten Trägerschaft der Initiative ist es im Verlauf des parlamentarischen Meinungsbildungsprozesses geblieben, obwohl eine Reihe von bürgerlichen Frauenvereinigungen teils seit Jahrzehnten für einen verbesserten Mutterschaftsschutz eintreten, das Grundanliegen also teilen. In dem von Nationalrätin Geneviève Aubry präsidierten Aktionskomitee, welches jetzt das Volksbegehren be-

> kämpft, sind alle bürgerlichen Parteirichtungen präsent, ja
> selbst die Evangelischen und mit Monika Weber der Landes-
> ring der Unabhängigen vertreten, welchen beiden es gewiss
> nicht liegt, sich auch bloss dem Verdacht auszusetzen, soziale
> Anliegen oder solche der Frauen zu behindern.«

Drittens wird vor der einseitigen Ausrichtung auf die erwerbstätigen Frauen – eine Interpretation der MSV-Initiative, die vor allem von der CVP vorgenommen wurde[185] – gewarnt. Mit dieser Unterscheidung werden die Interessen der Frauen auseinander dividiert und gegeneinander ausgespielt. Die Unterscheidung der Frauen aufgrund ihrer Erwerbs- oder Nichterwerbstätigkeit sowie aufgrund des Zivilstands und die davon abgeleiteten Interessendivergenzen begleiten alle geschlechterpolitisch relevanten Gesetzeswerke.

Weiter wird vor der in der Initiative »verborgenen« sozialistischen Gesinnung gewarnt:

> »Offenkundig ist die Absicht, in erster Linie die Mutterschaft
> erwerbstätiger Frauen sozial und arbeitsrechtlich zu begün-
> stigen. Die Initiantinnen verweisen zur Begründung gerne auf
> die Erwerbsersatzordnung für Männer, die Militärdienst
> leisten. Dieser Vergleich hinkt. [...] Er ist punkto Kündigungs-
> schutz kaum haltbar, da von analogen Privilegien für Männer
> nicht die Rede sein kann. Überdies enthüllt er eine mit der
> Initiative gekoppelte fragwürdige Tendenz, die Mutterschaft
> aus der Sphäre persönlicher und familiärer Verantwortung in
> die Abhängigkeit von staatlichen Regelungen überzuführen.«

Viertens wird die Vorlage mit finanziellen Argumenten bekämpft. Sie wird als zu teuer bezeichnet. Insbesondere gegen den Elternurlaub wird polemisiert:

Kapitel IV

>»Zumindest die Bereitschaft, für den Luxus eines Elternurlaubs allein fast ein halbes Lohnprozent abzuzweigen, dürfte bei vielen Arbeitnehmern eher gering sein, besonders wenn sie Elternschaft und Kindererziehung nicht als Angelegenheit eines Urlaubs, sondern als Daueraufgabe sehen, die in vielen Fällen noch immer mit langjährigem Verzicht eines Elternteils auf Erwerbstätigkeit einhergeht.«

Fünftens werden die arbeitsmarktlichen Wirkungen der MSV für die Frauen als negativ bezeichnet und sechstens wird auf die Revision des KMVG hingewiesen, das die »sinnvollen und wirtschaftlich tragbaren« Aspekte der Initiative, wie etwa die Verlängerung des Mutterschaftsurlaubs von zehn auf sechzehn Wochen, sowieso erfüllen würde. Und siebtens wird die Forderung, Mutterschaft sei nicht als Krankheit zu verstehen und solle demzufolge rechtlich von der Krankenversicherung getrennt und verselbständigt werden, mit der Begründung zurückgewiesen, dass Arzt- und Pflegeleistungen in der Praxis zu verwandt seien, »als dass eine Sonderversicherung samt zugehöriger Bürokratie für die Mutterschaft gerechtfertigt wäre«.

So weit die verschiedenen Elemente der Gegner. Sie werden am Schluss des Kapitels nochmals aufgenommen und diskutiert.

Die »Neue Zürcher Zeitung« lässt bis zum Abstimmungswochenende insgesamt fünf Artikel zum Thema erscheinen, wovon einer die befürwortende Position einnimmt. Vilma Hinn, Vertreterin der OFRA, plädiert für die Annahme der Initiative, verteidigt engagiert die Anliegen der Initiantinnen und droht den Gegnern, dass sie ihre »Borniertheit« längerfristig teurer zu stehen kommen könnte als die vorgeschlagene Mutterschaftsversicherung.[186] Gegenübergestellt wird ihr die Stellungnahme des Direktors des Zentralverbandes schweizerischer

Arbeitgeberorganisationen und FDP-Nationalrates, Heinz Allenspach.[187] Im Gegensatz zur »Neuen Zürcher Zeitung«, die mit Vilma Hinn eine externe Expertin den Pro-Standpunkt vertreten lässt, nimmt im »Tages-Anzeiger« die Redaktorin Verena Thalmann für die Initiative Stellung.[188] Der Pro-Standpunkt des »Tages-Anzeigers« wird allerdings in der letzten Nummer vom Abstimmungswochenende mit einer redaktionellen Gegenstimme relativiert.[189] Auch die »Basler Zeitung« und der Berner »Bund« publizieren in der Woche vor der Abstimmung ausführliche und anzahlmäßig ausgewogene Pro- und Kontra-Positionen.[190]

Die Initiative, das ist bekannt, wurde abgelehnt. Weniger bekannt oder in Vergessenheit geraten dürfte das Abstimmungsergebnis sein: Die Initiative wurde mit einem Rekord an Nein-Stimmen von 84 Prozent und allen Kantonen abgelehnt. Die Stimmbeteiligung betrug 39 Prozent. Die Frauen stimmten unwesentlich anders als die Männer.[191] In der »emanzipation« wird der Ausgang der Abstimmung kaum analysiert oder kommentiert. Von »Ernüchterung« und »frauenfeindlicher Wende« ist die Rede.[192] Erst die Resultate des Forschungszentrums für schweizerische Politik, die so genannte Vox-Analyse, sind Anlass für einen ausführlichen Artikel in der »emanzipation«.

Rita Karli fasst die Resultate der Vox-Analyse zusammen. Der auch im Initiativkomitee von Beginn an umstrittene Elternurlaub habe den Ausschlag zur Ablehnung der Initiative gegeben. Aber nicht die Finanzierung des Elternurlaubs, sondern die mit ihm verbundenen Wertvorstellungen hätten die Ablehnung maßgeblich bestimmt.[193] Diese Meinung vertreten im Übrigen auch die beiden Historikerinnen Elisabeth Joris und Heidi Witzig: Die Infragestellung des Geschlechterverhältnisses, der »rollensprengende Charakter« der Initiative habe zur

Kapitel IV 133

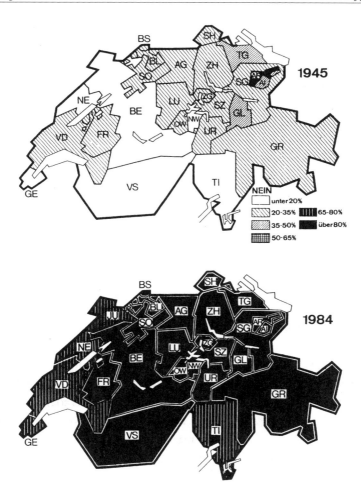

Nr. 18: Die beiden Karten zeigen die Anteile der Nein-Stimmen bei den Mutterschutz-Abstimmungen von 1945 und 1984: Während 1945 bloss Appenzell-Ausserrhoden die Initiative ablehnte und Glarus, Innerrhoden und Thurgau hohe Nein-Kontingente lieferten, wurde sie 1984 von sämtlichen Kantonen verworfen. Umgekehrt lieferten die lateinischen Kantone damals wie heute die höchsten Ja-Anteile. (Karten Griot)

massivsten Ablehnung einer Volksinitiative seit deren Einführung Ende des 19. Jahrhunderts geführt.[194] Das Resultat der Vox-Analyse, so Rita Karli weiter, stelle die Organisation vor zentrale Fragen bezüglich ihrer Strategien. Von großer Bedeutung sei die Frage, ob die Initiative das richtige Mittel sei, mit dem das bisherige Rollenverständnis angezweifelt werden könne. Es sei zwar bekannt, dass im Vorfeld einer Abstimmung ein intensiver Meinungsbildungsprozess einsetze und durch die lange Verfahrenszeit eine »Langzeitwirkung« erreicht werde. Nach der Erfahrung mit der MSV-Initiative zweifle sie allerdings an diesen Aussagen:

> »Es kommt wohl wesentlich auch darauf an, welche Vorschläge gebracht werden, in welcher Radikalität und wann diese Vorschläge gebracht werden (ob in einer Zeit politischer Verhärtung wie das hier der Fall war). Bei der Mutterschaftsschutzinitiative ist an den bestehenden Meinungen festgehalten worden.«[195]

Die Frage, welche Ziele mit welchen Mitteln erfolgreich durchgesetzt werden können, führt zu einigen grundsätzlichen Überlegungen. Der amerikanische Soziologe Doug McAdam hat ein Modell erarbeitet, mit dem die Erfolgschancen bestimmter Mittel zur Erreichung bestimmter Ziele analysiert werden können. Er unterscheidet als Erstes zwischen institutionalisierten und nicht institutionalisierten Mitteln sowie zwischen reformistischen und revolutionären Zielen. Reformistische beziehungsweise revolutionäre Ziele zeichnen sich dadurch aus, dass mit ihnen keine beziehungsweise eine »grundlegende Umverteilung von Reichtum und/oder Macht« angestrebt wird.[196] Als Zweites kombiniert McAdam die Mittel mit den Zielen einer Gruppe. Jede der möglichen Kombinationen löst bei der »Um-

Kapitel IV

welt«, den anderen gesellschaftlichen Kräften, spezifische Reaktionen aus. Die Kombination von institutionalisierten Mitteln mit revolutionären Zielen beispielsweise löst in der Regel Gleichgültigkeit oder, je nach politischer Situation, eine erhöhte soziale Kontrolle oder staatliche Repressionen aus. Die Reaktionen der »Umwelt«, etwa des Staates, der Medien oder von Gegenorganisationen wiederum bestimmen in einem hohen Maße den Erfolg einer Bewegung mit.

Um die Frage von Rita Karli zu beantworten, müssen in diesem Sinne als Erstes die Mittel und Ziele genauer bestimmt werden. Bezüglich der Taktik fällt die Entscheidung leicht: Die Initiative ist ein institutionalisiertes Mittel. Schwierigkeiten macht hingegen die Bestimmung der Ziele der Initiative. Die Einrichtung eines Elternurlaubs an sich kann in materieller Hinsicht als reformistisches Ziel bestimmt werden. Wenn wir uns allerdings daran erinnern, dass die OFRA die Mutterschaftsinitiative als ersten Schritt zur »Befreiung der Frau« bezeichnete und damit die Chancengleichheit von Mann und Frau anstrebte, wird die Bestimmung der Forderung schwieriger. Würde ein solches Geschlechterverhältnis nicht die grundlegende Umverteilung von Reichtum und Macht erzwingen? Implizit, so ist zu vermuten, steckte in der Forderung eines Elternurlaubs revolutionäres Potenzial. Neben den materiellen Auswirkungen der Initiative sind aber auch die kulturellen zu berücksichtigen. Diese können eindeutig als revolutionär bezeichnet werden: Die Vorstellung, dass die Männer die Kinder wickeln, den Kinderwagen nicht nur sonntags schieben, dass sie als Hausmänner die Hausfrauenrolle übernehmen, ging über das Vorstellungsvermögen der meisten SchweizerInnen weit hinaus. Oder anders gesagt: Eine (weitere) Erosion des Geschlechterverständnisses als eines biologisch fundierten hätte den Geschlechterdiskurs, die Geschlechterordnung revolutioniert. Die Initiative zielte also sowohl reformistische als auch revolutionäre Veränderungen an.

Trotz dieser Uneindeutigkeit soll ein weiterer Aspekt von McAdams Modell zur Erklärung der starken Ablehnung der Initiative hinzugezogen werden. Das Modell basiert auf der Überzeugung, dass das Ausmaß an Bedrohung, das von einer Bewegung ausgeht, die Reaktion der »Umwelt« in beträchtlichem Maße festlegt. In erster Linie bestimmen die Aktionen, insbesondere das Gewaltpotenzial einer Gruppe, das Ausmaß der Bedrohung. Dazu kommen weitere Faktoren, wobei die Ziele einer der wichtigsten sind. Das Bedrohungspotenzial, das von der MSV-Initiative ausging, muss also auf die Ziele und nicht das Mittel zurückgeführt werden.[197] McAdam kann in seiner empirischen Untersuchung der amerikanischen Bürgerrechtsbewegung zeigen, dass ihr Erfolg zu einem guten Teil damit zusammenhing, dass sie ihre Ziele mit in der amerikanischen Gesellschaft stark verankerten Wertvorstellungen, wie christliche Themen und Demokratievorstellungen, ideell verquicken konnte.[198] Aufgrund dieser Verquickung verloren die Forderungen in breiten Kreisen an Bedrohungspotenzial. Aus der Übertragung dieses Befundes auf die Ziele der Mutterschaftsversicherung lässt sich folgern, dass das neue Geschlechtermodell, das mit dem Elternurlaub zur Diskussion stand, nicht nur nicht mit Traditionen verknüpft werden konnte, sondern einen eigentlichen Traditionsbruch darstellte. Durch diesen Bruch wächst dem Elternurlaub Bedrohungspotenzial zu.

Nur, der die Geschlechterrollen sprengende Aspekt der Initiative wird von den Gegnern kaum aufgegriffen, wie das der Artikel aus der »Neuen Zürcher Zeitung« zeigt. Das Gegenteil ist der Fall: Mit der geschlechtsneutralen Formulierung, die

Kinderziehung würde für lange Zeit einen »Verzicht eines Elternteils auf Erwerbstätigkeit« bedeuten, wird die traditionelle Geschlechterordnung d.h. die Praxis ignoriert und somit suggeriert, dass ein Rollentausch nicht nur bereits jederzeit möglich, sondern üblich sei. Ganz anders verhält es sich mit der Einstellung, die Kindererziehung sei nicht alleinige Sache der Mutter, sondern Aufgabe der gesamten Gesellschaft.

Diese Vorstellung konnte sehr wohl an vorhandene Wertvorstellungen anknüpfen, und zwar an die durch das Bedrohungsdispositiv des Kalten Kriegs aufgeladenen antisozialistischen Einstellungen. Das würde also heißen, dass die ideelle Verquickung, wie von McAdam behauptet, tatsächlich den Erfolg einer gesellschaftsverändernden Forderung in hohem Maße beeinflusst. Allerdings, und das wäre bei der MSV-Initiative der Fall, auch im völlig entgegengesetzten Sinn der Initiantinnen: Der Misserfolg der Initiative wäre demzufolge damit zu erklären, dass die Gegner ihre Argumente problemlos mit gut verankerten Einstellungen verknüpfen konnten. Der bürgerliche Diskurs vermeidet, so kann man folgern, die Diskussion über das Geschlechterverhältnis in doppelter Weise: einerseits mittels des Bedrohungsszenarios »Sozialismus« und andererseits mittels finanziellen beziehungsweise ökonomischen Argumenten. Der Misserfolg der Initiative, so ist zu vermuten, ist also weniger auf den »rollensprengenden Charakter« als auf die starke Links-rechts-Polarisierung zurückzuführen.[199]

Revision des KMVG

Erst drei Jahre nach der Abstimmung, im Jahre 1987, konnte der Bundesrat den ehemaligen indirekten Gegenvorschlag, die Teilrevision des Kranken- und Mutterschaftsversicherungsgesetzes (KMVG), vorlegen. Obwohl das Parlament der bundesrätlichen Vorlage mehrheitlich zustimmte, ergriff der Schweizerische Gewerbeverband das Referendum. Das Taggeld für nicht erwerbstätige Mütter und den verlängerten Kündigungsschutz, der in der Revision gefordert wurde, lehnte er ab. In der Folge bildeten sich weitere unterstützende und ablehnende Referendumkomitees.[200]

Die OFRA engagierte sich ein weiteres Mal für die Verbesserung der Mutterschaftsversicherung und beteiligte sich am Nationalen Frauenkomitee, das Ende Oktober 1987 gegründet worden war und dem sich erstmals Frauenorganisationen vom rechten und linken Parteienrand angeschlossen hatten.[201] Das Komitee hatte sich zum Ziel gesetzt, »die Solidarität der weiblichen Bevölkerung bei der Schaffung einer Mutterschaftsversicherung zum Ausdruck zu bringen«.[202] Neben einer Pressekonferenz Ende Oktober organisierte das Komitee ein nationales Frauenfest in Bern. Eröffnet wurde das Fest von der damaligen OFRA-Sekretärin, Barbara Speck.[203] Das Fest war allerdings schlecht besucht und machte, wie der Jahresbericht der OFRA rückblickend vermerkt, »das Scheitern der Kampagne zur Gewissheit«:

> »Auch Plakate, Flugblätter, Kleber und Argumentenkataloge, vom nationalen Komitee erarbeitet und von der OFRA verteilt, nützen da nichts mehr, ebenso wenig wie die lokalen MSV-Komitees, die sich in Baden, BS, LU, SG und anderen Orten auf OFRA-Initiative hin bilden. OFRA-CH spendet trotzdem Fr. 500.– an die nationale Kampagne. Mit 72.5%[204] wird die Mutterschaftsversicherung in der Abstimmung bachab geschickt, und das nun schon zum zweiten Mal, seit die OFRA 1978 die MSV-Initiative lanciert hat. Aber als gezielte, frauenspezifische Propaganda und nationale Konsensübung der Frauen war die Kampagne nützlich.«[205]

Nr. 19: Pressekonferenz des Nationalen Fraunkomitees zur Unterstützung der Mutterschaftsversicherung vom 27.10.87 (v.l.n.r.): Helga Willen, Barbara Speck (OFRA-Sekretärin), Marie-Thérèse Sautebin (OFRA Biel), Miette Vonarburg-Marfurt, Ruth Dreifuss, Margrit Siegenthaler-Reusser, Christiane Langenberger.

Wie bei der Ablehnung der Mutterschaftsversicherung war auch für die Referendumsabstimmung 1987 die Links-rechts-Polarisierung ausschlaggebend.[206] Obwohl alle Parteien, alle großen Frauenorganisationen, die Gewerkschaften und die Landesregierung die Vorlage unterstützten, lehnten die StimmbürgerInnen die »Idee einer staatlich gewährleisteten Solidarität gegenüber Müttern« ab.[207] Die kantonalen Parteien der SVP und FDP, so der Politologe Martin Senti in seiner Studie über die Bedingungen für die Erfolgschancen gleichstellungspolitischer Interessen, seien zahlreich von den Parolen der Mutterpartei abgewichen. Weiter müsse berücksichtigt werden, dass der Entscheid in den eidgenössischen Räten kurz vor den Wahlen 1987 gefallen sei, so dass vielleicht einzelne Vertreter, um nicht als »Bremser« bezeichnet zu werden, der Vorlage nur pro forma zugestimmt hätten. Die Vox-Analyse zeige, dass die Vorlage gerade in den CVP-dominierten Kantonen der Innerschweiz und der Ostschweiz am stärksten verworfen wurde. Die Vox-Analyse zeigt aber auch, dass sich im Gegensatz zu den Resultaten der MSV-Initiative die Frauen überdurchschnittlich häufig für das Ja zur neuen Kranken- und Mutterschaftsversicherung ausgeprochen haben.

Bundesrätliche Vorstöße
Die neunziger Jahre waren bezüglich der Einführung der Mutterschaftsversicherung durch zahlreiche Vorstöße des Bundesrates, von Parlamentarierinnen und Frauenorganisationen gekennzeichnet.[208] Die OFRA arbeitete weiter an dem Thema und engagierte sich auch in breit zusammengesetzten Komitees, obwohl damit bezüglich ihrer Forderungen große Kompromisse verbunden waren. Sie wollte aber die Gelegenheit der Mitsprache und den Versuch, das Thema wieder ins Bewusstsein der Öffentlichkeit zu bringen, nutzen.[209]

Nachdem der Bundesrat 1992 für die Legislaturperiode 1991–1995 eine Mutterschaftsversicherung angekündigt hatte, wurde am 22. Juni 1994 das Vernehmlassungsverfahren zum Vorentwurf eines Bundesgesetzes über die Mutterschaftsversicherung eröffnet. Die OFRA beteiligte sich nicht nur am Vernehmlassungsverfahren, sondern auch am Zustandekommen einer »Petition für einen bezahlten Mutterschaftsurlaub« von mindestens sechzehn Wochen für erwerbstätige Frauen, die im Januar 1994 mit 27 000 Unterschriften von verschiedenen Frauengruppen eingereicht wurde. In einem Pressecommuniqué fasste die OFRA die wichtigsten Punkte ihrer Vernehmlassung zusammen.[210] Sie bezeichnete den Entwurf generell als ein »ab-

Kapitel IV

solutes Minimum«. Sie kritisierte den »Ausschluss der Nichterwerbstätigen«, wehrte sich gegen die »Orientierung am patriarchalischen Verständnis von Mutterschaft als Sache der Frau« und gegen die »Beibehaltung der Verknüpfung von Mutterschaft und Krankenversicherung«:

> »Im besonderen vermissen wir die Möglichkeit eines mehrmonatigen Elternurlaubs, der von jeder Person beansprucht werden kann, die sich mit der Mutter in der Elternrolle teilt. Adoptiveltern sind leiblichen Eltern gleichzustellen. Erst wenn der Schutz der Mutterschaft als gesamtgesellschaftliches Anliegen begriffen und die obligatorische, allgemeine und eigenständige MSV eingeführt ist, wird das traditionell-aktuelle gleichstellungs-, familien- und sozialpolitische Postulat, das v.a. von Frauenorganisationen und Feministinnen immer wieder öffentlich gemacht wird, endlich erfüllt. Dafür werden wir uns auch in Zukunft einsetzen.«[211]

In der Vernehmlassung wurde der bundesrätliche Entwurf von weiten Kreisen begrüßt, jedoch von den Arbeitgeberorganisationen abgelehnt. Die Spitzenverbände der Arbeitgeberorganisationen wehrten sich gegen jede Erhöhung der Arbeitgeberbeiträge und forderten ein Sozialversicherungsmoratorium.[212]

In den kommenden Jahren häuften sich die Aktivitäten. Gewerkschaften, lokale MSV-Komitees und Frauenorganisationen arbeiteten an neuen Vorschlägen. 1996, anlässlich des 51. Jahrestages der Nichterfüllung des Verfassungsauftrages zur Mutterschaftsversicherung nahm die OFRA mit Frauenorganisationen aus der Westschweiz Kontakt auf, um das Thema erneut an die Öffentlichkeit zu bringen. In Form eines offenen Briefes an Bundesrätin Ruth Dreifuss und einer Pressekonferenz versuchten die Organisationen mediale Aufmerksamkeit zu erhalten.

Mit Ausnahme der Nachrichtenagenturen der Deutsch- und der Westschweiz blieben die Medien der Pressekonferenz allerdings fern.[213] Im Jahresbericht prognostizierte die OFRA den weiteren Verlauf der Einrichtung einer MSV:

> »Natürlich hoffen wir, dass wir nicht auch noch den 52. Jahrestag ›feiern‹ müssen! Doch die aktuelle Politik stimmt uns nicht gerade zuversichtlich. Eine Woche nach dem 25. November wurden Revisionsvorschläge für die IV (Invalidenversicherung – DL) präsentiert und damit die MSV als Teil der Sozialversicherungsrevision in den Hintergrund gedrängt.«[214]

Unterdessen sind weitere Jahrestage der Nichterfüllung der MSV vergangen. In den neunziger Jahren, um nochmals auf die Überlegungen von Rita Karli zurückzukommen, hat sich die politische Großwetterlage stark verändert. Das Parlament konnte sich zwar in der Wintersession 1998 zu einer »schlanken« Mutterschaftsversicherung durchringen.[215] Doch bereits Anfang 1999 wurde vom von der Jungen SVP initiierten Komitee »Mutterschaftsversicherung vors Volk« das Referendum gegen die im Parlament beschlossene MSV ergriffen.[216] Und dies, obwohl kein »revolutionäres« Vorhaben – eine Mutterschaftsschutzversicherung mit Elternurlaub – sondern eine »absolute Minimallösung«[217] zur Diskussion stand. Es stellte sich also erneut die Frage, inwiefern nun die bürgerlichen Parteien und nicht nur ihre parlamentarischen VertreterInnen, wie das beim Referendum gegen die Revision des KMVG der Fall war, einer solidarischen Finanzierung der Mutterschaftsversicherung über die Erwerbsersatzordnung für Militärdienst leistende Männer und Frauen (EO) und Mehrwertsteuerprozente zustimmen würden. Die Forderung, Kinderhaben sei nicht nur Privatsache, sollte 1999, so wäre zu vermuten, keinen ideologischen Rück-

Kapitel IV

halt mehr finden, hat doch das Bedrohungsdispositiv Kalter Krieg seine Bedeutung außer in den rechtskonservativen Kreisen verloren. Diese allerdings hatten in den neuziger Jahren an politischer Bedeutung massiv zugelegt. Die Kostenfrage hingegen sollte mit dieser Lösung keinen Hinderungsgrund mehr darstellen. Im Gegenteil: Die Mitglieder eines bürgerlichen, die MSV-Vorlage befürwortenden Komitees, das sich als Reaktion auf das gegnerische Komitee gebildet hatte, betonten, dass weite Teile der Wirtschaft, die die Leistungen bei Mutterschaft durch eine Taggeldversicherung abdecken, von dieser Lösung profitieren würden.[218]

Rita Karlis Einschätzung, dass neben der grundsätzlichen Entscheidung, mit welchen Mitteln welches Ziel erfolgreich erlangt werden kann, der richtige Zeitpunkt beziehungsweise der gesellschaftspolitische Kontext eine ausschlaggebende Rolle spielt, wird mit der Entwicklung der MSV zwar bestätigt. Doch zeigt die Geschichte der Einführung der MSV deutlich, wie schwierig dieser einzuschätzen ist und wie stark gewisse politische Kräfte durch ideologische Fixierungen sogar ihre eigenen Interessen unterminieren. Wie anders wäre sonst die Haltung des Präsidenten des Schweizerischen Arbeitgeberverbandes, Fritz Blaser, zu interpretieren, der sich aus Spargründen gegen »zusätzliche Wünsche« wendete, obwohl, wie die »Neue Zürcher Zeitung« etwas konsterniert vermelden musste, die vorliegende MSV der Arbeitgeberseite gewisse Einsparungen bringen würde?[219]

Die »Neue Zürcher Zeitung« selber lehnte das vorgeschlagene Bundesgesetz zur Mutterschaftsversicherung ebenfalls ab. Zwar bestritt sie die Notwendigkeit einer Mutterschaftsversicherung nicht. Dass aber mit dem Bundesgesetz eine »Geburtsprämie« also die Grundleistung für nicht erwerbstätige Frauen vorgesehen war, lehnte sie kategorisch ab.[220] In diesem Sinne hatte auch die »Neue Zürcher Zeitung« ihre Haltung gegenüber der MSV geändert. Wurde den Initiantinnen 1984 im zitierten Artikel von Hugo Bütler u. a. die Beschränkung auf die Erwerbstätigen vorgeworfen, führte 1999, fünfzehn Jahre später, die Ausdehnung der Leistungen auf die Nichterwerbstätigen zu ihrer Ablehnung.[221] Abgelehnt wurde die Mutterschaftsversicherung aber nicht nur von der NZZ, sondern auch vom Souverän – und zwar deutlich. Am 13. Juni 1999 stimmten 61 Prozent der Stimmenden gegen die Mutterschaftsversicherung. Alle Deutschschweizer Kantone lehnten sie ab, zum Teil mit Nein-Mehrheiten von über 80 Prozent. Mit Ausnahme des Wallis sprachen sich dagegen alle französischsprachigen Stände sowie das Tessin für die Vorlage aus.

2. »Kinder oder keine, entscheiden wir alleine« – Liberalisierung des Schwangerschaftsabbruchs

Wie in anderen europäischen Ländern gehörte die Entkriminalisierung des Schwangerschaftsabbruchs auch in der Schweiz zu den Hauptforderungen der neuen Frauenbewegung. Gefordert wurde das Selbstbestimmungsrecht über den eigenen Körper und damit das alleinige Entscheidungsrecht über einen allfälligen Abbruch der Schwangerschaft. In Frankreich erklärten im April 1971 über dreihundert Frauen: »Wir haben abgetrieben, und wir fordern das Recht auf freie Abtreibung für jede Frau!« Die Französinnen unterschrieben einen vom Mouvement pour la Libération des Femmes (MLF) initiierten Appell, der in der linksliberalen Wochenzeitschrift »Le nouvel Observateur« veröffentlicht wurde.[222] Die öffentlichkeitswirksame Aktion

Kapitel IV 145

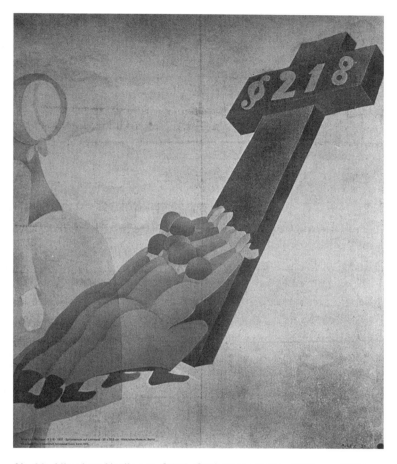

Nr. 20: Alice Lex-Nerlinger: § 218, Spritztechnik 55 x 76,5 cm, 1931. Ausstellungsplakat der Neuen Gesellschaft für bildende Künste Berlin, 1975. Die Fotografie stammt aus dem Fundus der OFRA-Gründerinnen.

wurde auf Initiative von Alice Schwarzer im deutschen Wochenmagazin »Stern« wiederholt und führte auch in der Schweiz zu Diskussionen und Demonstrationen. 1971 lancierte ein überparteiliches Komitee eine »Volksinitiative für die Straflosigkeit der Schwangerschaftsunterbrechung«. Noch im selben Jahr reichte der Kanton Neuenburg eine Standesinitiative ein. Sie verlangte die Aufhebung der Artikel 118–121 des Strafgesetzbuches und damit die uneingeschränkte Straflosigkeit des Schwangerschaftsabbruchs.[223]

Bis heute ist der Schwangerschaftsabbruch in der Schweiz ein Delikt. Gemäß dem Strafgesetzbuch von 1942 ist der Schwangerschaftsabbruch für die schwangere Frau und die Person, die ihn vornimmt, strafbar. Unterdessen haben sich Recht und Praxis weit voneinander entfernt. Seit 1988 ist niemand mehr wegen eines Schwangerschaftsabbruchs bestraft worden. Allerdings bestehen große Unterschiede zwischen den Kantonen, was sowohl für die Betroffenen als auch für das medizinische Personal zu großer Rechtsunsicherheit sowie zu Rechtsungleichheiten in den verschiedenen Landesteilen führt. Im europäischen Vergleich zählt die schweizerische Abtreibungsregelung mit zu den restriktivsten.[224]

Trotz verschiedenen Anläufen – 1914 wurde die Forderung nach der Straffreiheit des Abbruchs erstmals erhoben – konnte bis heute kein politischer Konsens erzielt werden. Wie bei anderen Gleichstellungsanliegen stehen sich auch in dieser Frage zwei Lager diametral gegenüber. Bei der Frage der Liberalisierung des Schwangerschaftsabbruchs teilen sich die Gegner aber nicht in Links und Rechts, sondern, etwas vereinfachend gesagt, in katholisch und nicht katholisch.[225] Diese konfessionell-religiöse Polarisierung erklärt sich aus dem ethisch-moralischen Charakter der Abtreibungsfrage: Hier handelt es sich nicht um eine Verteilfrage wie bei der Mutterschaftsversicherung (Wer zahlt die Kosten?), sondern um einen Wertkonflikt, was auch die starke Emotionalisierung der Frage erklärt. Entlang der politischen Vorstöße sollen die Aktivitäten und Reaktionen der OFRA dargestellt werden. Sie hat sich von Beginn an für die Liberalisierung eingesetzt. Ihre Mitglieder konnten sich aber in Strategiefragen nicht immer einigen.

Fristenlösungsinitiative
Die Volksinitiative für einen straflosen Schwangerschaftsabbruch wurde 1975 zurückgezogen. Angesichts der Diskussionen in den eidgenössischen Räten schien die Annahme der Initiative aussichtslos. Der Bundesrat hatte gleich nach der Einreichung der ersten Initiative eine Expertenkommission mit dem Ziel beauftragt, die Bestimmung zur Strafbarkeit des Schwangerschaftsabbruchs zu überprüfen. Die Kommission legte drei Vorschläge vor, die von einer restriktiven Variante der einfachen Indikation[226] über eine zweite mit einer sozialen Indikation bis zur dritten Variante einer Fristenlösung reichen. Während die Mehrheit der Kommission die dritte Variante befürwortete, entschied sich das Eidg. Justiz- und Polizeidepartement (EJPD) unter Bundesrat Kurt Furgler (CVP) für die restriktive. Die Stellungnahmen im Vernehmlassungsverfahren zeigten ebenfalls eine Polarisierung zwischen der ersten und der dritten Variante.[227] 1974 empfahl der Bundesrat die »Initiative für die Straflosigkeit des Schwangerschaftsabbruchs« zur Ablehnung. Dieser Empfehlung folgte 1975 auch die vorberatende Nationalratskommission. Darauf zog das überparteiliche Initiativkomitee, das inzwischen die Schweizerische Vereinigung für die Straflosigkeit des Schwangerschaftsabbruchs (SVSS) gegründet hatte[228], die 71er Initiative zurück und lancierte eine neue Fristenlösungsinitiative. Diese

forderte die Straflosigkeit des Schwangerschaftsabbruchs innert zwölf Wochen nach der letzten Menstruation, wenn er durch einen Arzt und mit der Zustimmung der Frau ausgeführt wird.

Bereits am 22. Januar 1976 konnte die Fristenlösungsinitiative mit 68 000 gültigen Unterschriften eingereicht werden.[229] Obwohl die FBB und andere Gruppierungen der autonomen Frauenbewegung – unter Berufung auf das absolute Selbstbestimmungsrecht der Frau – Anfang der siebziger Jahre auch eine Fristenlösung abgelehnt hatten, unterstützten sie die Initiative und engagierten sich bei der Unterschriftensammlung.

Der Abstimmungskampf im Sommer 1977 wurde hoch emotional geführt. Zum Kreis der Befürworterinnen gehörten neben der neuen Frauenbewegung und den Initiantinnen die SP, die FDP, der LdU, die Linksparteien sowie der SGB und auch der BSF, wobei die liberalen Kräfte zwar rhetorische Unterstützung, aber wenig finanzielle Ressourcen zur Verfügung stellten.[230] Die Gegner der Initiative hatten sich längst formiert und scheuten keinen finanziellen Aufwand. Neben der CVP und der EVP bekämpften insbesondere die mehrheitlich katholisch geprägte Organisation Ja zum Leben und das vorwiegend protestantisch-freikirchlich zusammengesetzte Komitee Helfen statt Töten gegen die Initiative. Sie führten eine höchst aggressive Kampagne: »Bischöfe und Pfarrer donnern gegen die Initiative, aus allen Briefkästen rufen Bilder zerquetschter Embryos um Hilfe«.[231] Gestritten wurde nicht um die Frage nach dem Sinn der Kriminalisierung, sondern um die Verwerflichkeit des Schwangerschaftsabbruchs: Die BefürworterInnen der Initiative wurden der Verantwortungslosigkeit bezichtigt und als Mörder diffamiert. Trotz der massiven Gegenkampagne wurde die Initiative am 25. September 1977 nur knapp mit 51,7 Prozent Nein-Stimmen abgelehnt.

In einem Artikel in der »emanzipation« kommentiert die OFRA das Abstimmungsergebnis. Sie ist enttäuscht. Allerdings weniger vom Anteil der Ja-Stimmen, den sie als »Achtungserfolg« wertet, als vom Resultat der Kantone: Nur gerade 7 von 22 Ständen hatten die Vorlage angenommen.[232] Für das Abstimmungsergebnis ausschlaggebend, so die Vox-Analyse, war vor allem die Konfession und die damit einhergehende Parteisympathie: Die KatholikInnen lehnten die Initiative zu 72 Prozent ab, von den CVP-SympathisantInnen sprachen sich sogar 94 Prozent gegen die Initiative aus.[233] Ein weiteres, nicht unwesentliches Resultat der Vox-Analyse betrifft das Wahlverhalten der Frauen: Sie lehnten die Initiative zu 57 Prozent ab, während die Männer die Initiative mit 54 Prozent Ja-Stimmen annahmen. Bei den Frauen, die nicht an die Urne gingen, wäre das Stimmenverhältnis allerdings nahezu umgekehrt gewesen. Weshalb die Befürworterinnen der Initiative nicht stärker mobilisiert werden konnten, wurde von der Studie nicht beantwortet.[234] In der »emanzipation« hingegen werden für die schwache Stimmbeteiligung unter den Befürworterinnen zwei Gründe angeführt:

> »Die schamlose und verlogene Gegenpropaganda, die mit Abfalleimer, Blut und zerstückelten Embryos aufrückte, um den Frauen klar zu machen, dass sie fürs Selbst-Entscheiden nicht mündig genug seien, hat gewirkt. [...] Aber auch dass die Frauen erst seit kurzem ihre politischen Rechte wahrnehmen können, wirkt nach. Immer noch sind allzu viele Frauen davon überzeugt, ihre Stimme, ihre Meinung zähle nicht. Man hat uns zu lange daran gewöhnt, dass über uns entschieden wird.«[235]

Bundesgesetz mit erweiterter Indikationenlösung
Nur einige Monate später waren die StimmbürgerInnen zu einer nächsten Abstimmung in Sachen Abtreibung aufgerufen. Bereits vor der Abstimmung zur Fristenlösungsinitiative hatte sich das Parlament auf einen indirekten Gegenvorschlag geeinigt, der im Mai 1978 zur Abstimmung gelangen sollte. Die Räte hatten sich unter dem Druck der Initiative zur Variante der erweiterten Indikationenlösung entschieden, wobei dieser Kompromiss von keiner Seite richtig getragen wurde. So war es nicht erstaunlich, dass der indirekte Gegenvorschlag gleich von zwei Seiten bekämpft wurde: die SP und die FDP auf der einen, die Hardliner unter den Abtreibungsgegnern – die beiden Komitees und Teile der CVP sowie der SVP – auf der anderen Seite. In der Referendumsabstimmung vom 28. Mai 1978 fand die Gesetzesvorlage lediglich bei 31 Prozent der Stimmenden Unterstützung.[236]

Die OFRA trat erstaunlicherweise dem linksliberalen Referendumskomitee nicht bei. Auch auf ein Ja zur Gesetzesvorlage des Bundesrates konnte sie sich nicht einigen. Aufgrund der »divergierenden Meinungen« beschloss sie Stimmfreigabe.[237] Die Uneinigkeit, die in dieser Position oder eben Nichtposition zum Ausdruck kommt, verweist auf einen Konflikt, der sie wiederholt beschäftigen sollte. Während sich die eine Seite mit den konservativen Kantonen solidarisierte und damit einen Rückschritt in den liberalen Kantonen in Kauf nahm, plädierte die andere Seite für eine föderalistische Lösung, um die Gesetzgebung wenigstens in den liberaleren Kantonen der Praxis anzugleichen. Die erweiterte Indikationenlösung des Bundesrats hätte für diese Kantone einen Rückschritt bedeutet. Nach der Ablehnung des Bundesgesetzes wurden im Nationalrat neue Vorschläge eingereicht, die auf eine föderalistische Lösung hin-

Kapitel IV

zielten. Diese wurden von Teilen der OFRA aus strategischen Gründen befürwortet:

> »Die Tendenz zur Lösung des Konflikts um den Schwangerschaftsabbruch geht dahin, einer föderalistischen Gesetzesregelung zum Durchbruch zu verhelfen. [...] Die undemokratische Hürde des Ständemehrs wird die Fristenlösung kaum überspringen können. Meiner Meinung nach liegen deshalb die Vorschläge, die eine föderalistische Lösung suchen, auf dem richtigeren Weg. Auch das Frauenstimmrecht wurde in der Schweiz zuerst auf kantonaler Ebene erkämpft, bis die Schweizer Herren auf eidg. Ebene zustimmen konnten.«[238]

Initiative Recht auf Leben

Bis sich die Räte über eine föderalistische Lösung verständigen konnten, sollten noch einige Jahre vergehen, lehnten doch Bundes- sowie Ständerat eine föderalistische Lösung ab. 1987 machte der Nationalrat eine Kehrtwende und lehnte eine föderalistische Lösung schließlich ebenfalls ab.[239] Unterbrochen wurden diese Beratungen nicht zuletzt durch die Initiative »Recht auf Leben«, die im Juli 1980 mit über 227 000 Unterschriften eingereicht wurde. Aber nicht nur die GegnerInnen einer Liberalisierung des Schwangerschaftsabbruchs, sondern auch die BefürworterInnen waren in der Zwischenzeit aktiv.

Auf Initiative der SVSS wurden die befürwortenden Parteien und Organisationen eingeladen, um über eine allfällige neue Initiative zu beraten. Die OFRA war von Beginn an dabei. Diskutiert wurden verschiedene Varianten, wobei die meisten der knapp zwanzig Parteien und Organisationen eine neue Fristenlösungsinitiative befürworteten. Die radikalste Variante, die Straflosigkeit des Schwangerschaftsabbruchs, unterstützten lediglich die Schweizerische Gesellschaft für das Recht auf Abtreibung (SGRA), die POCH-Frauenkommission und die Radikalfeministinnen. Umstritten war auch die Ausformulierung einer neuen Fristenlösungsinitiative und es kam zu einer Pattsituation. Gestritten wurde um eine Lösung »mit oder ohne Krankenkasse«. Die bürgerlichen Parteien und Organisationen, die SVP- und die FDP-Frauen, die FDP, die Jungliberalen, der SGB, SVF (Schweizerischer Verband für Frauenrechte) sowie die SVSS sprachen sich gegen die Bezahlung des legalen Schwangerschaftsabbruchs durch die Krankenkassen aus. Ihnen gegenüber standen die OFRA, die POCH, die INFRA Bern, die PdA, die Frauen für Frieden und Fortschritt (SFFF), die SP, die SP-Frauen, die Jungsozialisten und die Liberale Partei Neuenburg, die auf einer Bezahlung durch die Krankenkassen bestanden.[240] Die Pattsituation konnte auch an der folgenden Sitzung nicht gelöst werden:

> »Nach einer hoffnungslos festgefahrenen Diskussion und einer Abstimmung, die eine knappe Mehrheit für die Fristenlösung ohne Krankenkassenregelung ergab, verliessen wir den Saal; mit uns Radikalfeministinnen, INFRA, SGSG, SGRA, POCH und SAP. Einmal mehr sind in einer wichtigen Frauenfrage die Forderungen von uns Frauen nicht aufgenommen worden; einmal mehr bestimmen nicht wir, wie für die Sache der Frauen Politik gemacht werden soll.«[241]

Obwohl die OFRA die Sitzung demonstrativ verließ, nahm sie an der folgenden wieder teil. Doch nun waren zu viele Organisationen abgesprungen. Statt eine neue Initiative zu lancieren, beschlossen die Anwesenden, »gemeinsam gegen ›Recht auf Leben‹ zu kämpfen«.[242] Allerdings sollte genau diese gemeinsame Gegenkampagne beziehungsweise die Beitrittsfrage zu diesem Komitee die OFRA vor große Schwierigkeiten stellen. Der

Kapitel IV

Nr. 21: Die OFRA Basel demonstriert gegen die Initiative Recht auf Leben.

Konflikt, wie das bereits im Kapitel über die Auseinandersetzungen zwischen den sozialistischen und den autonomen Feministinnen dargestellt wurde, entzündete sich an der Frage, ob sie dem Komitee trotz den bürgerlichen Organisationen beitreten sollte. Sie entschied sich in einem brisanten Abstimmungsverfahren gegen den Beitritt.[243] Statt dessen organisierte sie eigene Aktivitäten gegen die Initiative, wie etwa eine nationale Demonstration in Zürich.[244]

Die Initiative »Recht auf Leben« verlangte eine so genannte Legaldefinition des Lebens. In der Bundesverfassung sollte der Beginn des Lebens bei dessen Zeugung festgelegt werden und damit jegliche Liberalisierung des Schwangerschaftsabbruchs definitiv verhindert werden. Der Bundesrat zeigte sich zwar mit dem Grundanliegen der InitiantInnen – den beiden Organisationen Ja zum Leben und Helfen statt töten –, eine Fristenlösung zu verunmöglichen, einverstanden, lehnte aber die Legaldefinition aus »juristischen wie politischen Gründen« ab.[245] Dementsprechend empfahl er die Initiative zur Ablehnung. Am 9. Juni 1985 folgte der Souverän dieser Empfehlung mit 69 Prozent Nein-Stimmen. Wie bei der Fristenlösungsinitiative war die Konfession ein Hauptmerkmal des Abstimmungsverhaltens. Zudem spielte die Stadt-Land-Differenz eine signifikante Rolle. Weniger ausschlaggebend war diesmal das Merkmal Geschlecht. Die Frauen unterstützten zwar die Initiative immer noch stärker als die Männer, der Unterschied war aber viel geringer: Die Frauen sprachen sich mit 28 Prozent, die Männer mit 25 Prozent für die Initiative aus.[246]

Hingewiesen sei noch auf ein Resultat aus Martin Sentis Untersuchung. Seine Analyse der Konfliktstruktur zeigt, dass die frauenpolitische Dimension mehr oder weniger ausgeklammert wurde. Vor allem in der Parlamentsdebatte hätten die Gegner einer Liberalisierung mit ethisch-religiösen Motiven, die Befürworter mit Rechtsgleichheit und sozialer Gerechtigkeit argumentiert. Die Frage der Abtreibung als Ungleichheit zwischen Männern und Frauen zu diskutieren, sei vermieden worden. Lediglich die feministischen Gruppierungen und einige Parteien am linken, aber auch am ganz rechten Rand des Parteienspektrums hätten die Problematik der eigenen Kontrolle der Reproduktion, das Selbstbestimmungsrecht der Frau, überhaupt aufgenommen.[247]

Kaum ein Jahr nach der Abstimmung und noch bevor der Nationalrat die Beratung über eine föderalistische Lösung wieder aufnahm, wurde eine neue Organisation gegründet, das Komitee Mutterschaft ohne Zwang (MoZ), die die Liberalisierung des Schwangerschaftsabbruchs vorwärts treiben wollte. An einer Tagung Ende März 1986, veranstaltet von der OFRA und

Kapitel IV

dem Komitee MoZ, wurde auch über eine allfällige weitere Fristenlösungsinitiative diskutiert. Die teilnehmenden Organisationen, wie etwa der Verband Personal öffentlicher Dienste (VPOD), die SP oder die SAP, waren sich aber nicht sicher, ob es klug sei, in nächster Zeit eine neue Initiative zu lancieren.[248]

Die Zusammenarbeit zwischen dem Komitee MoZ und der OFRA sollte allerdings nicht lange gut gehen. Wie im Kapitel über den Konflikt zwischen autonomen und sozialistischen Feministinnen bereits dargestellt, fühlte sich die OFRA vom Vorgehen des Komitees überrumpelt und trennte sich schließlich von ihm und damit von der OFRA-Sektion Zürich. In der »Basler Zeitung« wurde dieser Konflikt für eine breitere Öffentlichkeit sichtbar. Die damalige nationale Sekretärin Annemarie Heiniger vertrat im Artikel die Position der OFRA, die das MoZ unterstütze, sei doch die Straflosigkeit des Schwangerschaftsabbruchs eine »klare OFRA-Forderung«. Der Artikel ging aber auch auf die Probleme ein, die die OFRA mit dem Vorgehen des MoZ hatte. Sichtbar wurde zudem die erwähnte Uneinigkeit der Organisation, wie sie bereits 1978, als die Diskussion über eine föderalistische Lösung begann, zum Ausdruck gekommen war:

> »Aber auch dass die OFRA durch das Vorpreschen der MoZ-Frauen unter Zugzwang geraten sei, ist da und dort zu hören. Für einige OFRA-Frauen wäre eine föderalistische Regelung ›immerhin etwas‹ und nicht wenige halten den Zeitpunkt für eine neue Initiative, wie sie dem MoZ und auch einigen OFRA-Sektionen (Zürich und Zug) vorschwebt, für verfrüht. Befürchtet wird ein ›Energieverschleiss‹.«[249]

Aber nicht nur das Komitee MoZ wollte die Liberalisierung des Schwangerschaftsabbruchs beschleunigen. Kaum hatte der Nationalrat im März 1987 die parlamentarische Initiative für eine föderalistische Lösung des Schwangerschaftsabbruchs verworfen, trat Annemarie Rey, damalige Präsidentin der SVSS, an die Öffentlichkeit und kündigte eine neue Fristenslösungsinitiative an.[250] Auch die OFRA wurde von der SVSS zur Mitlancierung eingeladen. In einer internen Umfrage wurden die Mitglieder gebeten, sich für oder gegen eine Fristenlösungsinitiative ohne Bezahlung des Abbruchs durch die Krankenkassen auszusprechen:

»Die Umfrage wird von 18 % der Frauen beantwortet und ergibt ein deutliches Ja (75 %) zur FriLö mit Krankenkasse. Dies berichtet Ursula P. der April-DV in Bern. Wir betrachten das Ergebnis als repräsentativ und erteilen der Präsidentin der SVSS eine Absage: OFRA-CH beteiligt sich nicht an der FriLö-Initiative ohne Krankenkasse, die die SVSS lancieren will. Seither hat sich OFRA-CH beruhigt in der SAB[251]-Frage und leckt sich ihre finanziellen Wunden, die ihr der Austritt der drittgrössten Sektion ZH beigebracht hat. Doch ist das Thema SAB nach wie vor aktuell.«[252]

Parlamentarische Initiative Haering Binder
Die angekündigte Initiative der SVSS kam nicht zustande und auch die OFRA beschäftigte sich erst in den neunziger Jahren im Zusammenhang mit der 1993 von der SP-Nationalrätin Barbara Haering Binder eingereichten parlamentarischen Initiative wieder intensiver mit dem Schwangerschaftsabbruch. Sie wurde Mitglied der AG Schwangerschaftsabbruch, die sich aus acht Frauenorganisationen und Berufsverbänden zusammensetzte. Die Arbeitsgruppe beteiligte sich an den Vorbereitungen zur Einreichung der Einzelinitiative von Haering Binder und dem Aufbau einer Lobby unter den Frauenorganisationen sowie im Parlament.[253]

Kapitel IV

Im Februar 1995 stimmte der Nationalrat der Initiative Haering Binder mit 91 gegen 85 Stimmen zu.[254] Die erneute Aufnahme der Revision der gesetzlichen Regelung des Schwangerschaftsabbruchs im Nationalrat war Anlass einer Tagung der AG Schwangerschaftsabbruch. Die in Freiburg durchgeführte Veranstaltung stand unter dem Thema »Schwangerschaftsabbruch: Brauchen Frauen eine Beratung?«. Nach verschiedenen Referaten, die einzelne Aspekte dieser Frage beleuchtet hätten, so der Jahresbericht der OFRA, habe sich in der Diskussion ein Konsens ergeben:

> »Basierend auf den Resultaten der von ihr organisierten Fachtagung, wendet sich die ›Arbeitsgruppe Schwangerschaftsabbruch‹ gegen ein Beratungsobligatorium. Sie ist aber der Meinung, dass die Kantone verpflichtet werden sollen, für ein ausreichendes Angebot an qualifizierter Beratung und Begleitung zu sorgen und die Prävention auszubauen. Die Arbeitsgruppe fordert insbesondere die systematische Einführung der Sexualerziehung und den Ausbau der Familienplanungsstellen, die den unterschiedlichen Bedürfnissen gerecht werden sollen.«[255]

1997 ging der Gesetzesvorentwurf der Rechtskommission in die Vernehmlassung. Der Entwurf sah einen straflosen Schwangerschaftsabbruch in den ersten vierzehn Wochen nach der letzten Menstruation vor. Eine obligatorische Beratung ist darin nicht vorgesehen. Der Entwurf war in der Vernehmlassung positiv aufgenommen und wurde sogar von der CVP, allerdings ergänzt durch eine obligatorische Beratung, angenommen. Damit hatte sich die CVP nach aufwändiger Überzeugungsarbeit der CVP-Frauen erstmals für eine Fristenregelung ausgesprochen und befand sich mit ihrem Vorschlag auf derselben Linie wie der Bundesrat: Auch in ihrer neuen Zusammensetzung entschied sich die Landesregierung gegen die von der Rechtskommission des Nationalrats vorgeschlagene Fristenregelung und blieb somit der Linie des früheren Bundesrates Kurt Furgler treu. Der Bundesrat kritisierte das Selbstbestimmungsrecht der Frau, das in diesem Vorschlag allzu sehr im Vordergrund stehe, wie die »Neue Zürcher Zeitung« berichtete. Der Staat solle darauf hinwirken, dass eine sorgfältige Güterabwägung zwischen den Rechten der Frau und dem Schutz des ungeborenen Lebens stattfinde. Weiter berichtete die »Neue Zürcher Zeitung«:

> »Zudem meint der Bundesrat, die Entscheidungsautonomie der Frau dürfte in der Praxis nicht immer gewährleistet sein. Weiter bestehe die Gefahr, dass unerfahrene Frauen leichtfertig einen Abbruch vornehmen lassen, ohne allfällige physische und/oder psychische Spätfolgen zu bedenken. Schliesslich – und das ist für den Bundesrat das wichtigste Argument – vermag der Wille der schwangeren Frau allein, ohne dass weitere Kriterien vorliegen, die Abtreibung nicht zu rechtfertigen.«[256]

Mit dieser Argumentation griff der Bundesrat exakt dasjenige Thema auf, das in den siebziger und achtziger Jahren von allen politischen Kräften – mit Ausnahme der feministischen und derjenigen am rechten Rand – nicht diskutiert wurde: das Selbstbestimmungsrecht der Frau. Wie lässt sich diese Verschiebung erklären? Die deutsche Sozialwissenschafterin Silvia Kontos stellt in ihrer Untersuchung der Schwangerschaftsabbruchsdiskussion in Deutschland ebenfalls eine solche Verschiebung fest und erklärt sie folgendermaßen: Im Laufe der Wanderung der linksökologischen Sensibilisierung für die Risiken und Ge-

Kapitel IV

fährdungen menschlichen Lebens nach rechts sei hier das individualistisch-egalitäre Argument von den unveräußerlichen Rechten des Einzelnen einfach auf den Fötus ausgedehnt worden. Der Fötus sei als »neues Leben« substanzialisiert, mit Menschenwürde ausgestattet, von der pränatalen Diagnostik mit Bruchstücken einer personalen Identität versehen und vom Bundesverfassungsgericht mit einer humanisierenden Geste der Ausweitung gesellschaftlicher Schutzpflichten zum Rechtssubjekt hochstilisiert worden. Damit trete der Fötus der Frau mit einem eigenen »Recht auf Leben« gegenüber. Was in dieser Konzeption und Diskussion aber völlig fehle, sei die Reflexion über die spezifische Beziehung zwischen einer schwangeren Frau zu ihrem Fötus/Kind:

> »Auch wenn der Frau die letzte Entscheidung zugebilligt wird, [...] wird von einem ›existentiellen Konflikt zwischen zwei Leben‹ ausgegangen, ohne dass das Paradigma dieses ›existentiellen Konflikts‹ überhaupt noch mitreflektiert würde, nämlich die Konstruktion eines am Mann orientierten Subjekts, dessen Beziehung zu einer/m sich in ihm entwickelnden und von ihm hervorgebrachten Zygote/Embryo/Fötus/Kind nur als ein Verhältnis von zwei einander gegenüberstehenden Rechtssubjekten gedacht werden kann. Die spezifische Beziehung einer Frau zu ihrem Körper und einer schwangeren Frau zu ihrem Fötus/Kind kann in dieser Konstruktion nicht erfasst werden, und deshalb führt sie folgerichtig zu der ›verrückten‹ Konzeption einer Pflicht des Staates zum Schutz des Fötus vor der Mutter!«[257]

Mit dem Beratungsmodell, so Kontos weiter, gehe eine »Retraditionalisierung« des Geschlechterverhältnisses einher. Der Zwang zur Beratung, die den Frauen erst die notwendigen Bewertungsmaßstäbe, Einsichten und Informationen vermitteln und ihr zu einer »verantwortlichen und gewissenhaften Entscheidung« verhelfen soll, erneuere die Vorstellung von der Frau als biologisch bedingtem Mängelwesen, das aufgrund seines »existentiellen Konflikts« ohne staatliche Hilfe und Kontrolle nicht zu einer verantwortlichen Entscheidung fähig sei.[258]

Diese Erklärungen dürften wahrscheinlich auch für die Diskussionen in der Schweiz zutreffen. Ob sich das konservative Modell, das für viele Kantone einen Rückschritt bedeuten würde, oder ob sich die Fristenlösung durchsetzen wird, hängt in einem hohen Maße von den liberalen Kräften ab. Allerdings sind diese, wie der Entscheid des Bundesrates zeigt, unzuverlässig. Denn mindestens einer der freisinnigen Bundesräte muss sich gegen die Fristenlösung entschieden haben. Eine Entscheidung, die sich – auch abgesehen vom geschlechtsspezifischen Aspekt – allerdings nur schlecht mit der liberalen Staatsauffassung vereinbaren lässt, wie das die freisinnige Nationalrätin Lili Nabholz-Haidegger zum Ausdruck bringt:

> »Der Entscheid, ob und mit wem sich die schwangere Frau aussprechen möchte, muss allein ihr überlassen werden. Es kann niemals Aufgabe des Staates sein, in diesem tief in die Persönlichkeitssphäre dringenden Bereich die Pflicht zum Aufsuchen einer amtlichen Beratungsstelle einzuführen.«[259]

3. »Gleiche Rechte für Mann und Frau« und Quoten

Mit dem Erstarken der neuen Frauenbewegung und dem Einzug der Frauen in politische Ämter und Positionen seit dem Beginn der siebziger Jahre wurde 1975 zum entscheidenden Jahr der Aktivitäten zur Verbesserung der rechtlichen Stellung der

Frau: Am vierten Schweizerischen Frauenkongress wurde beschlossen, die Gleichstellung der Geschlechter in der Bundesverfassung zu verankern.[260] Nachdem 1974 eine vom Bundesrat in Auftrag gegebene Studie zur Stellung der Frau in der Schweiz[261] veröffentlicht worden war und das von der UNO proklamierte »Jahr der Frau« vor der Türe stand, organisierte die Arbeitsgemeinschaft Die Schweiz im Jahr der Frau (ARGE) den 4. Schweizerischen Kongress für Fraueninteressen. Dieser verabschiedete zwei Resolutionen: Erstens wurde ein behördliches Organ für Frauenfragen gefordert und zweitens die Lancierung einer Volksinitiative zur Verankerung der Gleichstellung von Frau und Mann in der Bundesverfassung angekündigt. Allerdings zeigte bereits die Verabschiedung der zweiten Resolution, dass sich die Anwesenden uneinig waren: 682 Ja-Stimmen bei zahlreichen Enthaltungen standen 375 Nein-Stimmen gegenüber.[262] Die großen Dachverbände, der Bund Schweizerischer Frauenorganisationen (BSF), der Schweizerische Katholische Frauenbund (SKF) und selbst der Verband für Frauenrechte, der ehemalige Frauenstimmrechtsverband, konnten sich nicht für die Initiative begeistern. Es wurde befürchtet, dass mit neuen Forderungen der Bogen überspannt würde.[263]

Grundsätzlich ablehnend verhielten sich auch die autonomen Frauengruppierungen, zwar nicht gegenüber der angekündigten Initiative, aber gegenüber dem Frauenkongress als solchem: Sie hatten keine Lust, das »Jahr der Frau unter dem Motto ›Partnerschaft‹ feierlich zu begehen«.[264] Die autonomen Frauengruppierungen organisierten einen Gegenkongress mit dem Hauptthema Abtreibung. Mit diesem Thema drangen sie dann auch in den Kongress der ARGE ein und provozierten dort eine Diskussion über die Abtreibungsfrage. Das Ergebnis waren erboste katholische Frauen, denn in der Debatte sprachen sich auch prominente freisinnige Frauen und Sozialdemokratinnen für die Fristenlösung aus.[265]

In den neunziger Jahren wird die Gleichstellungspolitik auf die geschlechtsspezifische Zusammensetzung der Parlamente übertragen. Mit so genannten Quoteninitiativen soll die angemessene Vertretung der Frauen in allen parlamentarischen Gremien erreicht werden. Wieder sind es vor allem bürgerliche Frauen, die die Initiative ergreifen. Die OFRA unterstützt zwar die Forderungen, arbeitet aber nicht mehr immer aktiv mit. Zunehmend ist sie die einzige Vertreterin der autonomen Frauenbewegung in den breit zusammengesetzten Komitees. Ein Gefühl der Isolation bewegt sie zur Überprüfung ihrer Rolle und politischen Position in der Frauenbewegung.

Die Initiative »Gleiche Rechte für Mann und Frau«
Im Gegensatz zur Forderung nach einem behördlichen Organ für Frauenfragen, die 1976 mit der eidgenössischen Kommission für Frauenfragen unter der Leitung der sozialdemokratischen Zürcher Stadträtin Emilie Lieberherr eingelöst wurde, sollte der Initiativvorschlag für »Gleiche Rechte für Mann und Frau« von Beginn an größere Hürden zu überwinden haben. Trotz der vielen ablehnenden Stimmen auch aus dem freisinnigen und liberalen Lager bildeten die Initiantinnen um die Zürcherinnen Lydia Benz-Burger, Lili Nabholz-Haidegger und Alice Modena sowie die Genfer Präsidentin des BSF, Jacqueline Berenstein-Wavre, kurz nach dem Kongress ein Initiativkomitee. Dieses arbeitete den Text der Initiative aus, der neben den Gleichstellungsbereichen in Familie, Erziehung, Schul- und Berufsausbildung gleichen Lohn für gleichwertige Arbeit verlangte sowie eine Übergangsbestimmung mit einschloss. Noch im selben Jahr, im September 1975, wurde dann die Initiative

Kapitel IV

OFRA schreibt an den Bundesrat

Damen Bundesräte

Auch die OFRA, die «Organisation für die Sache der Frau», ist über unsere oberste Landesbehörde wütend, nachdem die sieben Bundesräte die Initiative «Gleiche Rechte für Mann und Frau» zur Ablehnung empfohlen haben. In einem bitterbösen Brief an den Bundesrat, nicht ohne Humor, machten sie ihrem Unmut Luft.

Mit grosser Erleichterung haben wir den Beschluss der Obersten Sieben zur Kenntnis genommen: Wo kämen wir hin, wenn unsere geschätzte Regierung plötzlich und unerwarteterweise auf die Idee käme, die vor langen Jahren gesammelten Unterschriften für die Initiative «Gleiche Rechte für Mann und Frau» tatsächlich ernst zu nehmen, ja diese Initiative womöglich noch zur Annahme zu empfehlen? Damals eben, im berühmten Jahr der Frau, waren wir Frauen wohl kaum ganz zurechnungsfähig. Selbstverständlich haben wir Frauen das inzwischen eingesehen: gleiche Rechte = gleiche Pflichten. Und dazu sind wir nun einmal nicht fähig, dazu müssen wir Ihrer kompetenten und objektiven Beurteilung ganz recht geben. Man stelle sich vor: Dass in den Parlamenten womöglich 50 Prozent Frauen auftreten müssten, dass eine Frau womöglich eine wichtige, gutbezahlte Stelle einnehmen müsste, ja dass wir gar in Zukunft unsere Briefe mit «Sehr geehrte Herren und Damen Bundesräte» betiteln müssten.... Das, verehrte Herren Bundesräte, das wollen wir doch unserem schwachen Geschlecht nicht etwa zumuten!

Und Ihnen, werte Räte, ins Ohr geflüstert: Als Sie damals die Vernehmlassungsfrist für die Initiative verlängert haben, bekamen wir es mit der Angst zu tun. Womöglich würden sich die Kantone, Parteien und andern honorablen Institutionen nach so langer Denkfrist doch noch für die Initiative entscheiden! Wie gesagt, es war uns auf der ganzen Linie unwohl bei der Sache.

Deshalb möchten wir Ihnen auf diesem Wege, werte Herren Bundesräte, unseren allerherzlichsten Dank aussprechen, dass Sie unsere damalige Verirrung erkannt und uns damit einmal mehr bewiesen haben, dass Sie nicht einfach jede Unüberlegtheit der Frauen ernst nehmen, das heisst: die tatsächlichen Unterschiede zwischen Mann und Frau immer wieder mit klarem Auge erkennen.

Auf dass es in unserem Land fürderhin so bleibe, wie es bis anhin war: Die Gleichberechtigung der Frau gehört nicht in unsere Bundesverfassung! OFRA Schweiz

Nr. 22: Die OFRA Schweiz protestiert mit einem offenen Brief an den Bundesrat gegen dessen Empfehlung zur Ablehnung der Initiative »Gleiche Rechte für Mann und Frau«, abgedruckt in der Basler AZ vom 6.2.1979.

»Gleiche Rechte für Mann und Frau« als erste Fraueninitiative auf eidgenössischer Ebene lanciert. Dank der starken Unterstützung der Linken und der neuen Frauenbewegung konnten die damals noch erforderlichen 50 000 Unterschriften bis Ende 1976 in der Bundeskanzlei eingereicht werden.[266]

1978 begann das Vernehmlassungsverfahren, an dem sich

insgesamt 57 Parteien, Verbände und Organisationen – darunter auch die OFRA und die FBB – beteiligten. Die Stellungnahmen zeigten, dass sich nun die Frauenorganisationen doch hinter die Initiative stellten. Dafür reagierten nun neben den eher ablehnend eingestellten Kantonen die Arbeitgeberorganisationen ausgesprochen negativ. Sie kritisierten vor allem die Drittwirkung der Forderung, die nicht nur das Verhältnis zum Staat, sondern auch gegenüber privaten Arbeitgebern einschloss, als Eingriff in die Freiheitsrechte. Zudem wurde die fünfjährige Übergangsfrist als viel zu kurz bezeichnet.[267] 1979 empfahl der Bundesrat die Volksinitiative »Gleiche Rechte für Mann und Frau« zur Ablehnung. Er unterstützte zwar das Grundanliegen der Initiative, bezeichnete aber die Forderungen nach gleichen Rechten und Pflichten in der Familie sowie die Gleichbehandlung und Chancengleichheit in Erziehung, Schul- und Berufsbildung als mit der »Verfassungswahrheit« nicht vereinbar. Er entschied sich deshalb für einen Gegenvorschlag. Dieser beschränkte die unmittelbare Anwendbarkeit auf den Lohngleichheitsgrundsatz. Die anderen Forderungen wurden in einen programmatischen Text im Sinne von Rechtsetzungsvorgaben gefasst. Die Übergangsfrist wurde ersatzlos gestrichen, weil man, so die Kommission, nicht wissen könne, welche »Überraschungen« die neue Rechtsordnung bringe.[268]

Kurz bevor der Nationalrat die Gleichberechtigungsinitiative behandelte, fand in Bern eine nationale Kundgebung statt. Organisiert wurde die Veranstaltung von mehreren Frauenorganisationen, unter anderem der OFRA, sowie der Linksparteien. Das fünzehnköpfige Initiativkomitee hatte sich mit einer knappen Mehrheit von der Aktion distanziert. Trotzdem nahmen ungefähr tausend Personen daran teil. Gefordert wurde die vorbehaltlose Unterstützung der Initiative:

Kapitel IV

> »Der Gegenvorschlag bestimmt lediglich, dass das Gesetz für die Gleichstellung von Mann und Frau zu sorgen habe, ohne dass dafür eine Frist genannt wird. Wenn diese Formulierung angenommen werde, wurde an der Pressekonferenz gesagt, müssten die Frauen unter Umständen bis zum Sankt-Nimmerleinstag auf die gleichen Rechte warten. [...] Im übrigen bringe der Gegenvorschlag natürlich die Gefahr eines doppelten Nein mit sich, da das doppelte Ja nach wie vor ungültig ist.«[269]

Diese Kundgebung wurde zwar in der Öffentlichkeit beachtet. Auf den Entscheid des Nationalrats hatte sie aber keinen Einfluss: Er stellte sich mit 95 zu 3 Stimmen hinter die bundesrätliche Botschaft. Die OFRA reagierte mit großer Enttäuschung und Wut auf dieses Ergebnis und bilanzierte ihre Zusammenarbeit mit den Frauen der bürgerlichen Parteien in einem Artikel mit dem Titel »Frauensolidarität statt Parteiraison!«:

> »Im Nationalrat ist die Initiative ›Gleiche Rechte für Mann und Frau‹ vom Bürgerblock – allen voran seinen Frauen: Füeg, Aubry, Segmüller u. a. – abgewürgt worden. Und dies unter gleichzeitiger Beteuerung: ›Wir sind für die Gleichberechtigung!‹ [...] Ziehen wir Lehren aus der Geschichte: Zusammenarbeit mit Frauen aus bürgerlichen Parteien ist weiterhin anzustreben, am ehesten möglich mit den dortigen Basisfrauen. Je exponierter Frauen in ihrer Partei sind, desto wirkungsvoller spielt die Parteiraison.«[270]

Nachdem der Ständerat ebenfalls den bundesrätlichen Gegenvorschlag unterstützt hatte, zogen die Initiantinnen die Initiative unter starkem politischem Druck zurück. Damit sollte die Gefahr, dass sich die Ja-Stimmen auf die Initiative und den Gegenvorschlag verteilten, verhindert werden.[271] Dieser Entscheid, wen wundert es, wurde von der OFRA verurteilt:

»Es sei äusserst bedauerlich, dass die Initiantinnen sich so unter Druck setzen und durch den Gegenvorschlag hätten erpressen lassen. Wieder einmal sei den Frauen eine Diskussion aufgezwungen worden um juristische Spitzfindigkeiten, die mit ihren eigentlichen Anliegen nichts zu tun hätten. Sie wollten die volle Gleichberechtigung und nicht irgendwelche halben, juristisch umstrittenen Rechte, die nicht mehr als eine Alibifunktion in der Verfassung hätten. Das kleinere Übel sei nicht genug. Es gebe keine halben ›gleichen Rechte‹.«[272]

An der kommenden Delegiertenversammlung im Januar 1981 änderte die OFRA allerdings ihre Position. Die über sechzig Teilnehmerinnen einigten sich auf die Ja-Parole zum Gegenvorschlag des Bundesrates. Die »Basler Zeitung« druckte die Stellungnahme der Delegiertenversammlung ab und kommentierte sie, nicht ohne auf das Zaudern der OFRA aufmerksam zu machen:

»Die ›Organisation für die Sache der Frauen‹ (OFRA), jüngstes und aufmüpfigstes Mitglied der schweizerischen Feministinnen-Szene, lenkt ein: [...] erst nach ›längerer und harter Diskussion der Delegiertenversammlung‹ und in der Hoffnung, ›dass die vom Bundesrat und dem Parlament gemachten Versprechungen bezüglich gleichen Lohn für gleichwertige Arbeit in Privatbetrieben bei einem positiven Abstimmungsergebnis auch gehalten werden‹. Damit steigt die OFRA mit einiger Verspätung auf den Zug der Frauenbewegung, die sich von linker bis rechter Parteienschattierung bereits vor Monaten zugunsten des Gegenvorschlags geeinigt hatte.«[273]

Die Abstimmungskampagne wurde von kantonalen Komitees – außer in den beiden Appenzell – mit zahlreichen Aktionen, In-

Nr. 23: Während des Abstimmungskampfs zur Initiative »Gleiche Rechte für Mann und Frau« führen Mitglieder der OFRA Schaffhausen ein Strassentheater auf, das die traditionelle Rollenteilung auf die Schippe nimmt.

formationsständen und Diskussionsveranstaltungen geführt. Am 8. März stand die Frauentagskundgebung unter dem Motto der Initiative, wobei die autonomen Frauengruppierungen mit der Parole »Wir passen unter keinen Helm« gegen den Einbezug der Frauen in die Gesamtverteidigung demonstrierten – und damit auch ihr ambivalentes Verhältnis zur Initiative ausdrückten.[274]

Am 14. Juni 1981 wurde der Gegenvorschlag zur Initiative »Gleiche Rechte für Mann und Frau« mit sechzig Prozent Ja-Stimmen angenommen. Damit war das Verbot direkter wie auch indirekter Diskriminierung von Mann und Frau in der Bundesverfassung verankert. Gleichzeitig wurde den Gesetzgebungsorganen von Bund, Kantonen und Gemeinden die Pflicht auferlegt, nicht nur die formale Gleichbehandlung, sondern auch die faktische Gleichstellung zu verwirklichen. Und drittens beinhaltet der Bundesverfassungsartikel 4 Absatz 2 ein umfassendes Lohngleichheitsprinzip, das nicht nur für gleiche, sondern auch für gleichwertige Arbeit gilt.[275] Die Analyse der Abstimmungsresultate ergab unter anderem, dass das Geschlecht das Abstimmungsverhalten wesentlich beeinflusste. Die Vorlage konnte die Frauen besonders mobilisieren. Sie stimmten der Vorlage mit durchschnittlich 79 Prozent zu, während die Männer die Vorlage mit durchschnittlich 65 Prozent befürworteten.[276]

Quoten

Die Umsetzung einer aktiven Gleichstellungspolitik beschäftigte die OFRA weiterhin. Noch im Abstimmungsjahr nahm sie Einsitz im neu gegründeten Komitee 14. Juni. Dieses wurde ins Leben gerufen, so die Berichterstatterin in der »emanzipation«, weil sich seit der Einführung der Gleichberechtigung in der Bundesverfassung noch nichts geändert habe. Ziel des Komitees sei die Verbreitung von Informationen über die Anwendungsmöglichkeiten des Verfassungsartikels und die aktive Unterstützung der Einrichtung von Gleichstellungsbüros.[277] Die Einschätzung, dass sich seit der Abstimmung noch nichts geändert habe, erstaunt ein wenig, war doch seither kaum ein halbes Jahr vergangen. Dass der helvetischen Konkordanzdemokratie eine gewisse Schwerfälligkeit im Allgemeinen und bezüglich frauenpolitischer Anliegen im Besonderen innewohnt, hatten die Mitglieder der OFRA ja schon mehrmals erlebt. Die jahrzehntelange Geschichte der Einführung des eidgenössischen Stimm- und Wahlrechts von Frauen oder die Geschichte der Einführung einer Mutterschaftsversicherung zeugen davon. Andererseits verdeutlicht diese Einschätzung die große Differenz zwischen den Vorstellungen der Feministinnen

Kapitel IV

und den politischen Realitäten. Institutionelle Politik verlangte von den Mitgliedern der OFRA, sich in Geduld zu üben und auf Kompromisse einzusteigen. Diese Geduld wollten und konnten nicht alle Mitglieder aufbringen: Das lokale Engagement wurde dem nationalen dank seiner direkteren Beeinflussungsmöglichkeiten immer wieder vorgezogen.[278] Die Schwerfälligkeit und Langsamkeit des politischen Systems führten bei einem großen Teil der Feministinnen zum Verlust an politischen Interessen.

Bis der Gleichheitsartikel wirklich greifen sollte, hätte die OFRA bis ins Jahr 1996 warten können. Erst dann, genauer am 1. Juli, trat das Bundesgesetz über die Gleichstellung von Frau und Mann (GlG) in Kraft. Und erst das Gleichstellungsgesetz stellt die konkrete Umsetzung des Gleichberechtigungsartikels dar. Es soll die Frauen vor allem im Wirtschaftsleben vor direkten und indirekten Diskriminierungen schützen, und zwar in den Bereichen Lohn, Stellenausschreibung, Anstellung, Aufgabenzuteilung, Aus- und Weiterbildung, Beförderung, Entlassung und sexuelle Belästigung. Mit der Beweislastumkehr und der Verbandsbeschwerde ermöglicht es die bessere Durchsetzung des Rechts auf Gleichbehandlung. Um Chancengleichheit zu ermöglichen – und das ist die Voraussetzung für die Gleichstellung –, kann der Bund auch Projekte und Beratungsstellen zur Förderung der beruflichen Gleichstellung finanziell unterstützen.

So lange wartete die OFRA natürlich nicht. Zudem zeitigte der Gleichstellungsartikel von 1981 vielfältige Auswirkungen auf die Rechtsprechung und auf verschiedene Probleme in den Sozialversicherungen sowie auf das neue Eherecht, das als Meilenstein auf dem Weg zur zivilrechtlichen Gleichstellung bezeichnet wird. Die OFRA verfolgte die eingeleiteten Maßnahmen kritisch und beteiligte sich an den Gesetzesrevisionen wie etwa der 10. AHV-Revision und am Vernehmlassungsverfahren zum Kommissionsbericht »Lohngleichheit für Mann und Frau«.[279] Weitere Verbesserungen wurden durch den Bericht des Bundesrates über das Rechtsetzungsprogramm »Gleiche Rechte für Mann und Frau« 1986 eingeleitet. Das Programm sieht nicht nur eine formelle Gleichstellung vor, sondern versteht den Gleichstellungsartikel »als Auftrag zur Schaffung gleicher Entfaltungsmöglichkeiten für Frau und Mann in der gesellschaftlichen Wirklichkeit«.[280] Um dieses Ziel zu erreichen, wurden gezielte Maßnahmen eingeleitet. 1988 wurde das Eidgenössische Büro für die Gleichstellung von Frau und Mann eröffnet. Diesem folgten bald kantonale und städtische Gleichstellungsbüros, die allerdings Mitte der neunziger Jahre unter dem Vorwand des Spardrucks zum Teil wieder geschlossen wurden.[281]

Einen weiteren Bereich gleichstellungspolitischer Forderungen stellte die quantitative Vertretung der Geschlechter in Politik, Wirtschaft und Wissenschaft dar. Trotz der in der Verfassung verankerten Gleichberechtigung veränderte sich der Anteil der Frauen in diesen Bereichen kaum. Um dieses Verhältnis zugunsten der Frauen zu verändern, griffen Frauenorganisationen zum Instrument von Quoten.[282] Ein Mittel übrigens, das entgegen der Meinung, Quoten und Demokratie vertrügen sich nicht, im schweizerischen Föderalismus etwa bezüglich der Kantone (Ständerat), im Proporzwahlrecht oder der angemessenen Vertretung der Sprachregionen im Bundesrat seit langem Tradition hat.

1990 bildete sich ein Komitee mit dem Namen »Nationalrat 2000«, das die Lancierung einer gleichnamigen Initiative plante. Die Initiative verlangte gleich viele Frauen wie Männer im Nationalrat. Das Komitee wurde vor allem von konfessionellen Frauenverbänden der traditionellen Frauenbewegung getragen.[283] Trotz Vorbehalten nahm die OFRA ebenfalls Einsitz im Komitee. An der ersten Pressekonferenz des Initiativkomitees im September 1990 erläuterte sie ihre Position: »Wir wollen mehr und sind trotzdem dabei«, titelte sie die Stellungnahme. Sie verstehe die Initiative als Wegweiserin zu einer Gesellschaft, in der Frauen und Männer gleichermaßen an Macht und Verantwortung auf allen Ebenen und in jedem Lebensbereich beteiligt seien. Die Präsenz von mehr als hundert Frauen im Nationalrat werde sich auf die politische Kultur der Schweiz auswirken. Die Überwindung der Minderheitenposition werde den Anpassungsdruck vermindern und dadurch die Gestaltungsmöglichkeiten der Frauen erweitern. Die OFRA wisse, dass mehr Frauen im Nationalrat leider nicht bedeute, dass damit automatisch eine feministische und damit patriarchatskritische Politik betrieben werde. Dennoch trage sie die Initiative klar mit, denn wenn der Nationalrat den Namen Volksvertretung verdienen solle, dann gehöre die Hälfte der Sitze den Frauen. Eine schweizerische Politik, die die siebenhundertjährige Herrschaft der Männer weiterführe, sei zunehmend unglaubwürdig und führe in eine Sackgasse.[284] Trotz zahlreichen Diskussionsveranstaltungen, Interviews und Zeitungsartikeln verliefen die Unterschriftensammlung sowie der Aufbau von Regionalkomitees harzig. Im November 1991 wurde die Initiative – erst knapp ein Viertel der Unterschriften waren gesammelt – zurückgezogen.[285]

Nur zwei Jahre später wurde die OFRA eingeladen, sich an einer weiteren Quoteninitiative zu beteiligen. Nach zahlreichen erfolglosen Vorstößen in Sachen Frauenquoten in Parlament und Behörden brachte die Nichtwahl der SP-Kandidatin und

Gewerkschaftsführerin Christiane Brunner in den Bundesrat am 3. März 1993 das Fass zum Überlaufen: Eine breite Frauenkoalition lancierte eine Volksinitiative, die »Initiative 3. März«, die die gerechte Vertretung der Frauen in den Bundesbehörden verfassungsrechtlich verankern wollte«.[286] Diesmal entschied sich die OFRA gegen ein Engagement:

>»Da die OFRA ein gebranntes Kind in Sachen Quoten und Initiativen ist und unsere Einschätzung dahin tendierte, dass auch heute die Voraussetzungen fehlen, die der Initiative eine Chance gäben, lehnten wir den Beitritt zum Initiativkomitee ab. Wir zweifelten an der Langzeitwirkung des Brunner-Effekts, aber auch an der Eignung der Initiative als Werkzeug unserer Politik. Trotzdem unterstützten wir die wichtige Initiative durch den Beitritt in den TrägerInnenverein, als Unterschriftensammlerinnen und mit vielen Aufrufen, zum Zustandekommen der Initiative beizutragen.«[287]

Die zweite Quoteninitiative kam zustande und wurde am 22. März 1995 mit 110 000 Unterschriften eingereicht. Der Bundesrat empfahl in seiner Botschaft vom 17. März 1997 die Volksinitiative »Für eine gerechtere Vertretung der Frauen in den Bundesbehörden« (»Initiative 3. März«) ohne Gegenvorschlag zur Ablehnung. Demgegenüber legte die Staatspolitische Kommission des Nationalrates in der Wintersession 1998 einen indirekten Gegenvorschlag vor, der, wie es FDP-Ständerätin Vreni Spoerry ausdrückte, allerdings eine »furchtbar brave« Variante darstellte.[288] Der Gegenvorschlag verlangte im Gegensatz zur Initiative nicht eine Fünfzig-Prozent-Wahlquote, sondern lediglich eine Dreißig-Prozent-Listenquote. Der Gegenvorschlag wurde im Nationalrat zwar angenommen, scheiterte aber im Ständerat aus »Verfahrens- und Terminfragen«.[289] Das ganze Geschäft, Initiative und Gegenvorschlag, wurde damit auf die lange Bank geschoben:

Kapitel IV

»Ob Quoten das beste Mittel der Frauenförderung sind, liesse sich diskutieren, wenn alle anderen Methoden nichts gebracht haben. Indiskutabel ist aber die Taktik bürgerlicher Politiker, um so begeisterter von Frauenförderung zu schwadronieren, je unverbindlicher sich die Förderung ausnimmt, und um so heftiger dagegen zu opponieren, je konkreter diese Förderung in Politik überführt wird. Wer in der Politik mehr Frauen will, soll den Tatbeweis erbringen, im Parlament und in der Partei. Wer das nicht will, soll es zugeben und sich nicht mit Verfahrensfragen herausreden. Auf die Liebesbezeugungen kann dann ganz verzichtet werden.«[290]

Die Initiative wurde aber nicht nur vom Parlament ungern behandelt, sondern auch vom Souverän im März 2000 massiv abgelehnt. Im Nachwort werden verschiedene Aspekte der Quotendiskussion aufgegriffen.

In den letzten Jahresberichten der OFRA wird die Quoteninitiative nicht mehr erwähnt. Hingegen wird im Jahresbericht 1994 die veränderte Stellung der OFRA innerhalb der Frauenbewegung thematisiert. Diese Reflexion interessiert, zeigt sich doch gerade bei der institutionellen Gleichstellungspolitik, wie sich die OFRA und die traditionelle Frauenbewegung annähern. Die Vorstellung, dass die OFRA mit konfessionellen Frauenverbänden eine Initiative lanciert, wie das bei der ersten Quoteninitiative »Nationalrat 2000« der Fall war, wäre in den siebziger und den achtziger Jahren undenkbar gewesen. Und im Unterschied zur Initiative »Gleiche Rechte für Mann und Frau«, die ja ebenfalls von konfessionellen wie auch feministischen Frauenorganisationen unterstützt wurde, bestand das Initiativkomitee »Nationalrat 2000« ausschliesslich aus Vertreterinnen von Verbänden – die Parteien, insbesondere die SP und ihre Vertreterinnen, fehlten.

Wie ist diese Annäherung zwischen der OFRA und den traditionellen Frauenorganisationen zu erklären? Auf die Bedeutung des Frauenkongresses als eigentlicher Beginn gleichstellungspolitischer Forderungen wurde bereits hingewiesen. Elisabeth Joris, die sich unter verschiedenen Aspekten mit der neuen Frauenbewegung in der Schweiz auseinandersetzte, misst dem Jahr 1975 ebenfalls Bedeutung zu. Sie verweist vor allem darauf, dass der Kongress die Annäherung zwischen der traditionellen und der neuen Frauenbewegung in Gang setzte: Mit den beiden Resolutionen des Frauenkongresses sei der Boden für die längerfristige Zusammenarbeit geschaffen worden.[291] Die OFRA mit ihrer doppelten Strategie der institutionellen und der nicht institutionellen Politik war sicher prädestiniert zu dieser Zusammenarbeit. Seit 1991 war sie Mitglied der Arbeitsgruppe der Schweizerischen Frauenverbände, eines Gremiums, das vom Eidgenössischen Gleichstellungsbüro für Frau und Mann initiiert wurde und die Präsidentinnen der großen Frauendachorganisationen umfasst.[292] Im Jahresbericht 1994 thematisierte die OFRA die Bedeutung ihrer »Netzwerk- & Lobbyarbeit«:

»Die OFRA Schweiz ist in den verschiedensten Bereichen vernetzt mit feministisch-politischen Organisationen und Projekten, aber auch mit traditionellen Frauenverbänden. Je nach Bedürfnis sind diese Netze eng- oder weitmaschig geknüpft, auf längere Sicht hinaus oder nur für eine begrenzte Zeit. Oftmals wird das Sekretariat der OFRA Schweiz – dank unserer Infrastruktur – zur Informationsdrehscheibe und Koordinationsstelle. Für unsere politische Arbeit ist vernetztes Arbeiten um so bedeutungsvoller, da die OFRA keine Fachorganisation ist, die sich auf ein Gebiet spezialisiert hat, sondern auf einem breiten Themenspektrum aktiv ist – auf verschiedenen Ebenen gegen die Diskriminierung der Frauen kämpft.«[293]

Kapitel IV

Allerdings hatte die Zusammenarbeit mit den Organisationen der traditionellen Frauenbewegung Grenzen. Diese kamen bei den Vorbereitungen zum fünften Frauenkongress 1996 zum Ausdruck: Sollte die ehemalige Mitveranstalterin des Gegenkongresses (beziehungsweise deren Vorläuferinnen, die PFS) zur Mitorganisatorin des offiziellen Frauenkongresses mutieren? Nicht zuletzt dokumentiert das folgende Zitat die isolierte Stellung der OFRA als feministisch-politischer Organisation:

> »Abstand genommen haben wir von der Mitarbeit bei der Organisation des Schweizerischen Frauenkongresses, der im Januar 96 stattfinden soll. Nur zögernd akzeptierten die Kolleginnen unsern Entscheid, nicht als Initiantinnen aufzutreten. Wir wollten weder als einzige Vertreterinnen der neuen Frauenbewegung noch als Legitimation für die Offenheit bürgerlicher, traditioneller Frauenverbände auftreten – zu krass empfanden wir das Kräfte- und Einflussgefälle zwischen der OFRA und den anderen Organisationen. Wir werden unsere feministischen Anliegen am Frauenkongress in einem Workshop vertreten.«[294]

Die Zusammenarbeit mit der traditionellen Frauenbewegung kann als Gratwanderung verstanden werden: Einerseits profitierte die OFRA von diesen neuen Allianzen, deren Durchsetzungskraft sie für ihre Anliegen benötigte, andererseits war die Zusammenarbeit von Kompromissen und relativ geringer Einflussnahme geprägt. Mit der Einbindung in die traditionelle Frauenbewegung verband die OFRA die Befürchtung, ihr feministisches Profil und damit ihre Eigenständigkeit zu verlieren.[295]

4. Internationaler Frauentag

Der internationale Frauentag spielt seit Mitte der siebziger Jahre auch für die neue Frauenbewegung der Schweiz eine zentrale Rolle. Mit einer Demonstration wird der Öffentlichkeit bekannt gegeben, was Feministinnen fordern. Mit mehr oder weniger kämpferischen Parolen werden soziale und politische Zustände angeprangert und skandalisiert. Die Veranstaltungen zum internationalen Frauentag haben aber auch eine starke Binnenwirkung, indem sie die Solidarität und das Gemeinsamkeitsgefühl der Teilnehmerinnen zum Ausdruck bringen und damit die Bewegung insgesamt stärken. Im Folgenden wird kurz die Vorgeschichte des 8. März gestreift, um dann die verschiedenen Phasen der Aktivitäten der neuen Frauenbewegung zwischen 1975 und 1997 darzustellen. Im Zentrum steht die Rolle der OFRA, die ab 1983 die Koordination übernahm. Die interne Diskussion der OFRA zeigt die nicht immer einfache Zusammenarbeit mit anderen Organisationen und die Bedeutung, die dem 8. März in der Frauenbewegung zugemessen wurde. Aber nicht nur innerhalb der Frauenbewegung spielte der internationale Frauentag eine große Bedeutung, sondern auch in den Medien. Er kann als dasjenige jährlich wiederkehrende Ereignis bezeichnet werden, dem große Publizität sicher war.

Vorgeschichte

Die Veranstaltungen zum internationalen Frauentag gehen auf eine Resolution von Clara Zetkin zurück. 1910 reichte die deutsche Sozialistin an der Zweiten Internationalen Sozialistischen Frauenkonferenz in Kopenhagen eine Resolution ein, die einen internationalen, jährlich zu veranstaltenden Frauentag forderte. Er sollte »in erster Linie der Agitation für das Frauenrecht«

Kapitel IV

dienen.[296] Die von der Konferenz angenommene Resolution wurde zur Grundlage des internationalen Frauentages. Bereits ein Jahr später wurde sie in die Tat umgesetzt und in Deutschland, Österreich, Dänemark, USA sowie in der Schweiz wurden entsprechende Veranstaltungen organisiert.

Bis in die fünfziger Jahre wurde der internationale Frauentag auch in der Schweiz immer wieder Anlass von dezentralen Veranstaltungen der Sozialistinnen und Kommunistinnen, später der Sozialdemokratinnen und vereinzelt auch von bürgerlichen Frauenorganisationen. Unter dem Eindruck des wieder verstärkt propagierten dualen Geschlechterverhältnisses, das von den Frauenorganisationen mitgetragen wurde, und des wachsenden Wohlfahrtsstaates verschwanden die Veranstaltungen zum internationalen Frauentag in den sechziger Jahren. Erst im Jahr 1975 erhielt der 8. März in der Schweiz wieder Bedeutung. Diesmal waren es aber nicht Sozialdemokratinnen, die Veranstaltungen planten, sondern Gruppierungen der neuen Frauenbewegung. Von nun an sollte nicht ein dezentral gefeierter Gedenktag, der vor allem dazu diente, die Forderungen in den eigenen Reihen bekannt zu machen, sondern ein nationaler Kampftag die Anliegen der Frauen öffentlich machen.

Die neue Frauenbewegung: Kampftag 8. März

Die Neubelebung des 8. März, so Katrin Holenstein, sei auf die Beschäftigung der neuen Frauenbewegung mit der Geschichte der Arbeiterinnen- und Arbeiterbewegung zurückzuführen.[297] Bei dieser Auseinandersetzung stießen sie auf die »lange verschüttete Kampftradition« des 8. März. 1975 beschlossen sie daher, »mit einer Wiederaufnahme des internationalen Frauentages aller Welt zu zeigen, dass die Frauenbewegung wieder lebt!«[298] Zur Demonstration aufgerufen wurde mit Flugblättern und in den neu gegründeten feministischen Zeitschriften »emanzipation« und »frauezitig«, später in der »lesbenfront«, der »femmes suisses« und im Organ der SP-Frauen, »S rote Heftli«. Am 8. März 1975 reisten achthundert Frauen nach Bern und demonstrierten gegen den »skandalösen Entscheid« des Nationalrates, der sich gegen die Fristenlösung ausgesprochen hatte. Sie forderten die freie und kostenlose Abtreibung, »Gleiche Rechte für Mann und Frau« und »Gleicher Lohn für gleiche Arbeit«.[299]

Ein Jahr später waren es bereits tausend Frauen, die an der Demonstration, diesmal in Zürich, teilnahmen. Die Proteste richteten sich gegen die Entlassung von Frauen, gegen die Lohndiskrepanz und die Kriminalisierung des Schwangerschaftsabbruchs. Aufgerufen hatten acht Frauenorganisationen aus der ganzen Schweiz: die Progressiven Frauen Schweiz (PFS), die Deutschschweizer FBB und das Westschweizer Mouvement pour la Libération des Femmes (MLF), ferner Frauen Kämpfen Mit (FKM, Basel), Femmes en Lutte, FCLI-Frauen (Federazione delle Colonie Libere Italiane), ATEES-Frauen (Asociación de Trabajadores Emigrantes Españoles en Suiza) und die Frauen für Frieden und Fortschritt (SFFF, Zürich).

Ab 1977 wurden die Frauentagskundgebungen lebendiger und bunter. Die Demonstrantinnen benutzten Pfeifen, Tamburine, Megafone und Transparente und zogen singend und Sprechchöre skandierend durch die Straßen. Lila Kleider und aufgeschminkte Frauenzeichen dominierten das Bild. Als weitere Neuerung wurde von nun an der Frauentag mit einem Frauenfest abgeschlossen. Zudem wurden neue Themen aufgegriffen wie die Forderung nach autonomen Frauenräumen und Frauenzentren oder die Thematisierung der Gewalt gegen

Kapitel IV

Nr. 24: 8.-März-Kundgebung 1978 in Freiburg, zum Thema »Straffreier Schwangerschaftsabbruch«.

Frauen (Häuser für geschlagene Frauen, sexuelle Belästigung, PorNo-Debatte).[300]

In den folgenden Jahren stieg zwar die Anzahl der Demonstrantinnen kontinuierlich an, hinter den Kulissen fanden aber heftige Diskussionen statt. Das Organisationskomitee, dessen Zusammensetzung von Jahr zu Jahr wechselte, war sich sowohl in der Bündnisfrage als auch über die Themen uneinig. Zu den Problemen mit der Homosexuellen Frauengruppe Zürich (HFG)[301] gesellten sich weitere. Im selben Jahr wurden erstmals die Frauengruppen der linken Parteien und der Gewerkschaften zur Vorbereitung eingeladen, was zu Positionskämpfen führte, als die Frauen der Sozialdemokratischen Partei (SPS) den Text des gemeinsamen Flugblattes abändern wollten. Die »ungemischten« Frauengruppierungen sahen ihre Autonomie durch das Zusammengehen mit der Linken gefährdet. Die autonome Frauenbewegung sei nicht Teil der Arbeiterbewegung und der 8. März ein Symbol des internationalen, feministischen Kampfes gegen das Patriarchat.[302] 1981 konnte das Organisationskomitee kein gemeinsames Hauptthema finden. Die autonomen Gruppierungen riefen mit der Parole »Wir passen unter keinen Helm« zur Demonstration in Bern auf, während die Frauen der linken Parteien und der Gewerkschaften »Gleiche Rechte für Mann und Frau« forderten. Letztere eröffneten mit der Demonstration gleichzeitig die Abstimmungskampagne für den Gegenvorschlag zur gleich lautenden Initiative. Die Demonstration war mit 3000 bis 4000 Teilnehmenden äußerst erfolgreich – weder vorher noch nachher sollten sich je wieder so viele Frauen für den 8. März mobilisieren lassen. Holenstein führt den Erfolg der Demonstration auf die Forderung der autonomen Frauengruppen zurück. In der Presse hingegen wurde von zwei »Hauptgruppen« gesprochen, in die sich der Demonstrationszug am Bahnhof geteilt habe.[303]

Es bleibe dahin gestellt, welche der beiden Forderungen mehr Personen mobilisieren konnte. Immerhin wurde die nationale Kundgebung von über zwanzig zum Teil großen Organisationen getragen, was sicher zum Erfolg beitrug. In der Presse wurden etwa die FBB, die OFRA und die Frauen für den Frieden als Gruppierungen der autonomen Frauenbewegung einerseits, die SP, PdA und POCH sowie die Gewerkschaften als Organisationen aus der Linken andererseits genannt. Im »Tages-Anzeiger« wurde im Gegensatz zur Pressemeldung der Schweizerischen Depeschenagentur (sda) ausführlich auf die beiden Forderungen eingegangen und Auszüge aus der Rede einer OFRA-Sprecherin zitiert:

»Der Bericht[304] spricht davon, dass wir lernen sollen, uns in Kriegen und Katastrophen zu bewähren. [...] Ich glaube, wir sollten eher lernen, jene Kriege und Katastrophen zu verhindern, die die mächtigsten Männer im Staat anrichten. Die erste Katastrophe, die es zu verhindern gilt, ist unsere Militarisierung.«[305]

Mit diesem Zitat wird nicht nur die Position der OFRA gegenüber dem Einbezug der Frauen in die Gesamtverteidigung, sondern auch ihre Stellung innerhalb des Organisationskomitees deutlich. Wie bereits die Progressiven Frauen Schweiz (PFS) engagierte sich auch die OFRA von Beginn an in der Organisation der Frauentagsdemonstration und fühlte sich den autonomen Gruppierungen zugehörig – zumindest bis ins Jahr 1981. Ein Jahr später teilten sich die autonomen Feministinnen in zwei Gruppen. Gestritten wurde um die Beteiligung der Männer. »Mit oder ohne Männer« wurde zur entscheidenden Frage.

»Gemischtheit« oder »Ungemischtheit«

Was war geschehen? In der »emanzipation« berichtete die damalige OFRA-Sekretärin, Maya Troesch, über den Verlauf der Vorbereitungssitzungen. Nachdem die Radikalfeministinnen zur ersten Vorbereitungssitzung eingeladen hätten, habe man zuerst den Ort der Demonstration bestimmt. Die Wahl sei auf Lausanne gefallen, da bis anhin die Frauentagskundgebung noch nie in der Westschweiz stattgefunden habe. An einer weiteren Sitzung wurden die Themen »Schwangerschaftsabbruch« und »Gewalt gegen Frauen« abgemacht. An der folgenden Sitzung wurde darüber diskutiert, ob die Demonstration und das Fest »ungemischt« oder »gemischt«, mit oder ohne Beteiligung von Männern, durchgeführt werden sollten. Die Frauen aus

Lausanne, die die Veranstaltungen organisierten, wiesen darauf hin, dass der explizite Ausschluss der Männer in Lausanne keine Tradition habe und auf Unverständnis stoßen würde. Unter dieser Bedingung würden sie den Anlass nicht organisieren können. Da schlugen die Radikalfeministinnen plötzlich Freiburg als neuen Demonstrationsort vor, wo eine »ungemischte« Veranstaltung, wie sie bereits abgeklärt hatten, möglich war. Die Vertreterinnen der OFRA konnten darauf nicht reagieren, da sie als basisdemokratische Organisation die neue Situation zuerst im Vorstand diskutieren mussten. Sie fühlten sich vor den Kopf gestossen, als sie einem Pressecommuniqué die Ankündigung der nationalen Demonstration in Freiburg entnehmen mussten. Zudem wurde der Forderungskatalog um die Themen »Kein Zwang zur Heterosexualität« und »Kein Einbezug der Frauen ins Militär« erweitert. Nach eingehenden Diskussionen kamen sie zum Schluss, »alles daran zu setzen, eine gemeinsame Demonstration zu ermöglichen«. Die nächste Sitzung, die ohne OFRA-Vertreterinnen stattfand, zeigte allerdings, dass der 8. März laut den Radikalfeministinnen bereits organisiert war und die Organisatorinnen »nötigenfalls auch ohne OFRA« auskommen würden. Auch an der letzten Sitzung kam es zu keiner Einigung:

> »Sehr schnell wurde klar: die Meinungen waren gemacht: Wir sollten die verschiedenen Standpunkte innerhalb der Frauenbewegung akzeptieren und zwei Demos machen. Wir beschlossen, für beide Demos – keine wird sich ›nationale‹ nennen – gemeinsam einen Brief an die Presse zu schicken. Darauf trennten wir uns und wir haben mit der Lausanner Fraktion die konkrete Organisation an die Hand genommen.«[306]

Kapitel IV

Interessant ist die unterschiedliche Berichterstattung in den beiden Lokalzeitungen. Während die »Freiburger Nachrichten« ihren Artikel über die Demonstration mit dem Titel »Gespaltene Frauenbefreiungsbewegung zum internationalen Frauentag«[307] überschreibt, titelt »24-heures«: »Manifestation Nationale à Lausanne: Femmes solidaires«.[308] Die »Freiburger Nachrichten« berichten vorwiegend über die Spaltung und ihre Hintergründe und teilen die Frauenbefreiungsbewegung in einen »gemässigteren und einen radikaleren« Flügel ein. Die Demonstration, so das leicht hämische Fazit, sei aufgrund der geringen Beteiligung – etwa 250 Demonstrantinnen seien anwesend gewesen – »ein echter Reinfall«. Die Berichterstattung in der »24-heures« erwähnt zwar ebenfalls, dass zwei Demonstrationen stattfanden, geht aber nicht auf die Hintergründe der Spaltung ein. Stattdessen hebt der Artikel die Argumentationen der beiden Forderungen »freier und kostenloser Schwangerschaftsabbruch« sowie »Stop der Gewalt gegen Frauen« hervor und porträtiert die OFRA. Abschließend schildert die Autorin (oder der Autor) die ihr willkommenen Pläne der Lausannerinnen, eine Initiativgruppe der OFRA zu gründen:

> »L'OFRA qui n'a que cinq ans d'existence, compte déjà douze sections en Suisse allemande et un groupe d'initiative qui vient de se créer à Genève. Certaines Lausannoises songent à donner un aspect plus formel aux mouvements féministes existants. Il est possible qu'elles créent bientôt un nouveau groupe d'initiative OFRA: un renouveau dans la mobilisation des femmes pour la défense de leur cause, renouveau nécessaire pour combler les rangs un peu éparses[309] de la manifestation nationale de samedi.«

Die beiden Beispiele zeigen aber nicht nur die unterschiedlichen Perspektiven auf die erstmals gespalten auftretende autonome Frauenbewegung, sondern auch die Schwierigkeit, interne Differenzierungen in der Berichterstattung durchzusetzen: Das Etikett »national« erscheint trotz anderslautender interner Abmachung und dementsprechender Pressearbeit in der Öffentlichkeit. Es sei denn, die Organisatorinnen in Lausanne hätten sich nicht an die Abmachung gehalten.

Im folgenden Jahr, 1983, fanden wieder zwei Demonstrationen statt: Die FBB, die Radikalfeministinnen, die Lesben und die Frauen aus den autonomen Frauenprojekten demonstrierten in Zürich unter explizitem Ausschluss der Männer. Die OFRA demonstrierte zusammen mit den Frauen und Männern der Linken sowie den Gewerkschaften in Biel.[310]

Die OFRA als Bewegungsunternehmerin
Ab 1984, so Holenstein, habe die OFRA die Koordination der Veranstaltungen zum internationalen Frauentag übernommen.[311] Aufgrund eines Artikels in der »emanzipation« scheint dies aber bereits 1983 der Fall gewesen zu sein:

> »Wir haben im Herbst (1982 – DL) zu einer Sitzung eingeladen und folgenden Vorschlag unterbreitet: Die OFRA organisiert Frauendemonstration und Frauenfest in Biel, übernimmt die Kosten, alle Frauen und Gruppierungen sind herzlich eingeladen teilzunehmen, nach eigenem Gutdünken und eigener Art aufzurufen, mit eigenen Transparenten etc. – nach Lust und Laune; es würde ein offenes Mikrofon geben und wer Lust hat, kann reden.«[312]

Trotz diesem flexiblen Konzept, das von vielen Organisationen begrüßt worden sei, hätten sich »vor allem die Radikalfeministinnen« nicht damit einverstanden erklären können. Sie hätten eine Demonstration gefordert, die die politische Stellung gegen die Männer öffentlich mache und klare Fronten schaffe.[313]

Ab 1984 konnten sich die verschiedenen Strömungen unter dem Motto »8. März – Tag *aller* Frauen« wieder für gemeinsame Demonstrationen entscheiden. Die Frauenkommissionen von Gewerkschaften und linken Parteien wurden zur Vorbereitung eingeladen und als Mitorganisatorinnen auf einem Einheitsflugblatt aufgeführt. Die Einigung wurde nicht zuletzt dadurch erzielt, dass viele Frauen sowohl in Gruppierungen und Projekten der autonomen Frauenbewegung als auch in Parteien oder Gewerkschaften aktiv waren. Andererseits veränderte sich die Frauenszene zusehends. Mitte der achtziger Jahre verschwanden die Radikalfeministinnen und die FBB verlor an Bedeutung, bis sie sich 1989 offiziell auflöste. Demgegenüber entstanden zahlreiche neue Frauengruppen und -projekte, die sich mit der offenen Struktur der Frauentagskundgebungen anfreunden konnten.[314] Neu wurde von nun an neben der Demonstration und dem Fest ein Forum abgehalten, an dem Expertinnen zu den aktuellen feministischen Themen referierten.

1987 war es allerdings schon wieder vorbei mit der Einigkeit. Zwar fanden nicht zwei Demonstrationen an verschiedenen Orten statt, aber es gab eine so genannte Gegendemonstration. Die neu gegründete Zürcher Gruppe Antigena, die sich mit der Gentechnologie und ihren Auswirkungen auf die Frauen beschäftigte, rief zum Boykott der Demonstration auf – und stieß auf Unverständnis:

>»Verständnislos reagierten viele Frauen auf die Anti-Demo-Aktion der Antigena-Frauen. Von der einen Seite der Brücke kamen sie mit Transparent – von der anderen Seite kam

> unser Frauenzug (die Pressefotografen gingen begeistert ans
> Werk). In der WoZ (›WochenZeitung‹ – DL) und in verteilten
> Flugblättern riefen sie zum Boykott des Frauentages auf und
> bezeichneten das Frauenprogramm in Zürich als ›parlamen-
> tarisches Showdown‹ und ›Werbeveranstaltung für parla-
> mentarische Frauenpolitik‹. Hier zeigt sich wieder (zum
> wievielten Mal?), wie verfahren die Diskussion ›parlamenta-
> rische oder nichtparlamentarische Frauenpolitik‹ ist.«[315]

Die Befürchtung, die Presse würde vor allem das Aufeinanderprallen der beiden Demonstrationszüge und damit die Gespaltenheit der Frauenbewegung aufgreifen, sollte sich nicht bestätigen. Die beiden großen Zürcher Tageszeitungen erwähnten die Gegendemonstration nicht einmal. Die »Neue Zürcher Zeitung« druckte lediglich die Agenturmeldung der Schweizerischen Depeschenagentur (sda) ab, und diese erwähnte neben der Anzahl der Frauen, »rund 700«, die verschiedenen Forderungen der Manifestierenden.[316] Der »Tages-Anzeiger« berichtete in einem längeren Artikel über die Demonstration, wobei die Journalistin Maya Doetzkies über einen weiteren am gleichen Tag stattfindenden Anlass, das »Frühstücks-Treffen von Frauen für Frauen«, berichtete. Den Teilnehmerinnen beider Anlässe – am »Frühstücks-Treffen« waren 400 Frauen anwesend – sei eines gemeinsam: Beide würden Frauenräume fordern. Die Journalistin machte aber auch auf einen entscheidenden Unterschied der zwei Veranstaltungen aufmerksam, der die Strategie der neuen Frauenbewegung charakterisiert:

> »Mehr Frauenräume wollen auch die Frauen, die am Samstag-
> nachmittag am Internationalen Frauentag teilnehmen, der
> heuer einen Tag vorgezogen und in Zürich begangen wurde.
> Auf der Strasse weht den Frauen ein kalter Wind ins Gesicht.

Nr. 25: Demonstration zum Internationalen Frauentag 1987 in Zürich.

Sie haben sich nicht in einen künstlich beleuchteten und belüfteten Hotelsaal zurückgezogen, sie wollen ihre Anliegen publik machen und laut hinausrufen.«[317]

Nachdem die Demonstration 1988 unter dem Thema »Gewalt gegen Frauen« zu einem Flop geworden war, – nur gerade »einige hundert« Frauen gingen nach Bern –, wurde die folgende in Luzern zu einem großen Erfolg. Unter dem Titel »Grossaufmarsch für die ›Frauen im Widerstand‹« berichtete die regionale Tageszeitung, die »Luzerner Neuste Nachrichten«, in einem ganzseitigen Artikel über die Frauenkundgebung. Rund 1500 Frauen – Holenstein spricht von 1500 bis 2000 Teilnehmenden – aus der deutschen und der italienischen Schweiz seien nach Luzern gekommen, um mit einer Kundgebung und einem Fest auf ihre Anliegen aufmerksam zu machen. Hinter dem offenen

Motto »Frauen im Widerstand« habe sich eine Themenvielfalt verborgen, die von der Befürwortung des Nachtarbeitsverbots für Frauen über den Widerstand gegen die »schleichende Militarisierung« bis zu einem Bericht einer Vertreterin der Intifada über den Widerstand palästinensischer Frauen in den besetzten Gebieten Israels gereicht habe. Leider sei es auch zu Ausschreitungen gekommen, die sich gegen Autofahrer gerichtet und einen Sachschaden von 15 000 Franken verursacht hätten.[318] Der Erfolg der Demonstration dürfte auf die im selben Jahr stattfindende Abstimmung über die Initiative »Schweiz ohne Armee« zurückzuführen sein. Der Christliche Friedensdienst (CFD) und die Frauen für den Frieden kontaktierten die OFRA, um gemeinsam für die »Abschaffung der Armee« zu mobilisieren. Wie bei der anzahlmäßig erfolgreichsten Demonstration im Jahr 1981 konnte mit dem Thema »Militär« erneut stark mobilisiert werden.

In den folgenden zwei Jahren fanden die nationalen Frauentagskundgebungen in Biel und in Basel statt. Der Erfolg von Luzern konnte allerdings nicht wiederholt werden: Je 500 Frauen nahmen an den Demonstrationen teil. Diese schwache Beteiligung löste erstaunlicherweise keine Diskussion aus. Im Jahresbericht der OFRA war allerdings für das Jahr 1990 auch nicht von 500, sondern von 1000 Teilnehmerinnen die Rede. Ob hier die Begründung liegt, weshalb nicht über Erfolg oder Misserfolg der nationalen Kundgebungen gesprochen wurde? Der Jahresbericht für das Jahr 1991 ging schon gar nicht auf die Anzahl der Teilnehmenden ein, sondern wies auf die Hauptreferentin und die Organisation hin, die vom nationalen Sekretariat und der Sektion Basel übernommen wurde. Zum ersten Mal, dies noch ein weiterer Hinweis auf den 8. März, sei der Anlass nicht defizitär gewesen. Dass die Zusammenfassungen der Ak-

Kapitel IV

tivitäten zum 8. März in den Jahresberichten so knapp ausfielen, erstaunt umso mehr, als die OFRA zum Entschluss kam, 1992 erstmals keine Veranstaltung zum internationalen Frauentag zu organisieren.

Dezentrale Aktivitäten

Der Jahresbericht für das Jahr 1992 gibt Auskunft über die Gründe für den Entscheid der OFRA:

> »Wo sind sie geblieben, die Powerfrauen der OFRA, die den 8. März entscheidend mitgetragen haben in den letzten Jahren? Keine nationale Demo – und die Medien und einige Feministinnen rufen schon das grosse Sterben der Frauenbewegung aus. [...] Gestützt auf die Resultate einer Umfrage bei den politischen, gewerkschaftlichen und feministischen Frauengruppen und der Einschätzung der vorhandenen Kräfte kam der Nationale Vorstand nach reiflichem Überlegen zum Schluss, seine Energien nicht in das Anreissen des nationalen 8. März stecken zu wollen – nur weil es immer so war. Ein dezentralisierter 8. März mit Veranstaltungen in der ganzen Schweiz, die Vielfalt bewegter Frauen widerspiegelnd, schien uns echter und lustvoller. In einer öffentlichen Stellungnahme haben wir unsere Positionen differenziert dargelegt.«[319]

Mit diesem Entscheid trennte sich die OFRA nicht nur von nationalen Kundgebungen zum Frauentag, sondern auch von ihrer Rolle als Bewegungsunternehmerin. Wie sich an den vielen lokalen Aktionen zum 8. März 1992 zeigte, entsprach diese Funktion keinem Bedürfnis mehr. Auch ein Jahr später fanden viele lokale Veranstaltungen – »vom Frauenmorge über literarische Cafés und Diskussionen bis zur gemeinsamen Hexensuppe«[320] – statt. Zudem wurden bereits in den früheren Jahren lokale Veranstaltungen durchgeführt. Holenstein verweist insbesondere auf die Westschweiz, wo die Zeitschrift »femmes suisses« jedes Jahr Frauentagsveranstaltungen in Genf und Lausanne, später auch im Jura, in Neuenburg und im Wallis ankündigte. Nicht zuletzt hatte auch der Frauenstreik vom 14. Juni 1991 gezeigt, dass dezentrale Veranstaltungen den Bedürfnissen der Frauen besser Rechnung tragen.[321]

1994 änderte die OFRA allerdings ihren Entscheid aus dem Jahr 1992 und versuchte erneut eine nationale Demonstration zu initiieren. Was waren die Gründe für diesen neuen Entscheid? Konnte sich die OFRA nicht von ihrer Rolle als Bewegungsunternehmerin trennen?

> »In unseren Augen ist der Internationale Frauentag ein Anlass, uns die Vielfältigkeit feministischer Aktivitäten bewusst zu machen, öffentlichen Raum zu besetzen und präsent zu sein, Gemeinsamkeiten und Differenzen zu spüren und zu erfahren. Es ist ein Anlass für Begegnungen auf intellektueller und emotionaler Ebene, ein Anlass für Feministinnen aller Schattierungen, ihre Forderungen und Utopien auf der Strasse öffentlich zu machen. Eine gemeinsame Kundgebung ist ein Ausdruck des Willens, dem herrschenden System etwas entgegenzusetzen, auf je eigene Weise und aus je eigener Betroffenheit das Patriarchat zu demontieren. Der 8. März – eine Gelegenheit, Frauensolidarität über kulturelle und soziale Grenzen hinweg zu leben.«[322]

Mit »Frauen erklären ihre Rechte« hätten sie ein Thema erarbeitet, das mit Bezug auf Olympe de Gouges' »Erklärung der Frauenrechte« an die immer noch nicht eingelösten Grundrechte der Frauen und an die Universalität der Menschenrechte erinnern sollte. Sie hätten dann im Dezember 1993 in der Frauengruppe frapoli Aargau eine Partnerorganisation gefunden, die

Kapitel IV

das Konzept begrüßt und sich bereit erklärt habe, die Hauptverantwortung der Organisation der Demonstration in Aarau zu übernehmen. Von da an sei die OFRA Schweiz in den Hintergrund getreten, habe allerdings den Organisatorinnen mit Rat und Tat beigestanden, Adressen geliefert, die französische Übersetzung der diversen Rundschreiben und Aufrufe sowie große Versände übernommen. Am 5. März selber habe sie die Verantwortung für das Abfassen und das Verbreiten des Pressecommuniqués der Kundgebungsorganisatorinnen übernommen. Diese Mitarbeit, so bilanziert die Verfasserin des Jahresberichts, sei aber nicht geschätzt worden:

> »Allerdings brachte diese Nebenrolle der OFRA Schweiz keine Lorbeeren ein, in der Öffentlichkeit wurde unsere Initiantinnenrolle nicht wahrgenommen – sie fehlte sogar in der Pressemitteilung der frapoli im Vorfeld des Ereignisses.«[323]

Diese Feststellung stimmt mit den Presseberichten nicht überein. Zumindest in der »WochenZeitung« (WoZ) wird in einem längeren Artikel, der die Veranstaltungen in Aarau ankündigt, die OFRA als Mitorganisatorin erwähnt. Auch in der Berichterstattung des »Tages-Anzeigers« nach der Frauenkundgebung wird auf die Rolle der OFRA als Mitorganisatorin hingewiesen. So ganz ohne Resonanz blieb die Arbeit der OFRA also nicht. Im Übrigen war auch in den Jahren, als die OFRA als Koordinatorin fungierte, nicht garantiert, dass sie als Organisation in der Presse namentlich genannt wurde. Tendenziell gilt: Je zahlreicher die Organisationen, desto weniger werden die einzelnen erwähnt. Häufig werden die einzelnen Gruppierungen dem Oberbegriff »autonome Frauenbewegung« subsumiert. Oder es werden nur diejenigen Organisationen erwähnt, die eine Referentin stellen. Insgesamt wurde in der Presse dem internationalen Frauentag von Jahr zu Jahr mehr Aufmerksamkeit geschenkt. Er bot und bietet noch heute Anlass für Hintergrundartikel zur Stellung der Frauen in Politik und Gesellschaft sowie für Beiträge zur Frauen- und Geschlechtergeschichte. Eine zweite Kategorie von Artikeln bilden Interviews mit Politikerinnen, Feministinnen sowie Vertreterinnen von traditionellen Frauenorganisationen. In der Regel sind die Artikel von Journalistinnen verfasst.[324]

Obwohl die Kundgebung in Aarau erfolgreich war – der »Tages-Anzeiger« sprach von 1000 bis 1600 Frauen[325] –, fand 1995 keine nationale Demonstration statt. Im Jahresbericht der OFRA finden sich keine Äußerungen zum 8. März. Die Ausnahme bildet der Hinweis auf die Medien, die sich bei diesem Anlass immer an die OFRA erinnern und Hintergrundinformationen verlangen würden.[326] Auch in den letzten zwei Jahresberichten von 1996 und 1997 findet der 8. März keine Erwähnung. Das heißt allerdings nicht, dass die OFRA damit aus der Berichterstattung zum internationalen Frauentag verschwand. So wird beispielsweise die OFRA-Sekretärin Rita Blättler in einem Artikel vom »Bund« zum internationalen Frauentag 1995 zitiert.[327] Als weiteres Beispiel sei ein Artikel aus dem »Basler Magazin« erwähnt. Zum 8. März 1997 wurde dort ein ganzseitiger Auszug aus dem Buch »Frauen machen Geschichte. 20 Jahre OFRA-Basel« abgedruckt.[328] Und nicht zu vergessen sind natürlich die Aktivitäten der auch nach der Auflösung der nationalen OFRA weiterbestehenden Sektionen, die sich sowohl an Veranstaltungen zum 8. März als auch zum 14. Juni engagierten.[329] Die OFRA Schweiz wird sicher keine nationale Demonstration mehr organisieren. Ob sich eine neue

Kapitel IV

Nr. 26: Internationaler Frauentag 1994 in Aarau. Marcelle Braegger (zweite von links), damalige Sekretärin der OFRA.

Organisation finden wird, die als Bewegungsunternehmerin die Koordinationsleistungen übernehmen wird, ist die eine offene Frage – die andere, ob es zu einem Revival kommen und sich ein neues Bedürfnis nach nationalen Veranstaltungen entwickeln wird.

5. »Offiziersschießen«

Mit der Skandalisierung des »Offiziersschießens« löste die OFRA die größte mediale Resonanz in ihrer Geschichte aus. Ein sicheres Indiz dafür sind zwei Bundesordner voller Presseartikel im Archiv der OFRA.[330] Das große Medienecho kann aber auch mittels einer kleinen Umfrage belegt werden. Fragen

Sie jemanden, ob er oder sie den Namen OFRA kenne. Sie werden oft eine abschlägige Antwort erhalten. Die Frage hingegen, ob die Person etwas von einem Offiziersschießen auf Pin-ups gehört habe, wird in der Regel mit einem Ja beantwortet. Zwar wurde in der damaligen Berichterstattung von Ende 1980 bis Februar 1982 – so lange war das »Offiziersschießen« ein öffentliches Thema – die OFRA als zentrale Akteurin genannt. In der Erinnerung hingegen bleibt lediglich der Skandal. Oder anders gesagt: Der skandalisierte Gegenstand hat sich von der Skandaliererin gelöst.[331]

Aber beginnen wir von vorne. Worum ging es beim »Offiziersschießen«? Was wurde skandalisiert? In einem Leserbrief in den »Luzerner Neusten Nachrichten« berichtete ein Sanitätsoffizier der Festungskompanie II/6 über ein in seiner Kompanie übliches Schießprogramm, das so genannte Offiziersschießen. Beim Offiziersschießen seien alle Pistolenträger aufgefordert, an einem Wettbewerb teilzunehmen, den er als »völlig pervers« empfinde:

> »Da werden auf Schiessscheiben aus Sexheftli entnommene Bilder nackter Frauen geklebt. Früher wurden besonders wertvolle Körperteile dieser Frauen markiert und je nach Wert oder Fülle punktiert, dieses Jahr gelten Kopf und Schamgegend als gleichwertig. Aber dennoch, es wurde geschossen, und für mich ist es gleichermassen geschmacklos, ob einer auf die Zehenspitzen oder zwischen die Brüste zielt.«[332]

Die OFRA greift diesen Leserbrief auf, recherchiert und findet heraus, dass diese Art von Wettschießen auch in anderen Einheiten stattfindet[333], klärt die rechtliche Situation ab und lädt am 18. Dezember in Bern zur Pressekonferenz. Diese wird ein voller Erfolg: Zahlreich erscheinen Journalisten und Journalistinnen aus der Deutsch- und vor allem auch aus der Westschweiz. Der »SonntagsBlick« berichtet in einem kurzen Artikel mit dem Titel »Die Nacktfoto-Schützen sollen zahlen« über die Pressekonferenz und die Entschuldigung von Bundesrat Chevallaz. Dieser hatte sich als damaliger Vorsteher des Eidgenössischen Justiz- und Militärdepartements im Nationalrat zum angeprangerten Offiziersschießen geäußert. Der »SonntagsBlick« meldet:

> »Schweizer Frauen schlagen zurück: Die ›Organisation für die Sache der Frau‹ (OFRA) hat im Zusammenhang mit Schiessübungen von Offizieren und Soldaten auf Fotos nackter Mädchen militär- und zivilrechtliche Klage unter anderem wegen Beschimpfung, unzüchtiger Handlung, Verletzung der Persönlichkeitsrechte und der Würde der Frau eingereicht! Die OFRA fordert die Zahlung einer Genugtuungssumme von 10 000 Franken an den Verein ›Frauen für den Frieden‹. Bundesrat Chevallaz hatte die ›geschmacklosen‹ Schiessübungen im Nationalrat als Einzelfall bezeichnet.«[334]

Anfang Januar drückt die Direktion der Eidgenössischen Militärverwaltung in einem Brief an die OFRA ihr Bedauern über das Wettschießen aus und schlägt einen Schlichtungsversuch vor. In einem Pressecommuniqué macht dies die OFRA in der Öffentlichkeit bekannt und weist darauf hin, dass die Militärverwaltung damit anerkenne, dass das »skandalöse Offiziersschiessen« in der von der OFRA angeklagten Art und Weise stattgefunden habe.[335] Der Schlichtungsversuch vor dem Amtsgericht Fraubrunnen scheitert allerdings.

Die »emanzipation« berichtet ebenfalls von Beginn an über die Aktivitäten in Sachen »Offiziersschießen«. Sie skandalisiert »den perversen Schiesswettbewerb« und die Armee als solche und ruft immer wieder zur Solidarität auf. Der erste Artikel mit dem Titel »Sie schiessen auf dich und mich« wird folgendermaßen eingeleitet:

> »Einige Frauen werden es schon aus der Presse oder interner Information erfahren haben: Die OFRA hat den Kampf gegen die perversen gewalttätigen Sitten aufgenommen, die in verschiedenen Einheiten der Schweizer Armee nachgerade zur Tradition geworden sind.«[336]

Der Artikel wurde von der Rechtsgruppe[337] der OFRA verfasst und sollte neben der Darstellung des möglichen juristischen Vorgehens einen Brief umfassen, der der OFRA zugesandt wurde. Weil der Brief den Namen eines »dem eingeklagten Kommandanten der Fest KP II/6 übergeordneten Militär(s)« nannte, verhängte das Militärgericht gegen die Publikation eine einstweilige Verfügung. Die Rechtsgruppe verzichtete deshalb auf die Publikation.[338]

In derselben Nummer wurde das Schlichtungsverfahren vor dem Amtsgericht Fraubrunnen geschildert.[339] Der Beklagte, der Kommandant der Festungskompanie II/6, habe gleich zu Beginn klargestellt, dass die OFRA erstens nicht aktivlegitimiert, also gar nicht klageberechtigt sei, und zweitens, dass er als Militärperson in einem Zivilverfahren nicht zur Rechenschaft gezogen werden könne. Der Gerichtspräsident habe dann von den Vertreterinnen der OFRA wissen wollen, wie sie überhaupt dazu kämen, auf Persönlichkeitsverletzung zu klagen, da es sich ja nicht um Abbildungen von ihnen selber handle. Weiter habe er ihnen den Hinweis gegeben, dass sie besser bei ihren »Geschlechtsgenossinnen«, die sich für Nacktfotos zur Verfügung stellten, ansetzen sollten, »anstatt diesen Trubel auszulösen«.

Nicht zuletzt müssten die Frauen doch Verständnis dafür haben, dass man im Militär schließlich schießen lernen müsse:

> »Ziel dabei sei nun einmal das Herz des Menschen, und wo befindet sich das Herz der Frauen? (Antwort: Unseres Wissens nicht in der Vagina) Nein, schon nicht aber doch in der Brust, und die Brüste seien unseren Angaben zufolge doch immerhin mit 9 Punkten bewertet worden.«[340]

Die Argumentationsweise des Gerichtspräsidenten sei ihnen, so der Artikel weiter, aus Leserbriefen bekannt gewesen. Dass sie jedoch auch von einem ausgebildeten Juristen, noch dazu von einem Gerichtspräsidenten, zu hören war, sei um so unerträglicher gewesen. Die Vertreterinnen hofften auf eine »andere Argumentationsebene« vor Obergericht, der nächsthöheren Instanz für die Zivilklage.

Die Ankündigung, dass die OFRA die Klage ans Obergericht weiterziehen würde, löste ein weiteres Medienecho aus. Nun berichteten auch ausländische Zeitungen wie etwa die in Paris erscheinende »Libération« oder das Düsseldorfer »Handelsblatt« sowie die feministische Presse in Deutschland[341] über den Fall. Bis zum Prozeß im Januar 1982 sollte aber noch einige Zeit vergehen.

In der Zwischenzeit traf die OFRA weitere juristische Abklärungen, rief zu Solidaritätsaktionen auf und suchte Mitklägerinnen. Anfang März behandelte der Nationalrat eine Interpellation der POCH-Nationalrätin Ruth Mascarin. Die Interpellantin wollte vom Bundesrat unter anderem wissen, seit wann solche frauenverachtende Wettbewerbe durchgeführt würden und ob es stimme, dass ein Arzt der Organisator dieses perversen »Schützenfestes« sei und dieser sogar zum Hauptmann befördert werden solle.[342] Die Antwort des Bundesrates wurde von der in- und ausländischen Presse mit großem Interesse aufgenommen. Das Wiener Boulevardblatt »Kurier« druckte eine Abbildung der Schießscheibe mit und ohne aufgeklebtes Pin-up und erklärte das Wettschießen zur »Perversität zum Tag«.[343] Nüchterner abgefasst war die Meldung der Schweizerischen Depeschenagentur (sda), die in rund fünfzehn Zeitungen, meist ohne Kommentar, abgedruckt wurde: Der Bundesrat halte die Schießübungen der Festungskompanie II/6 für »geschmacklos«, finde aber bei aller entschiedenen Missbilligung, dass der Vorfall nicht überbewertet werden solle. Die »Entgleisung« des fraglichen Offiziers sei ein Einzelfall, und es dürften keine falschen Schlüsse auf das Kader oder sogar die ganze Armee gezogen werden. Das zuständige Truppenkommando habe eine militärgerichtliche Untersuchung eingeleitet, deren Ergebnisse aber noch nicht vorlägen. Die eingereichte Zivilklage gegen den Kompaniekommandanten werde von den zuständigen Gerichten beurteilt. Sie berühre weder den Bundesrat noch das Militärdepartement.[344]

Entgegen der Beteuerung des Bundesrates, das Wettschießen sei ein Einzelfall, wurde bereits im April 1981 ein weiterer »geschmackloser« Fall publik. Eine Funkerkompanie hatte den Auftrag erhalten, in verschiedenen Ortschaften Restaurants zu rekognoszieren und abzuklären, ob diese für eine Übungsbesprechung geeignet wären. Mit Ausnahme der Parkplätze und der Größe der Säle mussten die Soldaten auch die körperlichen Eigenschaften der »Serviertöchter« dieser Lokale auskundschaften. Die Resultate wurden dann mit Hilfe einer »technischen Verschleierungstaktik« in Zahlencodes umgewandelt:

> »Für das Hinterteil standen Wehrmännern dabei Ausdrücke wie ›Brauereiross‹ oder ›zum Reinkneifen‹ zur Verfügung. Das

Kapitel IV

›Gesamturteil‹ reicht von ›ganz grosse Klasse‹ über ›blöde Gans‹ bis zu ›abfallreif‹. Verschiedene Soldaten sollen sich geweigert haben, bei der Übung mitzumachen.«[345]

Aber nicht genug der »Einzelfälle«. Anfang Juli wurde ein weiterer bekannt und erneut tickerte eine Meldung der Schweizerischen Depeschenagentur (sda) in die Redaktionen:

»EMD und OFRA reagieren scharf – Strip am Kompanieabend: Nackte Stripperinnen liessen einen Kompanieabend in Villeret in eine Orgie ausarten. Der Vorfall wirft hohe Wellen: Korpskommandant Edwin Stettler hatte eine sofortige Untersuchung angeordnet, die Organisation für die Sache der Frau (OFRA) spricht von einer ›groben Verletzung der Würde der Frau‹.«[346]

Etwa zeitgleich machten die Medien bekannt, dass Bundesrat Chevallaz allen Truppenkommandanten einen Brief zukommen ließ. Darin forderte er seine Führungselite auf, »geschmacklose Spielereien zu verhindern, die den elementarsten Respekt vor der Würde der Frau vermissen lassen«.[347]

Neben der Berichterstattung publizierten die Zeitungen während des ganzen Zeitraums unzählige Leserbriefe. Die Meinungen waren gespalten: Die einen verurteilten das »perverse« und das »menschen- und frauenentwürdigende« Wettschießen, die anderen verurteilten die Aktivitäten der OFRA. Diese seien »übertrieben« und »realitätsfremd«, dem Einzelfall nicht angemessen. Zudem würden zweideutige Sprüche, Zoten oder ein Klaps auf den Hintern der Serviertochter zum Alltag der Soldaten gehören wie das Amen zur Kirche. Der Journalist und Autor Hans Gmür bringt die Angst vieler Soldaten und Leserbriefschreiber auf den Punkt. In einem »Alptraum«, der ihn seit »bald drei Wochen jede Nacht« heimsuche, träumt er vom zukünftigen Soldatenalltag, den er in hohem Maße gefährdet sieht:

> »Meine Kameraden und ich benehmen uns genauso, wie Soldaten – bei uns und anderswo – sich seit eh und je benommen haben. Nur ist das jetzt leider ein Verbrechen. Einer von uns erzählte letzthin in der Zigarettenpause einen nicht ganz stubenreinen Witz. Jetzt sitzt er seine zehn Tage ›Scharfen‹ ab. Ein Korporal wurde degradiert, weil er beim Bestellen einer Stange Hell dem Serviertöchterlein Trudi im Restaurant ›Hirschen‹ kurz das Fudi getätschelt hatte. Das Divisionsgericht erblickte darin nicht nur eine gravierende Verletzung fraulicher sondern – er hatte zum Tätscheln die Linke genommen – auch eine Diskriminierung unserer Linksparteien.«[348]

Andere wiederum verurteilen nicht in erster Linie die Aktivitäten der OFRA, sondern die Organisation als solche oder ihre Mitglieder. Letztere werden als »Emanzen« und »Männerfeindinnen« beschimpft. Mit zum Stereotyp der Feministin gehört die mangelnde Schönheit, die im Vergleich mit dem Pin-up auf der Schießscheibe – ein Vergleich, der immer wieder angestellt wird – »weiträumig im Nachteil bleibt«.[349] Ein Kommentator des »Bieler Tagblatts« repräsentiert die Haltung gegenüber dem armeekritischen Ansatz der Organisation:

> »Es ist ja auch kein Zufall, dass diese Organisation für die Sache der Frau derartige Zwischenfälle vehement an die Öffentlichkeit zerrt, denn eine solide Verankerung der Armee im Volk steht ihren Absichten entgegen.«[350]

Auffällig häufig findet sich vor allem in den Leserbriefen, aber auch in redaktionellen Kommentaren die Meinung, die Frauen

Kapitel IV

seien selber schuld, müssten »sich selber an der Nase nehmen«.[351] Eine Meinung, die den spezifischen Zusammenhang zwischen staatlicher Institution und Sexismus, welcher die Klage der OFRA auszeichnet, negiert, um sozusagen eine Grundsatzdiskussion über Huhn oder Ei zu führen. Die strukturellen Faktoren der Geschlechterordnung werden durch individuelle und psychologische ersetzt:

> »Die OFRA sollte sich aber doch einmal fragen, weshalb eigentlich Frauen sich immer und immer wieder im Evakostüm ablichten lassen. Aus Geldgier? Aus Freude am eigenen Körper? In der Erwartung, damit eine sogenannte Karriere machen zu können? Oder? Oder? Es ist doch etwas zu einfach, die Schuld immer bei den Männern suchen zu wollen. Es schadet der Sache der Frauen, wenn ihre Emanzipation Extremistinnen überlassen wird. Wer selber ein gestörtes Verhältnis zur Umwelt, zur Gesellschaft und damit auch zu den Männern hat, eignet sich schlecht, um seinen Geschlechtsgenossinnen in der Entwicklung der eigenen Persönlichkeit beizustehen.«[352]

Im September reichte die OFRA am Berner Obergericht die Klage gegen den Verantwortlichen der Festungskompanie II/6 ein. Ursprünglich wollte sich auch der Verband für Frauenrechte als Mitkläger beteiligen. Der Verband zog dann aber diesen Entscheid zurück, weil er die Reaktion von Bundesrat Chevallaz als Beweis dafür nahm, dass sich im Militär bereits einiges geändert hatte. Die OFRA, so die »emanzipation« weiter, bleibe bei ihrem Entscheid, seien doch viele Frauen betroffen und solidarisch.[353] Solidarisch zeigten sich einerseits die 3500 Frauen, die bei einer Briefaktion an das Obergericht erklärten: »Der Prozess der OFRA ist auch mein Prozess«.[354] Solidarisch zeigten sich aber auch die Frauen der Sozialdemokratischen Partei, die einen offenen Brief an Bundesrat Chevallaz richteten, in dem sie den Entscheid, das militärstrafrechtliche Verfahren gegen den Offizier einzustellen, scharf kritisierten.[355] Begründet wurde die Einstellung damit, dass Frauen keine beleidigungsfähige Gruppe seien, weshalb auch keine Beleidigung vorliege.[356]

Am 14. Januar 1982 fand der Prozess am Berner Obergericht statt. Allerdings ging es im Prozess nicht in erster Linie um die Klage gegen die Verletzung der Würde und Persönlichkeit der Frauen, sondern darum, ob die OFRA als Verein überhaupt klageberechtigt sei. Zwar besteht in der Schweiz ein Verbandsklagerecht, aber dieses regelt lediglich die Wahrung der wirtschaftlichen Interessen der Verbandsmitglieder.[357] Ob die ideellen oder kulturellen Interessen eines Verbandes und deren Mitglieder eingeklagt werden konnten, war umstritten. So hatte etwa das Waadtländer Kantonsgericht 1968 – damals bestand das Anti-Rassismus-Gesetz noch nicht – eine Klage der Schweizerischen Israelitischen Kultusgemeinde wegen Ehrverletzung seiner Mitglieder gegen die Herausgeber eines antisemitischen Buchs gutgeheißen.[358] Die Berner RichterInnen verurteilten zwar persönlich das Offiziersschießen, lehnten allerdings aus formaljuristischen Gründen die Aktivlegitimation der OFRA ab – klageberechtigt wäre nach Auffassung des Gerichts höchstens das Pin-up-Girl gewesen.[359] Zum großen Erstaunen vieler BerichterstatterInnen musste die OFRA sogar die Prozesskosten übernehmen.

War schon die Ankündigung des Prozesses ein Thema in den Medien, so sollte es der Prozess selber erst recht werden: Rund achtzig Zeitungsartikel aus dem In- und Ausland – darunter etwa Artikel aus dem »Stern« und dem »Daily Telegraph«³⁶⁰ – sowie Radio- und TV-Belege sind in den Ordnern der OFRA aufbewahrt. Neben Artikeln und Meldungen mit neutraler Berichterstattung gab es eine Reihe von Stimmen und Kommentaren, die Partei ergriffen. Titel wie »Un blâme privé, et c'est tout« oder »Das Urteil entspricht nicht der Empörung« repräsentierten die mehrheitliche Stimmung der Berichterstattung.³⁶¹ Positiv hervorgehoben wurde die Distanzierung der RichterInnen vom Offiziersschießen als »Lappalie«, wie der Anwalt des Beklagten das Wettschießen bezeichnete. Negativ beurteilt wurde der »polemisch gehässige«³⁶² Auftritt des Anwalts, der die Organisation beschimpfte. Sie gebe sich in dieser Sache »prüde«, obwohl sie in ihrem Organ, der »emanzipation«, einen »schweinischen Stil« pflege und »harte Pornos« zeige.³⁶³ Nicht zuletzt wurde in der Presse bekannt gegeben, dass sich die OFRA überlege, mit ihrer Klage an das Bundesgericht zu gelangen.

Auch in der »emanzipation« war der Prozess natürlich ein Thema. In der Februarnummer erschienen gleich mehrere Artikel zum Prozessausgang. In einem nicht gezeichneten Artikel wurde der Prozessverlauf geschildert und der Rechtsentscheid erläutert. In einem weiteren Artikel beklagten sich drei Aktivistinnen, dass die OFRA vor dem Prozess nicht darüber informiert habe, dass nur »circa dreißig Personen« im Gerichtssaal Platz haben würden. Sie würden sich »verarscht fühlen«, da sie vergeblich zum Prozess gekommen seien. Mindestens eine kleine Aktion oder Kundgebung hätten die angereisten Frauen doch durchführen können. Aus lauter Angst, es würde dann niemand in den Saal gelassen, habe man darauf verzichtet. Der Prozess hätte auf Video aufgezeichnet werden sollen, damit alle Frauen, auch die, die am Morgen des Prozesstages arbeiteten, den »ersten derartigen« Prozess hätten mitverfolgen können. So könne die OFRA den Anspruch, alle Frauen zu vertreten, nicht mehr aufrechterhalten. Aber auch unter den Frauen, die im Saal drinnen waren, gab es solche, die sich Luft machen mussten. Anita Fetz, damaliges Mitglied des nationalen Vorstandes, tat das in einem Artikel mit dem Titel »Kriegserklärung angenommen!«[364] – und löste damit einen Konflikt in den eigenen Reihen aus. Wutentbrannt schilderte sie ihre Erfahrung im Gerichtssaal:

> »Dann setzt der Vertreter des Beklagten, Rolf Egli, wohnhaft in Zürich, zu seiner ›Stunde der Wahrheit‹ an. Dieser Wichserknecht redet sich in einem Schwall von Beschimpfungen gegen die OFRA richtig in Fahrt. [...] Die Luft im Saal ist zum Schneiden dick, die Kluft zwischen rechter und linker Seite im Saal, zwischen Frauen- und Männerwelt wird immer riesiger. Dazwischen gibt es nichts als glasklare, unverschleierte Widersprüche und Hass, unversöhnlicher Hass! Ich spüre diesen Hass auf die hier durch Offiziere und Richter personifizierte Männerwelt wohltuend in mir aufsteigen. Klare Feindbilder stehen vor mir. Ich komme in euphorische Stimmung, solche Hassgefühle beflügeln mich: diese Kriegserklärung nehmen wir an!«[365]

Die Reaktionen in der nächsten Nummer der »emanzipation« fallen eindeutig aus: Das nationale Sekretariat »distanziert sich in aller Form« von der Kolumne; die OFRA-Sektion Biel verurteilt den »persönlichen Gefühlsausbruch« als »Bärendienst« an der Sache; eine Einzelperson, Antoinette Grün, bezweifelt die Aussage, dass mit »Hass der politische Kampf besser und leichter« sei, und eine weitere Einzelperson, Christiane Tamm-Duttler, kritisiert die Abwertung der Arbeit der Juristinnen, die sich ein Jahr lang mit der Sache auseinandergesetzt haben. Die Juristinnen, Claudia Kaufmann und Brigitte Pfiffner, nehmen ebenfalls Stellung. Sie begründen ihre Kritik gegenüber dem

Kapitel IV

Artikel im Besonderen und der Berichterstattung der »emanzipation« im Allgemeinen. In ihrer Kritik kommt eine grundlegend andere Auffassung über die Bedeutung persönlicher Betroffenheit in der Politik zum Ausdruck:

> »Unsere persönliche Betroffenheit ist uns Ansporn, um für die Befreiung der Frau zu kämpfen. Über unsere Betroffenheit hinaus, sozusagen als zweiten Schritt, möchten wir unseren Verstand, unsere Intelligenz einsetzen, damit wir herausfinden, wie der Kampf gegen die Unterdrückung der Frauen am wirksamsten geführt werden könne. Wir werfen Euch vor, diesen zweiten Schritt nicht gemacht zu haben.«[366]

Ganz anderer Meinung und damit die einzige Stimme, die den Kommentar von Anita Fetz unterstützt, ist Conny Rothfuchs, langjährige Autonomen-Frau im OFRA-Vorstand. Einmal mehr kommt in diesem Konflikt die heterogene Zusammensetzung der OFRA-Mitglieder zum Ausdruck: Die einen fordern eine »Betroffenheits-«, die andern eine »Stellvertreterpolitik«:

> »Ich bin froh, dass die Redaktion wenigstens diesen einen emotionsgeladenen Artikel veröffentlicht hat. Für all jene Frauen, die nicht an gut eingeübter Sachlichkeit ersticken wollen. Dass die Überschrift von Anitas Artikel, auf dem Titelblatt prangend, diesen zum Leitartikel hervorhebt, ist vermutlich nicht allen OFRA-Mitgliedern sympathisch, da sich die OFRA ihrem Namen entsprechend ja für die Sache und nicht für die Gefühle der Frauen einsetzt.«[367]

An der Delegiertenversammlung von Mitte Februar 1982 stand zur Diskussion, ob die OFRA die Ablehnung der Aktivlegitimation durch das Berner Obergericht beim Bundesgericht anfechten solle. Gegen diesen Schritt sprachen juristische Überlegungen: Die Chancen, vor Bundesgericht das Klagerecht zu erhalten, schätzten die Juristinnen auf höchstens fünfzig Prozent ein: Das sei aber lediglich der erste Schritt. Danach müsse die OFRA wieder vor das Berner Obergericht, wo ihr ein negativer Entscheid sicher sei, denn »die Würde der Frau gibt es juristisch eben nicht, also ist sie auch nicht verletzbar!« Gegen den Weiterzug ans Bundesgericht sprachen aber auch organisationspolitische Überlegungen: Sollte die OFRA den Kampf gegen Sexismus nicht auf andere Art weiterverfolgen als sich auf »endlose Prozesse« einzulassen? Dazu kamen finanzielle Bedenken. Weniger das Bundesgericht als der folgende Prozess vor dem Berner Obergericht würde die OFRA, falls sie wieder verlöre, Zehntausende von Franken kosten. Das einzige Argument für den Gang vor Bundesgericht sei die Erwartung vieler Frauen. Dieses Argument unterlag aber in der Abstimmung, womit der Entscheid gegen den Weiterzug gefallen war.[368]

Mit diesem Entscheid, der von den Medien nicht mehr verfolgt wurde, brach die Berichterstattung langsam ab, das Ereignis fand auch in der Öffentlichkeit sein Ende. Die Bilanz über die Wirkung des Prozesses, die Brigitte Pfiffner an der Delegiertenversammlung zog, machte auf den doppelten Erfolg der Arbeit aufmerksam: Erstens habe der Prozess der OFRA viel Sympathie eingebracht. Noch wichtiger aber sei dessen Wirkung in einer breiten Öffentlichkeit:

> »Wir haben es fertiggebracht, dass das Thema Frauenverachtung und Sexismus breit diskutiert worden ist und noch diskutiert wird. Wir konnten auch beobachten, dass immer mehr Leute unser Vorgehen in dieser Sache richtig fanden (Beweis hierfür sind unter anderem die 3600 von Frauen gezeichneten Betroffenheitsbriefe), während noch vor knapp einem Jahr viele einen Prozess ›überrissen‹ fanden und das Offiziersschiessen bagatellisierten.«[369]

Kapitel IV

Die Skandalisierung des Offiziersschießens kann also als voller Erfolg insofern bezeichnet werden, als sie das Thema Sexismus in der breiten Öffentlichkeit durchsetzte. Damit stellt sich die Frage, weshalb andere Skandalisierungen der OFRA und der neuen Frauenbewegung weniger erfolgreich oder gar erfolglos blieben. Diese Frage verweist auf die Dramaturgie des Skandals um das Offiziersschießen. Wie Brigitte Pfiffner richtig bemerkte, wurde die OFRA zu Beginn der Berichterstattung als Organisation eher diskreditiert, das Thema als unbedeutend qualifiziert. Der Bundesrat versuchte den Skandal zu verhindern, indem er den Vorfall als Einzelfall, als Ausnahme bezeichnete. Der Durchbruch gelang, als weitere Vorfälle publik wurden: Die »Einzelfälle« nahmen zu und drohten sich zum Normalfall zu wandeln, was die Skandalträchtigkeit der Vorkommnisse enorm steigerte. Dadurch veränderte sich auch das Bild der Skandaliererin. Die Schlagzeile »EMD und OFRA reagieren scharf« ist symptomatisch dafür: Ab diesem Zeitpunkt wird die OFRA mehrheitlich als legitime Akteurin anerkannt. Der Versuch, Sexismus als akzeptierte Gewohnheit, ja als legitimen Bestandteil der Identität des Soldaten zu verteidigen und damit die Skandalisierung zu stoppen, gelingt nicht. Zu viele Männer schlagen sich auf die Seite der Skandaliererin. Ohne diese »Schützenhilfe«, ohne den »Verrat« weiterer Armeeangehöriger und damit die Spaltung der Männer wäre der »Einzelfall« ein solcher geblieben.

In der Dramaturgie des Skandals spielen aber auch die Medien eine zentrale Rolle. Sie sind es, die die Öffentlichkeit herstellen, die ein Skandalierer benötigt, um seine Wirkung zu entfalten: Die Mischung von »sex & crime« erhält vor allem in der Boulevardpresse so oder so größte Aufmerksamkeit. Da es sich hier aber um die hochbrisante Mischung von »sex & army«

handelt, letztere eine staatliche Institution von höchster Priorität, müssen die Medien in ihrer beanspruchten demokratischen Funktion als Kontrolleure von Macht reagieren: Angegriffen ist ein Pfeiler schweizerischer Identiät, die heilige Kuh Armee.

Hinzu kommt, dass die Landesverteidigung damals unter zunehmendem Legitimationsdruck stand. Schon seit einiger Zeit war ihre Stellung nicht mehr so unangefochten wie etwa noch in den vierziger und den fünfziger Jahren. In den sechziger Jahren tauchten im Zusammenhang mit der Atomrüstungsdebatte und dem »Mirage-Skandal« (1964) erste Krisenerscheinungen auf, und mit dem Aufbruch der 68er Bewegung war ein neues Selbst- und Weltverständnis verbunden, das die militärische Landesverteidigung grundsätzlich in Frage stellte. Es bildeten sich die so genannten Soldatenkomitees, die gegen die militärische Disziplin und für eine Demokratisierung des Dienstbetriebs kämpften. Zugleich nahm die Zahl der armeekritisch begründeten Dienstverweigerungen zu und die Rekrutierung der Kader begegnete wachsendem Widerstreben. Nicht zuletzt gehörte auch die autonome Frauenbewegung zu diesen KritikerInnen, wie die Geschichte des internationalen Frauentags dokumentiert. Insgesamt verlor die militärische Landesverteidigung bei großen Teilen der Bevölkerung an Bedeutung.[370] Auf diesem Hintergrund erklärt sich der medienwirksame Erfolg der Klage gegen das »Offiziersschießen«. In diesem Sinne ist auch zu vermuten, dass eher die »verletzte Identität« der Armee als die verletzte Frauenwürde zum Skandal führte. Der sozialpolitische Hintergrund dürfte auch zur Klärung beitragen, weshalb man sich heute weniger an die Akteurin als an den Skandal erinnert. Die Analyse des gesellschaftlichen Kontextes zeigt aber auch, dass die erfolgreiche Durchsetzung gesellschaftskritischer Themen in der Öffentlichkeit von zahlreichen und ganz verschiedenen Faktoren abhängig ist, die schwer zu kontrollieren sind und nur zu einem geringen Teil beeinflusst werden können.

V.
Von der Basisdemokratie zum Vernetzungsinstrument? – Die organisationsinterne Entwicklung

»*The go-between.* Ein Thema, das in den vergangenen zehn Jahren zu häufigen und auch heftigen Auseinandersetzungen führte, sind die Strukturen der OFRA. Und tatsächlich müssten wir wohl lange suchen, bis wir eine Frauenorganisation der neuen Frauenbewegung fänden, die sich derart zentralistische Strukturen mit nationalem Sekretariat, Vorstand, Delegiertenversammlung gegeben hat. Diese Strukturen finden wir bei Parteien, Gewerkschaften, allenfalls traditionelleren Frauenorganisationen. Die Organisationen der Frauenbewegung funktionierten im allgemeinen sehr viel basisdemokratischer, das heisst etwas vereinfacht, die Entscheide wurden von den mitarbeitenden, interessierten Frauen gefällt, nicht wie bei der OFRA von Vollversammlungen und anderen gewählten Gremien.«[371]

Mit diesen Worten charakterisiert Christine Stingelin, damaliges Redaktionsmitglied der »emanzipation«, in ihrem Rückblick auf »10 Jahre OFRA« eines der hervorstechendsten Merkmale der OFRA im Vergleich mit anderen autonomen Frauengruppen der Schweiz: ihren hohen Organisationsgrad. Damit bezeichnet die Autorin ein Phänomen, das auch in der wissenschaftlichen Forschung über die neuen sozialen Bewegungen zu Kontroversen führte. Vor allem in den sechziger Jahren war mit der Institutionalisierungsfrage die Definition von neuen sozialen Bewegungen verbunden. Die grundlegende Frage lautete, inwiefern von sozialen Bewegungen gesprochen werden kann, wenn sie Institutionalisierungsprozessen unterliegen. Bedeuten Prozesse wie Institutionalisierung, Professionalisierung, Organisierung und Führung einer Bewegung nicht bereits ihr Ende? Ist eine Bewegung, die sich nicht mehr »bewegt«, sondern organisiert, überhaupt noch eine Bewegung? Die deutsche Soziologin Barbara Riedmüller bezeichnet 1988 in einem Aufsatz die Frage nach der politischen Organisationsform vor allem für die Frauenbewegung als die strittigste. Dies deshalb, weil bei der Frauenbewegung die Tendenz zu einer »institutionalistischen Karriere« fehle. Es sei eine Vielfalt von Organisationsformen zu beobachten, weshalb eine abschließende Einschätzung der Organisationsfrage noch verfrüht sei. Gemeinsam sei allerdings allen Organisationsformen der Frauenbewegung die Forderung nach Autonomie.[372] Lili Nabholz-Haidegger spricht sogar von einem »Geheimnis« und vermutet, dass sich die Frauenbewegung Institutionalisierungstendenzen dank ihrer »Dynamik, Unmittelbarkeit und Spontaneität« erfolgreich entziehen konnte.[373] Ruth Hungerbühler, Soziologin und erste OFRA-Sekretärin, bezeichnet 1984 in einem Überblicksaufsatz über die neue Frauenbewegung in der Schweiz die Organisationsstruktur der FBB Zürich als »einzige noch typische« für die Anfänge der neuen Frauenbewegung. Damit unterteilt sie wie Rucht und andere AutorInnen die Geschichte der neuen Frauenbewegung in Phasen, die sich durch spezifische Organisationsstrukturen unterscheiden:

> »Sie (die FBB-Zürich – DL) weist abgesehen von einer einfachen Mitgliedschaft keine Vereinsstrukturen auf. Politische Aktivitäten werden von den jeweils Anwesenden geplant und beschlossen. Die FBB-Zürich ist auch keinem schweizerischen Verband angeschlossen. Die Finanzierung ihrer Arbeit erfolgt durch Mitgliederbeiträge.«[374]

Die Forschung rückte dann allerdings in den siebziger Jahren davon ab, Bewegungen lediglich aufgrund ihrer öffentlich sichtbaren, spontan und unorganisiert scheinenden Protestaktionen zu definieren. Analog zu den sich ausdifferenzierenden Bewegungen in den siebziger Jahren veränderte sich auch die Forschungsperspektive: Ins Zentrum rückte das Innenleben der Bewegungen, ihre Organisationsstrukturen. Die neuen sozialen Bewegungen wurden nun vermehrt als Netzwerke verstanden, die verschiedene Gruppierungen mit je unterschiedlichen Strategien und Funktionen, aber gleichen oder ähnlichen Ideologien umfassen. Diese Netzwerke sind durch »Knotenpunkte« und eine funktionale Rollenverteilung strukturiert. Eine zentrale Rolle wird den so genannten »Bewegungsunternehmern« zugeschrieben: Sie fungieren als Mobilisierungsagenten und sind in einem hohen Maße für die Kommunikation der spezifischen Problemsicht der Bewegung und damit der Interpretation der politischen und sozialen Realitäten verantwortlich.[375] Anders gesagt: Die BewegungsunternehmerInnen übernehmen bewegungsinterne Koordinationsaufgaben und sind das Sprachrohr der Bewegung in der Öffentlichkeit.

Das rudimentär vorgestellte Netzwerk-Modell wird hier eingeführt, weil es, übertragen auf die schweizerische Frauenbewegung, eine Identifizierung der OFRA ermöglicht. Es bietet sich geradezu an, der OFRA mit ihren differenzierten Strukturen die Rolle einer Bewegungsunternehmerin zuzuweisen. Deutlich wurde diese Rolle bei der Organisation des 8. März, wo die OFRA die Koordination übernahm, aber auch in ihrer Funktion als Ansprechpartnerin für die Medien, wie dieses Kapitel zeigen wird.

Im Folgenden werden die verschiedenen Strukturdebatten nachgezeichnet, die in einer ersten Phase zu Statutenrevisionen führten. Diese werden als Indikator für grundlegende, strukturelle Veränderungen verstanden: Entlang den Statutenrevisionen werden die verschiedenen Gremien und deren Funktionen sowie ihre Entwicklung über die Zeit dargestellt. In der zweiten Phase der organisationsinternen Entwicklung waren die Strukturdebatten von der abnehmenden Mitgliederzahl geprägt. Die OFRA suchte in dieser Zeit nach ihrer Rolle innerhalb einer sich stark verändernden Frauenbewegung. Die weiteren Unterkapitel befassen sich mit der Mitgliederstruktur, den Finanzen sowie dem Vereinsorgan »emanzipation«. Gefragt wird nach der sozialen Zusammensetzung der Mitglieder, den finanziellen Möglichkeiten der Organisation und der Funktion des Verbandsorgans sowie der Beziehung zwischen diesem und der Organisation.

1. Strukturdebatten 1977–1986: »Männerstrukturen«

Um als gesamtschweizerische Organisation, bestehend aus zahlreichen lokalen Sektionen, Politik zu machen und um möglichst vielen Mitgliedern die Beteiligung am Meinungsbildungs- und Entscheidungsprozess zu ermöglichen, mussten Organisationsstrukturen entwickelt werden, die diesem hohen Anspruch gerecht werden konnten. Die Umsetzung dieser Zielsetzung führte allerdings zu praktischen und ideologischen Problemen. Die Organisationsstrukturen als solche wurden sowohl intern als auch extern kritisiert: Strukturen seien Ausdruck männlich-patriarchaler Machtvorstellungen, weshalb sie kategorisch abzulehnen seien. Die Organisationsstrukturen gaben denn auch immer wieder Anlass zu heftigen Diskussionen und – vor allem in der ersten Phase – zu Statutenrevisionen.

Kapitel V

Die Gründungsversammlung am 13. März 1977 verabschiedete neben dem politischen Programm die Vereinsstatuten. Der Vereinszweck wurde kurz und prägnant folgendermaßen bestimmt:

> »Die OFRA (Organisation für die Sache der Frauen) setzt sich auf allen Ebenen für die politischen, sozialen und ökonomischen Rechte der Frau ein. Sie kämpft für eine Gesellschaft, die keine Diskriminierung der Geschlechter kennt, und fördert die Organisierung der Frauen zum gemeinsamen solidarischen Handeln.«

Als oberstes Organ fungierte die Delegiertenversammlung. Diese sollte pro Sektion mindestens fünf Delegierte umfassen. Die Delegierten wurden von den Mitgliederversammlungen der Sektionen gewählt. Die hauptsächlichen Aufgaben der Delegiertenversammlung betrafen die Festlegung der »Grundlinien der Politik der OFRA«, die Wahl des Vorstands sowie der Redaktion der »emanzipation«. Als zweithöchstes Organ wurde ein Vorstand gebildet, der für die Geschäftsführung der OFRA zwischen den Delegiertenversammlungen zuständig war. Die Geschäftsführung zwischen den Vorstandssitzungen wurde einem Sekretariat übergeben, das aus mindestens drei Mitgliedern bestehen sollte. Von Beginn an wurde eine der Sekretärinnen halbtags angestellt. Der erste Sitz des Sekretariats befand sich in Bern.

Statuten spiegeln insofern einen Teil des Vereinslebens, als sie bei strukturellen Veränderungen revidiert werden müssen, um ihre rechtliche Verbindlichkeit zu behalten. Daraus ist allerdings nicht eindeutig zu schließen, dass ein Verein, der seine Statuten nicht revidiert, keine Strukturveränderungen vornimmt. Je allgemeiner Statuten formuliert sind, desto größer ist der Spielraum für Veränderungen, die keine Revision nach sich ziehen. Verlieren Statuten ihre Verbindlichkeit für die Vereinsmitglieder, können strukturelle Veränderungen auch ohne Revisionen vorgenommen werden. Die Statuten der OFRA wurden insgesamt dreimal revidiert, und zwar interessanterweise alle in der ersten Hälfte der Geschichte der OFRA. Nach der letzten, 1986 durchgeführten Revision behielten die Statuten ihre Gültigkeit bis zur Auflösung im Jahr 1997.

Was bedeutet nun dieser zeitliche Verlauf der Revisionen? Führte die OFRA lediglich in der ersten Hälfte ihrer Geschichte ein dynamisches internes Organisationsleben, das dann später abflaute? Oder sind die gehäuften Revisionen als Anfangsschwierigkeiten zu interpretieren? Bei den Revisionen, die im Folgenden näher untersucht werden, wurden vor allem die Zusammensetzung und die Kompetenzen der einzelnen Organe sowie die Vereinsvertretung nach außen neu geregelt.

Sicher die einschneidendste Veränderung wurde mit der Entmachtung der Delegiertenversammlung im Herbst 1979 vorgenommen: Es wurde ein neues Organ, der nationale Kongress, geschaffen, der die Delegiertenversammlung als oberstes Beschlussorgan ablöste. Die OFRA lud zwar bereits 1978 zu einem Jahreskongress, dieser hatte aber keine statutarischen Entscheidungsbefugnisse. Als neues oberstes Organ sollte der Kongress alle ein bis eineinhalb Jahre stattfinden und die Grundlinien der Politik sowie die Hauptaktivitäten der OFRA festlegen. Im Unterschied zur Delegiertenversammlung stand er allen OFRA-Mitgliedern offen.

Auslöser dieser »basisdemokratischen Wende« war eine verbreitete Unzufriedenheit mit den hierarchischen Strukturen. Am 3. OFRA-Kongress Mitte Mai 1979 sollten diese Differenzen im Rahmen einer Bilanzierung der zweijährigen Arbeit geklärt werden. Die Hauptdiskussion, so die Berichterstatterin in der »emanzipation«, habe sich weniger um die Inhalte als um die Strukturen der OFRA gedreht:

> »Einig waren sich die Frauen darüber, dass der nationale Vorstand nicht so weiter existieren könne. Dann gingen aber die Ansichten auseinander, die einen meinten, ein nationales Gremium sei vollkommen überflüssig, die Politik werde sowieso in den Sektionen gemacht, die wenigen Dinge, die gesamtschweizerisch entschieden würden, könnten direkt mit anderen Frauenorganisationen, insbesondere der FBB zusammen gemacht werden. Die Sekretärin könne im übrigen dafür sorgen, dass ein Informationsaustausch zwischen den Sektionen stattfinde.«[376]

Der Kongress beschloss eine halbjährige Denkpause, während der die Diskussionen in den Arbeitsgruppen und Sektionen weitergeführt werden sollten. In der Folge erschienen in der »emanzipation« zahlreiche Artikel von einzelnen Mitgliedern, Arbeitsgruppen und Sektionen sowie von Nichtmitgliedern. Die Schreiberinnen waren sich weniger in den langfristigen Zielen als in den Strategien uneinig. Die Positionsbezüge, die sich, den polemisierenden Ton der Artikel aufnehmend, mit »Rückzug ins Private« versus »Männerpolitik« beschreiben lassen, zeigen vor allem eines deutlich: Die Ansichten, wie feministisch zu politisieren sei, gingen nicht nur stark auseinander, sondern standen sich teilweise diametral entgegen. Diese gegensätzlichen Positionen lassen sich auf die unterschiedlichen politischen Erfahrungen und die daraus entwickelten Organisationsvorstellungen der OFRA-Mitglieder zurückführen. Die Konfliktlinie verlief zwischen den so genannten Parteifrauen, die eine zentralistische, straffe Organisation anstrebten, und den so genannten autonomen Frauen, die jegliche Strukturen ablehnten. Die folgenden zwei Zitate sollen die interne Kritik und die Organisationsvorstellungen der autonomen Frauen illustrieren. Das erste Zitat stammt aus einem Artikel des Berner OFRA-Mitglieds Liliane Studer, heutige Leiterin des Verlags eFeF. Das zweite Zitat stammt von einem Zürcher FBB-Mitglied, Susann Hess, welches die Vorstellung einer unstrukturierten Organisationsform, wie sie Liliane Studer anzustreben schien, konkretisiert:

> »Die OFRA ist zu stark nach POCH-Strukturen organisiert, dies ist doch ein Widerspruch zur autonomen Frauenbewegung. Lässt es sich vereinbaren, dass eine Frauenorganisation Männerstrukturen übernimmt? Irgendwie stört es uns. Da sind Strukturen, die vorgegeben sind, die in einer Zeit aufgenommen wurden, als die OFRA von den Progressiven Frauen gegründet wurde. Heute sind aber viele Frauen da, die eigentlich diese Verknüpfung gar nicht mehr bejahen können. Sie fühlen sich aber in der OFRA eingeschränkt, erleben immer wieder, dass sie im Vorstand, in der Vollversammlung weniger Gewicht haben als die alten. Die Strukturen bleiben, die Frauen ändern sich. [...] Ich möchte eine Frauenorganisation, in der ich das machen kann, was mir zusagt, und nicht das, was frau in einer Frauenorganisation machen muss. [...]«[377]

> »Wir sind gegen Strukturen, gegen Abstimmungen mit Mehrheitsbeschluss – dafür, dass frau die Dinge ausdiskutiert, bis für alle Klarheit herrscht oder – im Zweifelsfall – eben kein Beschluss kommt. Wir haben also keine Theoretiker und Ideologen wie die Linken.«[378]

Generell wurde in den Artikeln mehr Autonomie für die Sektionen gefordert. Die Sektionen wollten vermehrt Quartier-

Kapitel V

Nr. 27: Erster OFRA-Kongress in der Mustermesse Basel 1978. Zweite von rechts: Ruth Hungerbühler, erste OFRA-Sekretärin.

und Projektarbeit leisten. Die OFRA-Quartiergruppe Zürich 6 verlangte eine »arbeitsteilige Dezentralisierung«: Es solle in Kommissionen, Aktionsgruppen, autonomen Interessenzusammenschlüssen, eigenständigen Studien- und Arbeitskreisen, »seien diese politisch, sozial, kulturell, frauenpsychologisch etc.«, gearbeitet werden:

> »Hand in Hand mit der Dezentralisierung des Aktivitätenspektrums wird sich auch die Struktur der Organisation verändern. Vorstände sind nicht mehr aus OFRA-Managerinnen zusammengesetzt, sondern bestehen aus Delegierten der Arbeits- und Projektgruppen, die wir vorläufig Kommissionen nennen wollen. OFRA-National und Sektionsausschüsse sind nicht mehr die Spitze, sondern höchstens genau beauftragte Handlungsbevollmächtigte.«[379]

Die Vertreterinnen solcher Ideen wurden von der entgegengesetzten Fraktion, den Parteifrauen, der Entpolitisierung der Frauenbewegung bezichtigt. Unter dem polemischen Titel »Muss ›frau‹ zu ihrer Befreiung die OFRA auflösen?« holte Vilma Hinn, ehemaliges PFS-Mitglied und OFRA-Mitgründerin, zum Gegenschlag aus. Sie zielte damit nicht nur auf die »abtrünnigen« OFRA-Mitglieder, sondern gleich auch noch auf die Mitglieder der FBB:

> »Und nun kommen also die Leisetreterinnen unter uns Frauen schon wieder daher (wie gehabt!) und sagen: nein, wir wollen keine Politik, Politik ist Männersache, wir wollen ›das machen, was mir zusagt‹ – also stricken, häkeln, flirten, gemütlich sein … […] Aus genau den gleichen Gründen (mit den gleichen Argumenten!) ist die FBB aus einer militanten Frauenorganisation, die die Abtreibungsfrage aufs politische Tapet und die uns aufgezwungene ›Rolle der Frau‹ überhaupt in Frage gestellt hat, zu einem losen Verband von Selbsterfahrungs-, Lesbierinnen- und Hausfrauenzirkeln von erschütternder Harmlosigkeit herabgesunken.«[380]

Neben diesen unversöhnlichen Stimmen gab es aber auch solche, die den Gegensatz in Frage stellten und eine vermittelnde Position einnahmen. Sie plädierten für eine OFRA, welche all die verschiedenen Vorstellungen und die damit verbundenen Aktivitäten umfassen sollte. Das folgende Zitat repräsentiert diese Haltung:

> »Anders als bei der Gründung der OFRA, wo die Meinungen nach gründlicher Diskussion in Übereinstimmung gebracht worden sind, bestehen heute schwerwiegende Differenzen, die in sachlicher Diskussion zu einem Kompromiss geführt

werden müssen, so dass verschiedene Möglichkeiten der Frauenpolitik in der OFRA zum Tragen kommen können. Die Selbsterfahrung der Frauen und ihr Eingreifen in die gesellschaftspolitischen Zusammenhänge müssen in unserer Organisation auf einen Nenner gebracht werden, beziehungsweise ein gleichberechtigtes Dasein finden.«[381]

In weiteren Artikeln wurde die Verbindung von nationalem mit lokalem Politikengagement in Frage gestellt und der Vorrang einer auf das Nationale ausgerichteten Politik bestritten. Zudem wurde von einer Kluft zwischen den Frauen in den Leitungsgremien und der Basis gesprochen. Problematisiert wurden nicht nur die unterschiedliche Prioritätensetzung einer nationalen oder lokalen Politik, sondern auch generell die unterschiedlichen Machtbefugnisse. Es erstaunt denn rückblickend auch nicht, dass am folgenden OFRA-Kongress im November 1979 der Antrag der Arbeitsgruppe Feminismus Basel, die Basisdemokratie einzuführen, angenommen wurde. Der Antrag des Vorstands hingegen, die Delegiertenversammlung als oberstes Organ zu belassen, hatte keine Chance. Die Delegiertenversammlung war danach nur noch zwischen den Kongressen oberstes Organ und führte die aktuellen Aufgaben aus.

Die neue Stellung des Kongresses und der Delegiertenversammlung blieben nach der ersten Statutenrevision von 1980 unverändert. Die Strukturdiskussion hingegen war noch lange nicht abgeschlossen. Neben der fundamentalen Ablehnung nationaler Strukturen standen auch die Arbeit und das Funktionieren des nationalen Vorstands weiterhin im Zentrum. Der nationale Vorstand sollte sich gemäß den ersten Statuten aus mindestens 25 Mitgliedern zusammensetzen. Jede Sektion hatte auf mindestens zwei Sitze Anspruch. Die Aufgabe des Vorstands

Nr. 28: Kongressaufruf, abgebildet auf der Titelseite der »emanzipation« Nr. 9, 1979.

Kapitel V

bestand in der Geschäftsführung zwischen den Delegiertenversammlungen.

1981 wurde im Tätigkeitsbericht des nationalen Vorstands die schwierige Zusammenarbeit mit den Sektionen analysiert. Die Berichterstatterin stellte eine schwache Verankerung der Vorstandsmitglieder in den Sektionen und eine generelle Missachtung des Vorstands fest. Die grundsätzliche Ablehnung nationaler Strukturen wurde als existenzgefährdende Fundamentalopposition gebrandmarkt:

> »Wenige Entscheide wurden aufgrund von in den Sektionen abgestützten Diskussionen herbeigeführt. Dies nicht zuletzt, weil ein zeitweiliger Boykott dieses Gremium geschwächt hat. Die Mitglieder des nationalen Vorstands waren zum Teil eher zufällig (wer geht an die Sitzung?). Dies zeigt, dass nicht alle Sektionen den nationalen Vorstand wichtig nehmen ... *Dem Vorwurf, ein nationales Gremium sei von sich aus schon autoritär, elitär, undemokratisch, unspontan, luschtlos... muss unbedingt – wegen der Sache der Frauen! – entgegengetreten werden! Es trifft nämlich die OFRA an ihrem Lebensnerv, wie sie funktionieren kann. Ob wir Hemmungen haben, uns Strukturen zu geben, Verantwortung auch an Personen festzumachen, kann für die Zukunft entscheidend sein.*«[382]

Um die Situation zu verbessern, beantragte der nationale Vorstand, dass der Kongress die Arbeit des Vorstands und die Wichtigkeit des Organs grundsätzlich bestätige. Zudem sollten die Sektionen aufgerufen werden, sich »möglichst optimal« an der Vorstandsarbeit zu beteiligen. Unter dem Titel »Den nationalen Vorstand abschaffen?« beschrieb in der »emanzipation« die Kongressberichterstatterin den Diskussionsverlauf. Zuerst habe der Kongress die Abschaffung des Organs als »bestechend

Nr. 29: OFRA-Kongress in St. Gallen 1982. Bildmitte: Claudia Kaufmann.

einfache Lösung« diskutiert. Der Antrag sei dann aber abgelehnt worden, weil er als »wenig konstruktiv« beurteilt wurde. Zudem habe er an »uralte Strukturdebatten« erinnert. Danach seien spontan verschiedene Vorschläge zur Verbesserung der Arbeit im nationalen Vorstand, insbesondere zur Vermittlung zwischen den Sektionen und dem Vorstand, gemacht worden. Schlussendlich habe der Kongress den Tätigkeitsbericht des nationalen Vorstands genehmigt und die Ausarbeitung eines Pflichtenheftes des Vorstands sowie des nationalen Sekretariates beschlossen.[383] Damit war der Konflikt um den nationalen Vorstand beigelegt. Die Forderung nach seiner Abschaffung tauchte, zumindest in den Jahresberichten, nicht mehr auf. Dagegen kam es ein paar Jahre später zu schweren Spannungen zwischen dem nationalen Sekretariatsgremium und der nationa-

Kapitel V

len Sekretärin. Sie endeten mit einem Eklat und zogen die letzte Statutenrevision nach sich.

Das Sekretariat, in den ersten Statuten als separates Organ aufgeführt, hatte die Aufgabe, die Geschäftsführung zwischen den Vorstandssitzungen zu übernehmen. Es war den Beschlüssen des Vorstands und der Delegiertenversammlung verpflichtet und sollte aus mindestens drei vom Vorstand gewählten Mitgliedern bestehen.

Im Bericht über die Delegiertenversammlung vom Sommer 1985 kamen die Differenzen erstmals an die breitere (Vereins-) Öffentlichkeit. In diesem Konflikt ging es aber weniger um das Funktionieren der Strukturen als vielmehr um persönliche und politische Differenzen zwischen der angestellten Sekretärin und dem Sekretariatsgremium. Dieses bestand damals aus je einer Frau der größeren Sektionen Baden, Basel, Genf, Luzern und Zürich.[384] Der Konflikt sollte an einer um »alle interessierten Frauen« erweiterten Sitzung des nationalen Vorstands geklärt werden, was aber nicht gelang: Die damalige Sekretärin, Liliane Christen-Urech, verließ das Sekretariat Ende 1985 »kurzfristig«. Die Differenzen, so das nationale Sekretariat, bezüglich »Arbeitsweise, Aufgabenverteilung etc.« sowie persönliche Divergenzen konnten nicht bereinigt werden.[385] Bis eine neue Sekretärin gefunden werden konnte, übernahm Annemarie Heiniger, die neben der Arbeit im nationalen Sekretariatsgremium Sekretärin der OFRA-Basel war, die Führung des Sekretariats.[386] Neben diesem Konflikt drückten die OFRA finanzielle Sorgen, die den Lohn der Sekretärin gefährdeten. An der Delegiertenversammlung vom 22. Februar wurde ein Antrag zur Abschaffung des nationales Sekretariats gestellt. Die anfallenden administrativen Arbeiten sollten durch die Sektionen im Rotationsprinzip sichergestellt werden. Der Antrag wurde von

Nr. 30: Mitglieder der OFRA Baden auf einer Wanderung im Herbst 1986.

den Delegierten mit der Begründung abgelehnt, dass diese Neuregelung zu einer Regionalisierung der OFRA führen würde.[387]

An der folgenden Delegiertenversammlung wurde die Auflösung des Sekretariatsgremiums beschlossen und dessen Aufgaben dem nationalen Vorstand übergeben. An der Delegiertenversammlung Ende August 1986 konnte endlich eine neue Sekretärin, Barbara Speck, gewählt werden. Mit der Abschaffung des Sekretariatsgremiums wurde die letzte Umstrukturierung vorgenommen, die zu einer Revision der Vereinsstatuten führte.

Das Jahr 1985 war aber nicht nur durch eine Krise im Sekretariat gekennzeichnet, sondern kann als Krisenjahr der gesamten Organisation bezeichnet werden. Im Juni beschloss der Kongress erneut eine Denkpause, in der die Geschäfte der

Kapitel V

OFRA national erheblich eingeschränkt wurden. Ziel der einjährigen Denkpause war keineswegs, wie der Ausdruck suggeriert, eine Pause des Denkens, sondern das Gegenteil: Die theoretische und thematische Diskussion sollte intensiviert werden, um einen neuen Konsens zu erarbeiten. Mit internen Tagungen sollten die Themen Schwangerschaftsabbruch, Gen- und Reproduktionstechnologien sowie feministische Theorien aufgearbeitet werden. Der Kongress vom Juni 1986 beschloss, die Denkpause zu beenden und die Aktivitäten der OFRA in den folgenden vier Schwerpunktthemen zu aktivieren: Schwangerschaftsabbruch, Gen- und Reproduktionstechnologie, Sexualstrafrecht und Gleiche Rechte.[388]

2. Strukturdebatten 1987–1997: »OFRA wie weiter?«

Die Untersuchung der Statutenrevisionen hat gezeigt, wie stark die OFRA während der ersten neun Jahre mit ihrem organisatorischen Aufbau beschäftigt war. Alle Organe – sowohl der Kongress und die Delegiertenversammlung als auch der Vorstand und das Sekretariat – standen im Laufe der Zeit mindestens einmal in Frage.[389] Obwohl die Organisation in der Folge keine Statutenrevisionen mehr durchführte, war die Strukturdebatte keineswegs vom Tisch. Bereits im Frühling 1989 stand die Organisationsstruktur im Rahmen einer weiteren fundamentalen Krise wieder zur Diskussion. Diskutiert wurde nichts Geringeres als die Auflösung der OFRA.

Bevor diese nächste Krisendebatte dargestellt wird, soll zunächst der Blick auf die Entwicklung der Sektionen und damit der Mitgliederzahlen geöffnet werden, ist doch zu vermuten, dass diese in einem engen Zusammenhang mit den Strukturdebatten stehen. Und tatsächlich: Nachdem die Mitgliederzahlen in der Anfangsphase kontinuierlich gestiegen waren, sanken sie nach 1982 von 750 Mitgliedern auf 284 im Jahr 1996. Die Mitgliederzahl sank zuerst langsam von 750 Mitglieder im Jahr 1982 auf 715 im Jahr 1984. Ein Jahr später erfolgte der erste Einbruch: 1985 verlor die OFRA gut zehn Prozent ihrer Mitglieder. Danach folgte erneut eine Phase des kontinuierlichen Mitgliederschwunds: Von 1986 bis 1988 sank die Mitgliederzahl von 590 auf 524. 1989 erfolgte aber bereits der zweite noch massivere Einbruch. Die Organisation verlor beinahe 25 Prozent ihrer Mitglieder. Danach sanken die Mitgliederzahlen wieder kontinuierlich von 361 Mitgliedern im Jahr 1991 auf 284 im Jahr 1996.

Diese Zahlen sind allerdings mit Vorsicht zu genießen. Sie sind den Jahresrechnungen entnommen und spiegeln vor allem die gemeldeten und zahlenden Mitglieder. Es gab aber auch Sektionen, die die nationale Kasse nicht sehr ernst nahmen, etwa Neumitglieder nicht meldeten, um so ihre Beitragszahlungen zu reduzieren. Andere Sektionen zahlten überhaupt keine Beiträge. Eine eigentliche Mitgliederstatistik wurde nicht geführt. Insbesondere bis etwa Mitte der achtziger Jahre lagen die effektiven Mitgliederzahlen vermutlich um einiges höher. Ruth Hungerbühler spricht im bereits erwähnten Überblicksaufsatz für das Jahr 1984 von etwa 1200 Mitgliedern.

Anders verlief die Entwicklung der Sektionen und der so genannten Initiativgruppen.[390] Bei der Gründung 1977 bestanden sieben Sektionen, die alle aus den Progressiven Frauengruppen hervorgegangen waren. Danach stieg die Anzahl kontinuierlich an und erreichte 1986 ihren Höhepunkt mit siebzehn Sektionen und zwei Initiativgruppen in allen Landesteilen: Lugano, Olten, Schaffhausen, Solothurn, Aarau, Baden, Basel, Baselland, Zürich, Bern, Biel, Freiburg, Genf, Lausanne, St. Gal-

Nr. 31: Cartoon von Madeleine Hunziker, abgedruckt in der »emanzipation« Nr. 2, 1987.

len, Zug, Winterthur und Zofingen. Danach verlor die OFRA innert vier Jahren neun Sektionen, darunter Genf und Lausanne und damit – abgesehen von Freiburg – ihre Vertretung in der Westschweiz. Im gleichen Zeitraum wurden aber auch die zwei neuen Sektionen Amt und Oberwallis aufgenommen. 1990 bestanden zwölf Sektionen. Der Rückgang konnte allerdings nicht gestoppt werden. 1996 existierten noch sieben Sektionen in Basel, Bern, Freiburg, Olten, Solothurn, Oberwallis und Zug.

Die Entwicklung der Mitgliederzahlen und der Sektionen verlief also entgegengesetzt. Während die Mitgliederzahlen seit 1982 sanken, stieg die Anzahl der Sektionen seit 1977 und erreichte ihren Höhepunkt exakt in den Krisenjahren 1985/86. Im Zusammenhang mit den Strukturdebatten überrascht dieses Resultat: Die Organisation breitete sich zwar in immer neuen Regionen aus, was als Erfolg bezeichnet werden kann, war aber gleichzeitig mit großen internen Schwierigkeiten und sinkenden Mitgliederzahlen konfrontiert. Und trotz diesem Zuwachs an Sektionen, das zeigt die folgende Strukturdebatte, konnte die nationale Arbeit nicht genügend verstärkt werden. Zu vermuten ist, dass die OFRA Anfang bis Mitte der achtziger Jahre ein großes Prestige genoss, das schwach und regional organisierte feministische Gruppen anzog. Als Mitglied der OFRA konnte die lokale Arbeit mit einem bekannten Namen aufgewertet werden. Oder aber die OFRA konnte die neuen Sektionen zu wenig in die nationale Arbeit integrieren. Mit zwei Beispielen aus den Sektionen Genf und St. Gallen soll diese Vermutung gestützt werden. In der »emanzipation« vom März 1987, die sich dem zehnjährigen Jubiläum der OFRA widmete, nahmen verschiedene Sektionen zu ihrer lokalen und nationalen Arbeit Stellung. Marina Widmer, Vertreterin der Sektion St. Gallen, beschreibt das Verhältnis zur nationalen OFRA folgendermaßen:

»In der Beitrittsphase engagierten wir uns sehr intensiv auf der nationalen Ebene. Es folgte eine eher abstinente Zeit: Wir distanzierten uns, weil wir einerseits unsere Kräfte lokal einsetzen wollten – die OFRA/PFG (Politische Frauengruppe – DL) ist lokalpolitisch stark präsent – aber auch weil wir unsere eigenen Themen, unseren eigenen Rhythmus wichtig fanden.«

Ganz abgesetzt von den nationalen Strukturen hätten sie sich aber nie. 1982, so Widmer weiter, habe St. Gallen immerhin den nationalen Kongress und 1985 die Veranstaltungen zum internationalen Frauentag organisiert. In letzter Zeit habe sich das Engagement auf nationaler Ebene wieder verstärkt. Beim zweiten Beispiel, einem Bericht über die Sektion Genf, kommt neben der Beanspruchung von Autonomie eine zusätzliche Schwierigkeit zur Sprache:

»Die erste Zeit hat die Genfer OFRA als eine wirkungsvolle, lokale Gruppe funktioniert. Die Frauen erkannten die OFRA als ihre Organisation, zeigten aber nicht das geringste Interesse für das, was auf nationaler Ebene geschah. Verständlich, dass nationale Sitzungen sie gar nicht begeisterten. ›Soll ich einen Tag opfern, 5 Stunden Zug fahren und dann nicht mal verstehen, was dort gesagt wird? Ich kann doch kein Deutsch‹.«

Das Sekretariat, so fährt die Verfasserin, Anna Spillmann, fort, habe ganz selbstverständlich die »Mitteilungen, Protis, Flugis etc.« auf Deutsch verschickt. Das fehlende Zugehörigkeitsgefühl der Sektion habe seine Entsprechung im fehlenden Bewusstsein der Frauen in den nationalen Gremien gefunden: dem Bewusstsein, dass es die OFRA auch auf der anderen Seite des Röstigrabens gebe. Neben einem generellen Desinteresse gegenüber den nationalen Geschäften zeigt sich hier eine weitere Schwierigkeit einer nationalen Organisation: die Mehrsprachigkeit der Schweiz. Französisch wäre das eine. Aber neben den Westschweizer Sektionen Genf, Lausanne und Freiburg bestand seit 1986 die Initiativgruppe Tessin, womit auch Italienisch, zum Beispiel an den Kongressen oder Delegiertenversammlungen, vertreten war. Gefragt waren zweisprachige Mitglieder. Für die Übersetzung ins Französische war an den Versammlungen gesorgt. Hingegen führte die Übersetzung ins Italienische zu großen Schwierigkeiten.[391] Ebenfalls die schriftliche Kommunikation konnte weder mit den West- noch den Südschweizerinnen befriedigend gelöst werden. Die Übersetzung aller Texte in die drei Landessprachen Deutsch, Französisch und Italienisch konnte nicht geleistet werden. Hier stieß die nationale Organisation deutlich an ihre Kapazitätsgrenzen.

Die Autonomie der Sektionen verursachte der OFRA Schweiz ebenfalls große Probleme. Zusätzliche Schwierigkeiten entstanden, wenn sich Frauen in nationalen Arbeitsgruppen wie etwa der Nationalen Feministischen Organisation gegen Gen- und Reproduktionstechnologie (NOGERETE) oder in lokalen Projekten wie etwa dem Frauennachttaxi in Bern engagierten: Oft von der OFRA mitinitiiert, verselbständigten sich diese Gruppen und Projekte und trugen damit zum Mitgliederschwund bei. Anlässlich des Kongresses im September 1987 zum Thema »Feministische Politik und ihre Strategien« gründete sich eine Arbeitsgruppe, die sich mit der Zukunft der OFRA auseinandersetzen wollte. Die Gruppe mit dem Namen

Nr. 32: Aufruf der OFRA Luzern 1988.

»OFRA wie weiter?« bestand aus sechs Mitgliedern aus den Sektionen Freiburg, Baden und St. Gallen.[392] Sie legte im Februar 1989 den Schlussbericht ihrer Arbeit vor. Entstanden sei die Arbeitsgruppe, so der Bericht, »aus einem allgemeinen Frustgefühl und Unbehagen heraus«.

Im Zentrum standen die Fragen nach der Funktion und der Rolle der OFRA Schweiz, ihren Inhalten und ihrer Existenzberechtigung. Der Bericht stützte sich auf die Auswertung der Plattform der Radikalfeministinnen[393] und auf die Resultate eines Hearings, das die Arbeitsgruppe mit ehemaligen Mitgliedern der OFRA und Expertinnen für feministische Politik organisiert hatte. Eingeladen wurden unter anderen die Ökonomin Mascha Madörin und die Juristinnen Elisabeth Freivogel und Claudia Kaufmann, heutige Generalsekretärin des Eidgenössischen Departements des Innern (EDI). Die drei Expertinnen unterstrichen die Notwendigkeit einer nationalen Organisation.[394] Die Analyse der schweizerischen Frauenbewegung, kommt der Bericht zum Schluss, habe gezeigt, dass die OFRA nur als Teil der Frauenbewegung verstanden werden könne. Die OFRA repräsentiere die Vielfalt der Frauenbewegung in keiner Weise. Aus diesem Grund müsse sie auch nicht fieberhaft versuchen, »alle Frauen« anzusprechen. Sie solle stattdessen vermehrt qualitativ arbeiten. Als größtes internes Problem wird, einmal mehr, die Verbindung von lokalem mit nationalem Politikengagement bezeichnet:

>»Viele Frauen haben Lust, konkrete Arbeit in ihren Regionen zu leisten. [...] Meistens bleibt dabei – aus verständlichen Gründen – die Lust und Energie auf nationale Arbeit auf der Strecke. Die nationale Arbeit erscheint vielen Frauen als zu abstrakt. Auswirkungen der politischen Arbeit auf unsere Gesellschaft sind nur schwer ausmachbar und erscheinen als

zu gering. Mangels messbarer Erfolge empfinden viele
Frauen diese Arbeit als frustrierend.«

Trotz diesen Schwierigkeiten kam die Arbeitsgruppe zum Schluss, dass eine nationale Organisation wichtig sei. Eine neue nationale Organisation aufzubauen, was ebenfalls zur Diskussion stand, sei energieraubend, weshalb besser die bestehende Organisation verändert werden solle. Die OFRA habe immerhin eine zehnjährige Geschichte, einen in der Öffentlichkeit bekannten Namen und ein nationales Sekretariat. Was es brauche, um die nationale OFRA wieder in Schwung zu bringen, seien Frauen, »die Lust haben, national zu arbeiten«. Im Weiteren wurde eine umfangreiche Liste von Anforderungen an eine nationale Organisation aufgestellt. Die Liste umfasste Funktionen wie etwa die Vertretung kleiner feministischer Gruppen und Projekte in der Öffentlichkeit, bewegungsinterne Koordinationsaufgaben und politisch-feministische Kompetenz. Konkret schlug die Arbeitsgruppe eine Aufstockung des Sekretariats auf hundert Prozent vor und ihm zugeordnet eine Begleitgruppe als Beraterinnen.

An der Delegiertenversammlung vom April 1989 wurden die Resultate und Vorschläge der Arbeitsgruppe debattiert. Angesichts schrumpfender Mitglieder- und Sektionszahlen, so die nationale Sekretärin, Barbara Speck, in der »emanzipation«, sei die Zukunft der OFRA ein dringliches Traktandum. Das sei auch daran zu erkennen, dass die Delegiertenversammlung mit vierzig Frauen aus zehn Sektionen gut besucht sei. Alle Sektionen, so die Berichterstatterin weiter, hätten ausnahmslos für das Weiterbestehen der OFRA Schweiz votiert. Neu wird eine Finanzgruppe eingesetzt und, wie von der Arbeitsgruppe vorgeschlagen, eine neue Sekretariatsgruppe gegründet. Das nationale Sekretariat soll als Halbtagsstelle weiterbestehen.[395]

Konnte mit dieser Umstrukturierung die Krise gelöst werden? Einer Umstrukturierung, die wenig innovativ ein Gremium reaktivierte, das vor ein paar Jahren abgeschafft worden war? Bereits im Jahresbericht 1988/89 wurde dies bezweifelt. Zwar habe man die innere Krise durchgestanden, »wenn vielleicht auch noch nicht überstanden«. Diese Feststellung sollte sich bewahrheiten. 1992 wurde die Sekretariatsgruppe wieder aufgelöst und der Vorstand reaktiviert. Nur zwei Jahre später forderte der nationale Vorstand erneut eine Standortbestimmung. Drei Gründe standen im Vordergrund: die veränderte politische Situation der schweizerischen Frauenbewegung, das »Auseinanderdriften von Vereinsorganisation und Statuten« und die finanziellen Probleme. Erneut wurde eine Arbeitsgruppe eingesetzt. Sie sollte einen Vorschlag zur Reorganisation und Neustrukturierung der OFRA ausarbeiten.

Im Juni 1996 legte die Arbeitsgruppe Neuorientierung – auch »Spurgruppe« genannt – ihren Schlussbericht vor. Der Bericht umfasst eine Situationsanalyse der schweizerischen Frauenbewegung und evaluiert die Bedürfnisse verschiedener feministischer Gruppen in der Deutsch- und der Westschweiz bezüglich einer nationalen Koordination. Der Bericht definiert weiter die Funktionen und Aufgaben einer »neuen OFRA, prüft die Realisierbarkeit eines neuen gesamtschweizerischen Projekts und macht Empfehlungen zuhanden der OFRA-Delegiertenversammlung vom 1. Juni 1996.[396] Die »Spurgruppe« schlägt in ihrem Bericht, das sei vorweggenommen, die Gründung einer feministischen Koalition als formellem Vernetzungsinstrument der feministischen Bewegung in der Schweiz vor.

Was waren die Grundlagen dieses Vorschlags? Obwohl interessant, kann der Bericht hier nicht im Einzelnen vorgestellt werden. Es soll lediglich auf die Situationsanalysen der OFRA und der Frauenbewegung sowie auf die Bedürfnisevaluation hingewiesen werden.

Die Situation der OFRA wird im Bericht als paradox bezeichnet: Einerseits habe die OFRA in den letzten Jahren innerhalb der neuen Frauenbewegung an Boden verloren, andererseits gelte sie immer noch als eigentliche Anlaufstelle der feministischen Bewegung auf nationaler Ebene. Diese Aufgabe könne sie allerdings, mangels Kapazität und fehlendem Auftrag der Bewegung, nicht erfüllen. Intern sei sie mit finanziellen Problemen konfrontiert, die aus der zunehmenden Autonomie einzelner Sektionen und einem generellen Mitgliederschwund resultierten. Die Situation der neuen Frauenbewegung wird folgendermaßen charakterisiert:

> »Die feministische Bewegung in der Schweiz hat sich in den letzten zehn Jahren erweitert, verändert und differenziert. Stichworte sind: Professionalisierung und Spezialisierung; Gleichstellungsbüros; erstarkende Frauenkirchenbewegung; neues Netz von Frauengruppen nach Frauenstreik und Brunner-Nichtwahl; feministische Frauenlisten etc.«

Aufgrund dieser Analysen werden im Bericht drei Zukunftsoptionen für die OFRA diskutiert: erstens die allmähliche Selbstauflösung, zweitens der Versuch einer Wiedererstarkung als eigenständige, unabhängige Organisation und drittens die bewusste Auflösung und Überführung in eine »feministische (Dach-)Organisation/Koalition«. Die »Spurgruppe«, wie bereits erwähnt, favorisierte die dritte Möglichkeit. Die Option zwei hielt sie für unmöglich, und zwar aus personellen und finanziellen Gründen. Weder gebe es eine Nische zu besetzen, noch könne die OFRA als nationale Organisation längerfristig weiterexistieren, wenn sie die spezialisierten Organisationen nicht einschließe.

Um zu prüfen, ob ein solches Vernetzungsinstrument einem Bedürfnis der feministischen Bewegung entsprechen würde, lud die »Spurgruppe« Feministinnen aus verschiedenen Organisationen, Regionen und Bereichen zu einem Hearing ein – und stieß damit auf ein großes Echo. Die Resultate dieses Treffens sind integraler Bestandteil des Berichts. Allerdings ist ihm nicht genau zu entnehmen, ob sich die Mehrheit der Teilnehmerinnen für den Vorschlag der »Spurgruppe« begeistern konnte: Es wurde sowohl Skepsis als auch Unterstützung geäußert, Pro- und Contra-Stimmen hielten sich in etwa die Waage. Deutlicher Widerstand habe sich gegenüber der Vorstellung einer Koalition als Dachorganisation geregt, obwohl die »Spurgruppe« mit dem Begriff Koalition eine »alternative flexiblere Struktur« meinte. Was hingegen die hauptsächlichen Aufgaben und Funktionen einer solchen Organisation sein sollten, wurde genau ermittelt:

»– Öffentlichkeitsarbeit für eine kontinuierliche Präsenz feministischer Stimmen zu aktuellen Themen
– Gemeinsame Strategieplanung zu bestimmten aktuellen Themen
– Feministisches ›Agenda setting‹ in der Politik«.

Abschließend hielten die Verfasserinnen des Berichts fest, dass sie von der Initiative der OFRA überzeugt seien. Die Skepsis und die vielen Fragen der Hearing-Teilnehmerinnen hätten allerdings gezeigt, dass die »neue OFRA« von unten aufgebaut und sorgsam betreut werden müsse. Besondere Aufmerksamkeit würden Fragen nach der Verbindlichkeit, den Ressourcen und dem Umgang mit Pluralität verlangen. Zuhanden der Dele-

Kapitel V

giertenversammlung schlug die »Spurgruppe« deshalb vor, dass die OFRA die Initiative ergreife und die eigene Organisation in eine Frauenkoalition überführe. Dafür solle eine Planungsgruppe eingesetzt werden, die ein definitives Konzept ausarbeiten solle.

Trotz Vorbehalten und Befürchtungen stimmte die Delegiertenversammlung dem Vorschlag der »Spurgruppe« zu. Befürchtet wurde, dass sich gar nicht genug interessierte Organisationen finden würden oder dass eine solche Organisation gar nicht »quer und radikal« politisieren könnte. Zehn Prozent der Arbeitszeit der Sekretärin sollte ins Projekt »Koalition« investiert werden. Zudem wurde beschlossen, zum Thema »Auflösung der OFRA« im Sommer 1997 Stellung zu beziehen.[397]

Doch es kam anders. Bereits im Frühjahr lud der Vorstand zu einer Delegiertenversammlung ein und beantragte die Auflösung der OFRA Schweiz auf Ende 1997. Die Begründung war so kurz wie lapidar: die »aktuelle Situation«. Weitere Ausführungen, das zeigte die Delegiertenversammlung, erübrigten sich: Ganze fünfzehn Frauen folgten der Einladung![398] Der Vorstand sollte bis Ende Jahr im Amt bleiben und die administrativen Angelegenheiten erledigen sowie den letzten Kongress organisieren und durchführen. Die damalige Sekretärin hingegen, Rita Blättler, hatte ihre Stelle per Ende Juli gekündigt. Mit den finanziellen Reserven sollte der Jahresbericht 1997 und ein Projekt zur Bearbeitung der Geschichte der OFRA Schweiz ermöglicht werden. Zu guter Letzt blieb den Frauen die öffentliche Bekanntmachung der Organisationsauflösung:

»Ofra Schweiz gibt auf
Welcher Kontrast. Der BSF, Sinnbild für die traditionelle Frauenbewegung, wird bald hundert Jahre alt. Die Organisa-

> tion für die Sache der Frau (Ofra) dagegen – Dachverband für einen Teil der feministischen Frauenbewegung – macht nach 20 Jahren Schluss.
> Am Samstag wurde an einer Delegiertenversammlung bei einer Klausurtagung in Olten beschlossen, die Ofra Schweiz auf Ende Jahr definitiv aufzulösen. Am 21. Juni findet ein letzter Kongress in Bern statt, unter dem Titel ›gestern power – heute sauer – morgen schlauer‹. Die sieben kantonalen Ofra-Sektionen machen weiter, doch sind auch einige von ihnen am Serbeln.
> Die Ofra betrieb vor allem Ende der siebziger, Anfang der achtziger Jahre eine feministische Politik. Sie arbeitete wie der BSF ausserparlamentarisch, doch standen ihr zahlreiche politisch aktive Frauen nahe: etwa die grünen Nationalrätinnen Cécile Bühlmann und Ruth Gonseth, die Basler Regierungsrätin Veronika Schaller oder die Frauenmanagerin Anita Fetz.
> Die Ofra soll aber nicht einfach sterben. Geplant ist eine ›Feministische Frauenkoalition‹, welche die verbleibenden Ofra-Sektionen mit friedenspolitischen und ähnlich gesinnten Frauengruppen vernetzt.«
> *Tages-Anzeiger; 26. Mai 1997*

Und die »Feministische Frauenkoalition«, in die viele Frauen der OFRA ihre Hoffnungen setzten? Dieses Projekt löste sich vollumfänglich von der OFRA und wurde von der 1996 eingesetzten Projektgruppe erfolgreich weiterverfolgt. Anfang Juli 1998 veröffentlichte die »WochenZeitung« (WoZ) eine kurze Mitteilung, die den Start der FemCo (Feministische Frauenkoalition) bekannt gab. Das Projekt wolle in erster Linie vernetzen: »Kommunikation, Unterstützung, Lobbyarbeit und Weiterbildung« sollten durch diesen Zusammenschluss von feministischen Organisationen und Gruppen sowie Einzelfrauen gefördert werden.

Kapitel V

Zusammenfassung der Strukturdebatten von 1977 bis 1997
Wie lässt sich der zeitliche Verlauf der Statutenrevisionen in der Anfangsphase der OFRA interpretieren? Sind die Revisionen Ausdruck anfänglicher Schwierigkeiten, oder sind sie Zeichen eines dynamischen internen Organisationslebens? Die während des gesamten Zeitraums periodisch aufflammenden Strukturdebatten machen deutlich, dass von Anfangsschwierigkeiten keine Rede sein kann. Die zweite Frage ist schwieriger zu beantworten. Im Gegensatz zu den ersten Strukturdebatten in den Jahren 1979 und 1981, die ihren Niederschlag in der »emanzipation« fanden, wurden die nachfolgenden kaum noch im Vereinsorgan ausgetragen, was ihre Rekonstruktion erschwert.[399] Immerhin ist festzustellen, dass sowohl in den Krisenjahren 1988/89 als auch 1994 Arbeitsgruppen gebildet wurden. Dies kann als ein anhaltendes Engagement verstanden werden. Die beiden Arbeitsgruppen lassen sich allerdings weniger als Ausdruck organisationsinterner Dynamik interpretieren denn als Versuch, eine solche zu erzeugen.

Unter den verschiedenen Strukturdebatten ragt die in den Jahren 1985/86 geführte heraus. Hier ging es zwar in erster Linie um persönliche Schwierigkeiten innerhalb des Sekretariatsgremiums. Trotzdem führte der Konflikt zu einer Veränderung der Strukturen und damit zu einer Statutenrevison. Darüber hinaus verweist dieser Konflikt auf die zentrale Rolle der nationalen Sekretärinnen. Sie waren für die Koordination, die Einberufung und Organisation von Sitzungen sowie für die Umsetzung der Beschlüsse der verschiedenen Organe zuständig. Sie vertraten die OFRA in Initiativkomitees und Kommissionen, waren Ansprech- und Auskunftsperson für Anfragen anderer Organisationen sowie der Medien. Ihre Arbeit war in hohem Maße abhängig vom nationalen Vorstand oder der Sekretariatsgruppe. Je weniger Mitglieder sich national engagierten – eine Tendenz, die im Laufe der Zeit zunahm –, umso mehr lag die Arbeit und die Verantwortung bei der nationalen Sekretärin. Im Sommer 1996 schrumpfte der Vorstand auf zwei Mitglieder zusammen, was für die damalige Sekretärin, Rita Blättler, zu einem Einsamkeitsgefühl und einer großen Belastung führte.[400]

Die Untersuchung der Strukturdebatten insgesamt zeigt, dass die ideologisch motivierte Ablehnung von (nationalen) Strukturen nach 1981 aus der Diskussion verschwand. Das Funktionieren der Organisationsstruktur hingegen prägte die Debatten. Die strukturelle Verbindung von lokaler und nationaler Politik gelang nur zeitweise und war stark vom Engagement einzelner Mitglieder abhängig. Je mehr Autonomie die Sektionen beanspruchten, umso weniger wurden die nationalen Strukturen getragen. In diesem Zusammenhang muss darauf hingewiesen werden, dass außer der nationalen Sekretärin alle anderen Mitglieder, seien diese Mitglied des Vorstands oder des Sekretariatsgremiums – Ämter, die mit großem Aufwand verbunden waren –, unentgeltlich arbeiteten.

Die Summe der Jahre, in denen die Organisationsstrukturen zu nationalen Debatten führten, (die Jahre 1979, 1981, 1985/86, 1988/89, 1992 und 1994–97) verdeutlicht, dass die OFRA während gut der Hälfte ihrer Geschichte mit dem Funktionieren ihrer Organisationsstruktur beschäftigt war. Zu viele Mitglieder engagierten sich zu wenig für die OFRA Schweiz. Das Spektrum feministischen Engagements, von Selbsthilfe- und Lesegruppen über Projektarbeit und spontane Aktionen bis zu traditioneller Politik, war riesig. Erfolge waren im persönlichen oder lokalen Bereich eher zu erzielen als auf nationaler Ebene. Dass die OFRA in der Öffentlichkeit anders wahrgenommen wurde, ist aber, so paradox das auf den ersten Blick erscheinen mag, genau auf diese Organisationsstruktur zurückzuführen. Denn die mediale Öffentlichkeit ist auf ein Kommunikationsinstrument, auf ein Sprachrohr der Bewegung angewiesen. Diese Funktion garantierte das nationale Sekretariat.

3. Mitgliederstruktur

In der Regel versuchen soziale Bewegungen möglichst viele Mitglieder und SympathisantInnen zu gewinnen. Die fehlenden Ressourcen, wie etwa institutionelle Macht oder gesellschaftliches Prestige sowie Finanzmittel, sollen durch eine möglichst hohe Mitgliederzahl und öffentlichkeitswirksame Aktionen kompensiert werden. Die Anzahl der Mitglieder soll den Anspruch der Bewegung als gesellschaftsverändernder Kraft legitimieren. Nicht zu unterschätzen ist aber auch die interne Wirkung der Mitgliederzahlen. Sie dienen als Gradmesser des Erfolgs und bilden in Form der Mitgliedsbeiträge die finanzielle Basis der Bewegung. Mindestens so wichtig wie die Anzahl der Mitglieder ist aber die Mobilisierungsfähigkeit einer sozialen Bewegung. Um für ein Anliegen Öffentlichkeit herzustellen, greifen soziale Bewegungen oft auf Aktions- und Protestformen zurück, die ihre Stärke durch die Ansammlung möglichst vieler SympathisantInnen beweisen. Eine Demonstration beispielsweise gilt nur dann als erfolgreich, wenn eine bestimmte Anzahl von Teilnehmenden zu verzeichnen ist und die Medien darüber berichten. Die soziale Bewegung zeigt mit ihren öffentlichen Protestformen, dass sie lebt, dass sie in Bewegung ist. Nur solange sie mobilisieren kann, ist sie ein politischer Faktor. Die Mobilisierungsfähigkeit einer Bewegung hängt mit der Mitgliederzahl insofern zusammen, als sie oft via Mund-zu-Mund-

Propaganda ihre SympathisantInnen erreicht. Diese Ausführungen gelten vor allem für die siebziger Jahre. Mit der Professionalisierung und Institutionalisierung in den achtziger und neunziger Jahren ändern sich auch die politischen Aktionsformen der Bewegungen. Protestkundgebungen werden seltener oder nur noch punktuell organisiert. Für die Frauenbewegung sind sicher der Frauenstreik im Jahr 1991 und die Aktionen rund um die Nichtwahl von Christiane Brunner in den Bundesrat Beispiele punktueller öffentlichkeitswirksamer Massenaktionen. Der Erfolg der medienwirksamen Aktionen der Organisation Greenpeace hingegen beruht weniger auf einer Ansammlung von Menschen als auf spektakulären Einsätzen von professionellen AktivistInnen, die von einer systematischen Öffentlichkeitsarbeit begleitet sind. Der Zusammenhang zwischen den Mitgliedsbeiträgen und den finanziellen Ressourcen bleibt allerdings bestehen, wobei auch bei der Mittelbeschaffung eine Professionalisierung in Form von Fundraising einsetzte.

Die Entwicklung der Mitgliederzahlen der OFRA wurde bereits im vorangehenden Unterkapitel geschildert: Der Höhepunkt wurde 1982 erreicht. Danach sank die Mitgliederzahl. Die genaue Anzahl ist ungewiss. Die Jahresrechnung weist als Höchstzahl 750 Mitglieder aus. Ruth Hungerbühler geht für das Jahr 1984 von 1200 Mitgliedern aus und Zita Küng spricht in einer Radiosendung für den Beginn der achtziger Jahre sogar von »gegen 2000« Mitgliedern.[401] Im Sinne der obigen Ausführungen waren diese Zahlen vor allem für die finanzielle Situation der OFRA sowie für die interne Erfolgsdiskussion ausschlaggebend. Der Mitgliederschwund führte periodisch zu heftigen Diskussionen. Für die öffentliche Resonanz hingegen waren weniger die Mitgliederzahl als die Mobilisierungsfähig-

Nr. 33: Cartoon von Madeleine Hunziker, abgedruckt in der »emanzipation« Nr. 4, 1983.

keit und das Bestehen sowie die Aktivitäten des nationalen Sekretariats von Bedeutung. Vor allem für die späteren Jahre in der Geschichte der OFRA wurde Letzteres zum wichtigsten Instrument der Öffentlichkeitsarbeit. Im Folgenden steht deshalb nicht die Anzahl der Mitglieder, sondern die Mitgliederstruktur im Zentrum. Die finanzielle Entwicklung ist Thema des nächsten Unterkapitels – die Mobilisierungsfähigkeit der OFRA wurde im Zusammenhang mit den politischen Aktivitäten untersucht.

Welche Frauen waren Mitglied der OFRA? Wie alt waren sie? Welchen beruflichen, sozialen und politischen Hintergrund hatten sie? Lassen sich die vielen Frauen, die während der zwanzigjährigen Geschichte aktiv in der OFRA arbeiteten, überhaupt mit bestimmten Merkmalen zu einer Gruppe fassen? Oder anders gefragt: Gab es die typische »OFRA-Frau«? Diese Fragen können nur bruchstückhaft beantwortet werden. Die OFRA erstellte, wie bereits erwähnt, weder eine Mitgliederstatistik, noch führte sie Mitgliederumfragen zu Beruf, Alter oder sozialer Herkunft durch. Mir stehen Aussagen in der »emanzipation«, in Radiosendungen über die Geschichte der OFRA und im Buch der OFRA Basel »Frauen machen Geschichte« sowie die Fachliteratur zur Verfügung. Zusätzlich wird eine Leserinnenumfrage der »emanzipation« aus dem Jahre 1985 hinzugezogen. Die Leserinnen der »emanzipation« stehen hier stellvertretend für die Mitglieder der OFRA. Zwar waren diese nicht identisch, dürften sich aber in ihrer Sozialstruktur in hohem Maße überschnitten haben.[402]

Zu Beginn ihrer Geschichte wollte die OFRA eine Organisation für alle Frauen sein, ja hatte gar den Anspruch, eine »Massenorganisation« im Sinne der marxistisch-leninistischen Theorie aufzubauen. Dieses Ziel hat sie in zweierlei Hinsicht

Kapitel V

nicht erreicht: Nicht nur, dass sie zahlenmäßig weit von einer Massenorganisation entfernt war, sondern auch in Bezug auf die Zusammensetzung der Mitglieder. Sie konnte immer nur einen kleinen Teil der Frauen erreichen. Aus der eigenen Sicht stand die OFRA zwar allen Frauen offen:

> »Alle Frauen haben in der OFRA Platz, die radikale Spontifrau, die Managerin, die Schülerin, die Hausfrau.«[403]

Diese Binnensicht korrespondierte aber nicht mit der Außenwahrnehmung. Hausfrauen beispielsweise oder ältere Frauen fühlten sich von der Organisation nicht angesprochen.[404] Ebenso wenig konnte das politische Programm der OFRA Frauen aus bürgerlichen Kreisen ansprechen. In erster Linie waren es angehende Akademikerinnen und jüngere Frauen mit höheren Fachausbildungen im Sozial- und Gesundheitsbereich sowie im pädagogischen Bereich, die in der OFRA aktiv wurden. Politisch waren diese Frauen dem linken Politspektrum zuzuordnen. Zwei ehemalige Sekretärinnen der OFRA Basel, Rosemarie Heilmann (1981–1983) und Annemarie Heiniger (1985–1987), charakterisieren die Mitgliederstruktur der OFRA Basel in den achtziger Jahren als von Studentinnen dominiert:

> »Rückblickend möchte ich sagen, dass wir von unserem Selbstverständnis her natürlich ein elitärer Club waren: wir hatten zu meiner Zeit sehr viele Studentinnen, vornehmlich aus dem Umfeld der neuen linken Bewegungen, Mittelstandsfrauen mit relativ gesichertem finanziellem Background, Sozialarbeiterinnen, Lehrerinnen u. ä. Bereits SP-Frauen, die regelmäßig unsere Veranstaltungen besuchten, waren minimal vertreten. Ebenso aktive Gewerkschafterinnen, die zwar punktuell mit uns zusammenarbeiteten, aber

vornehmlich in ihren Gremien politisierten. Die durchschnittliche Schweizer Hausfrau erreichten wir mit unseren Aktionen sicher nicht. Ich wage zu bezweifeln, ob das auch unser Ziel gewesen ist. Viele Diskussionen wurden sehr hoch gestochen geführt (ich nehme mich dabei nicht aus).«[405]

»Die intensive Mitarbeit in der OFRA ermutigte mich, mich für die frei werdende Sekretariatsstelle zu bewerben. Ebenso wichtig wie die OFRA war für mich die Zusammenarbeit mit Claudia Töngi (Co-Sekretärin – DL) auf dem OFRA-Sekretariat. Sie war Studentin, was damals für die OFRA als Gründung von und für junge intellektuelle Frauen typisch war. Ich war Kauffrau, was eher exotisch war.«[406]

Die Leserinnenumfrage in der »emanzipation« kommt hinsichtlich der beruflichen Situation zum Schluss, dass fast alle Leserinnen eine Ausbildung gemacht hätten, wobei sich Berufs- und Hochschulen den ersten Rang streitig machen würden.[407] Sowohl die obigen Zitate als auch das Umfrageergebnis decken sich mit den Resultaten der Fachliteratur. Lili Nabholz-Haidegger vergleicht die Akteurinnen der neuen mit denjenigen der traditionellen Frauenbewegung und kommt zum Schluss, dass sowohl die neuen wie auch die alten Promotorinnen zu den »eher privilegierten Frauen mit einem relativ großen Freiraum (Studentinnen!)« gehörten.[408] Auch im internationalen Vergleich zeigt sich, dass sich die »Aktivistinnen und Unterstützerinnen der Frauenbewegung überwiegend aus den Mittelschichten mit überdurchschnittlicher formaler Bildungsqualifikation« rekrutierten.[409] Ruth Hungerbühler befasste sich in ihrem Überblicksaufsatz aus dem Jahr 1984 ebenfalls mit dem sozialen Hintergrund der OFRA-Mitglieder. Sie unterschied vor allem zwischen berufs- und nichtberufstätigen Mitgliedern. Der hohe

Anteil der sich in Ausbildung befindenden Mitglieder verweist aber deutlich auf höhere Ausbildungen:

> »Der grösste Teil der Mitglieder ist zwischen 25 und 40 Jahre alt. Ca. 25 % der engagierten Frauen sind noch in Ausbildung, der Rest ist berufstätig. Nichterwerbstätige Hausfrauen sind nur am Rande vertreten. Etwa die Hälfte der OFRA-Frauen hat Kinder.«[410]

Der große Anteil an Studentinnen und Akademikerinnen mag vor allem für die Anfangsphase der OFRA charakteristisch sein. Später verschob sich der Anteil zugunsten der Nichtakademikerinnen. So wurde beispielsweise das Redaktionskollektiv der »emanzipation« 1985 kritisiert, weil es »fast ausschliesslich aus Akademikerinnen und Studentinnen« bestehe. Diese homogene Zusammensetzung bilde einen Gegensatz zur Zusammensetzung der OFRA.[411]

Was sich bereits bei der Untersuchung der Organisationsstrukturen gezeigt hat, wird durch die Entwicklung der Mitgliederstruktur bestätigt: Die Jahre 1985 und 1986 waren Umbruchjahre in der Geschichte der OFRA. Mitte der achtziger Jahre traten viele Frauen der Gründergeneration zurück und es kamen neue Frauen in die OFRA. Bevor diese »zweite Generation« charakterisiert wird, soll nebst dem beruflichen der politische und soziale Hintergrund der »ersten Generation« vorgestellt werden.

Die Leserinnenumfrage in der »emanzipation« beschränkte sich nicht nur auf die berufliche Situation der Leserinnen, sondern wollte weitere Merkmale wie etwa deren Alter oder Zivilstand kennen. So stellte sich heraus, dass zwei Drittel der Leserinnen zwischen 25 und 35 Jahre alt, Einzelne unter 25 und ungefähr ein Viertel über 36 Jahre alt waren. Ebenfalls zwei Drittel der Leserinnen wohnten in Großstädten. Überdurchschnittlich viele Abonnentinnen lebten in der Nordwestschweiz, was vermutlich auf den Basler Sitz der Redaktion zurückzuführen war. Zwanzig Prozent der Leserinnen waren verheiratet und zwanzig Prozent geschieden. Ungefähr vierzig Prozent der Leserinnen hatten ein oder mehrere Kinder. Bezüglich der Wohnform ließ sich kein besonderes Merkmal feststellen: Wohngemeinschaften, Familien, Konkubinat und Alleinlebende hielten sich die Waage. Besondere Aufmerksamkeit richtete die Verfasserin des Artikels, Redaktionsmitglied Ruth Marx, auf die Lohnstruktur:

> »Mehr wie Fr. 4000.– verdienen ganze 5 % und das ist sicher nicht ausschliesslich auf die Teilzeitbeschäftigung zurückzuführen. Mir sträuben sich die Haare, wenn ich die grösstenteils niedrigen Einkommen mit den Ausbildungen vergleiche!«[412]

Was den politischen Hintergrund der Leserinnen anbelangt, kommt die Umfrage zum Schluss, dass die Hälfte politisch aktiv war, und das gleich mehrfach. Organisiert waren die Frauen in Frauengruppen, Parteien, Gewerkschaften und Frauenprojekten. Allerdings, und das deutet auf die zunehmende Distanz zwischen der OFRA und der »emanzipation« hin, wird die Mitgliedschaft in der OFRA nicht besonders ausgewiesen. In der Sekundärliteratur wird aber immer wieder darauf hingewiesen, dass viele bereits politisierte Frauen der OFRA beitraten und sich zu einem großen Teil in verschiedenen Organisationen engagierten. Elisabeth Joris weist vor allem auf Frauen aus dem Umfeld der SPS und der PdA hin, die neben Frauen ohne Bindungen zu den Linksparteien in die OFRA eingetreten seien.[413]

Kapitel V 251

Nr. 34: Schild des Café Frauenzimmer Basel, abgedruckt in der »emanzipation« Nr. 1, 1985.

Häufig waren die frühen Mitglieder der OFRA gleichzeitig in Parteien[414] oder Frauenprojekten organisiert. Hungerbühler spricht sogar von der Mehrheit der Mitglieder, die mehrfach engagiert waren:

> »Die meisten OFRA-Mitglieder sind zudem neben den spezifischen ›OFRA-Aktivitäten‹ in Frauenprojekten engagiert, zum Beispiel in den Vereinen zum Schutz misshandelter Frauen und Kinder oder in den INFRA's.«[415]

Anlässlich einer Sendung von Radio DRS zum Abschlusskongress der OFRA im Juni 1997 äußerten sich Marianne Bahr, Gründungsmitglied der OFRA, und Monika Ehrenzeller, Vertreterin der zweiten Generation der OFRA, zur Entwicklung der Mitgliederstruktur.[416] Beide waren sich darin einig, dass Mitte der achtziger Jahre ein Generationenwechsel stattgefunden hatte. Marianne Bahr betonte, dass viele Frauen der ersten Generation Kinder kriegten und ihr Leben deshalb anders organisierten. Der Schwerpunkt wurde nicht mehr in der Politik gesetzt. Zudem seien viele Frauen in feministische Projekte eingestiegen, die zwar zum Teil von der OFRA initiiert worden waren, sich dann aber selbständig entwickelten. Monika Ehrenzeller selber koordinierte zwar die Schweizerischen Frauenfilmtage, blieb aber trotzdem Mitglied der OFRA. Insgesamt stellten die beiden Frauen eine Professionalisierung fest, die zur Abwanderung von Mitgliedern der OFRA führte. Diese Feststellung wird von den Basler Sekretärinnen Annemarie Heiniger und Claudia Töngi gestützt. Unter dem Stichwort »Durchlauferhitzer« thematisieren sie im Buch über die Basler OFRA die Professionalisierung in der Frauenbewegung und deren Auswirkungen auf die eigene Organisation:

> »Das vielbeklagte Durchlauferhitzer-Syndrom hat Vorteile für die Frauenbewegung gehabt. Für die OFRA als Organisation stellte es aber oft eine Belastung dar. Wie funktioniert dieses Syndrom? Eine Frau tritt in die OFRA ein, bleibt eine gewisse Zeit dabei; dann ist die Arbeit zu wenig konkret; sie wird Mitbegründerin eines Frauenprojektes wie INFRA, Frauenhaus, Nottelefon oder Frauenliste. Vielen OFRA-Frauen war die tägliche OFRA-Arbeit mit regelmässigen Sitzungen, wo anhand einer Traktandenliste alle möglichen Themen behandelt wurden, zu vielfältig oder auch zu wenig tiefgehend. Sie wollten weder OFRA-Basel-Delegierte in den OFRA-Schweiz-Gremien noch in einem lokalen Abstimmungskomitee oder sonst einem Ausschuss sein, sondern konkrete Projektarbeit machen. Das hatte zur Folge, dass sie sich zum Ausstieg aus

der OFRA- und Frauenpolitik oder zum Umstieg in die Projektarbeit entschlossen. Sehr viele Frauen traten auch während einer Ausbildung in die OFRA ein. Oft folgte eine Zeit, wo sie sich vermehrt beruflich engagierten oder das, was sie in der OFRA gelernt hatten, in ihrem Arbeitsumfeld umzusetzen versuchten, zum Beispiel in betrieblichen Frauenkommissionen und Ähnlichem.«[417]

In der Folge stellen Heiniger und Töngi einen Wandel der Mitgliederstruktur fest. Im Unterschied zu den Gründerinnen seien vermehrt Frauen in die OFRA eingetreten, die über wenig politische Erfahrung verfügten und die eigentlich erst mit dem Eintritt in die OFRA politisch aktiv wurden. Aber nicht nur die unterschiedlichen politischen Erfahrungen, sondern auch die berufliche Situation unterschied die zweite Generation von den Gründerinnen. Katja Müggler, ehemaliges Mitglied der OFRA-Basel, bezeichnet die zweite Generation der neuen Frauenbewegung als »Neu-Feministinnen«. In einem Artikel mit dem Titel »Wechseljahre der neuen Frauenbewegung?« charakterisiert sie die berufliche Situation der neuen Generation:

»Andererseits haben viele von uns keine akademische Laufbahn eingeschlagen, sondern eine Lehre gemacht. Dies im Gegensatz zur Gründerinnengeneration, die sich hauptsächlich aus Studentinnen zusammensetzte. Wer eine Lehre machte, musste zuerst einmal lernen, sich in einem neuen, nichtschulischen Umfeld zurechtzufinden. Einen Gruppenzusammenhalt, wie ihn die Gymnasiastinnen eher kannten, gab es nur begrenzt. Wer anders dachte als die grosse Masse, musste ziemlich allein gegen den Strom schwimmen. Viele Frauen aus unserer Generation, die studiert haben, kannten diese Problematik nicht im gleichen Ausmass. Sie traten in die Fussstapfen der Vorgängerinnen und konnten fast nahtlos an ihre Erfahrungen anknüpfen. Der unterschiedliche berufliche und soziale Werdegang der Neu-Feministinnen – mit den entsprechend verschiedenen Sprachkulturen – erschwerte zum Teil den Kontakt untereinander.«[418]

Eine weitere Veränderung der Mitgliederstruktur kann an der Gründung neuer Sektionen abgelesen werden. Bestanden in den ersten zehn Jahren vor allem in städtischen Gebieten Sektionen, wurden solche Ende der achtziger Jahre auch in ländlichen Gebieten gegründet. So wurden 1990 die Sektion Amt und die Initiativgruppe Oberwallis aufgenommen. Die Dominanz der Mitglieder aus den Großstädten, wie sie die Leserinnenumfrage der »emanzipation« für 1985 ergab, dürfte sich Ende der achtziger Jahre aufgelöst haben. In einer Sendung von Radio DRS zum Thema »15 Jahre OFRA« kommentierte die damalige Sekretärin, Marcelle Braegger, diese Stadt-Land-Tendenz. Das Bedürfnis, ihre Isolation zu überwinden, habe die Feministinnen aus ländlichen Gebieten zur OFRA geführt. Die nationalen Strukturen hätten diesen Frauenorganisationen den Kontakt zu anderen Sektionen und Frauengruppierungen und somit den Austausch sowie das koordinierte Vorgehen bei politischen Aktivitäten gewährleistet. Zudem habe das breite Themenspektrum, das die OFRA bearbeitete und dokumentierte, einen Zugriff auf attraktives Informationsmaterial ermöglicht.[419] Sicher wirkte bei dieser Verschiebung von großstädtischen zu ländlichen Gebieten die Ausdifferenzierung der Frauenbewegung mit: Während in den Großstädten eine verstärkte Professionalisierung einsetzte und die OFRA damit Mitglieder verlor, begann auf dem Land erst eigentlich der Formierungsprozess der Feministinnen.

Kapitel V

Zusammenfassung

Die Zusammenfassung dieses Kapitels beruht auf einem Gespräch mit dem langjährigen OFRA-Mitglied Marcelle Braegger.[420] Sie trat 1987 der OFRA Freiburg bei und war von 1992 bis 1994 nationale Sekretärin. Ich fragte sie nach dem Beruf, der Ausbildung, dem Alter, dem Anteil der Frauen mit Kindern und der Politisierung der Mitglieder der zweiten Generation. Insgesamt teilt sie die Einschätzungen der zitierten Baslerinnen: Der Anteil der Studentinnen und Akademikerinnen ging zurück, das Berufsspektrum erweiterte sich, die Frauen waren im Durchschnitt etwas älter und sie hatten weniger politische, vor allem weniger parteipolitische Erfahrungen. Aber auch die Frauen der zweiten Generation seien oft in verschiedenen politischen oder feministischen Gruppierungen gleichzeitig aktiv gewesen. Der Anteil der Mütter habe sich kaum verändert.

Was sich im Zusammenhang mit dem Rückgang der Akademikerinnen hingegen stark verändert habe, sei der Anteil der Juristinnen. Besonders in der Anfangsphase der OFRA seien in den nationalen Gremien viele angehende und lizenzierte Juristinnen aktiv gewesen. In der zweiten Generation waren keine Juristinnen mehr vertreten. Deren Wissen habe dann auch oft gefehlt, wie etwa bei Stellungnahmen in Vernehmlassungsverfahren. Glücklicherweise hätten sich aber die ehemaligen OFRA-Mitglieder und -Juristinnen immer wieder zur Verfügung gestellt, wenn rechtliches Wissen nötig gewesen sei. Hinsichtlich des Durchschnittsalters der Frauen wies Marcelle Braegger darauf hin, dass dieses je nach Sektionen stark variierte. So seien in den neuen Sektionen Oberwallis und Amt viele junge Frauen organisiert gewesen, in den Sektionen Luzern, Olten, Solothurn und Zug hingegen eher ältere Frauen, die seit langem Mitglied waren. In den Sektionen Basel, Baden,

Bern und Freiburg seien sowohl jüngere als auch ältere Mitglieder aktiv gewesen. Besonders in Strategiefragen habe diese altersmäßige Durchmischung auch zu Spannungen und Generationenkonflikten geführt. Während die älteren Frauen tendenziell ein pragmatisches Vorgehen bevorzugten, forderten die jüngeren spontane und lustvolle Aktionen. Die Power der Jungen stieß auf die »Abgeklärtheit« der Alten.

4. Dauerthema Finanzen

In finanzieller Hinsicht gilt für neue soziale Bewegungen dasselbe, was für etablierte politische Organisationen wie etwa Parteien auch gilt: Politische Arbeit kostet Geld, sei dies für die Administration, für politische Kampagnen, für öffentlichkeitswirksame Aktionen oder die Mitgliederwerbung. In der Regel verfügen aber soziale Bewegungen über wenig Eigenmittel. Kompensiert wird das fehlende Geld mit einem vergleichsweise hohen ideellen Engagement, mit dem unbezahlte Arbeit in Kauf genommen wird. Im Hinblick auf die öffentliche Wahrnehmung wird das fehlende Geld, zum Beispiel für Kampagnen, durch medienwirksame Protestaktionen kompensiert, um damit die politische Unterstützung des Publikums zu gewinnen.[421]

Neue soziale Bewegungen verfügen deshalb über wenig Geld, weil viele ihrer Mitglieder jung und beruflich wenig etabliert sind oder sich oft noch in Ausbildung befinden. Die Höhe der Mitgliedsbeiträge muss sich danach richten. Generell beeinflusst die ökonomische Situation der Mitglieder ihr unbezahltes politisches Engagement insofern, als unbezahlte Arbeit in der Regel nur dann geleistet werden kann, wenn entweder die Lebenskosten tief beziehungsweise die Verdienstmöglichkeiten

Kapitel V

Nr. 35: Cartoon von Madeleine Hunziker, abgedruckt in der »emanzipation« Nr. 1, 1987.

gut sind. Müssen die Mitglieder ihre Zeitressourcen vollständig für die Existenzsicherung einsetzen, bleibt das politische Engagement beschränkt. Gratisarbeit ist also nicht nur von ideellen, sondern auch von ökonomischen Faktoren abhängig. Oder aber die Mitglieder kommen aus sozialen Schichten, die es ihnen ermöglichen, selektiv auf finanzielle Ressourcen zurückzugreifen. Suchen soziale Bewegungen finanzielle Unterstützung, sind sie damit konfrontiert, dass ihre politischen Forderungen, die sich gegen die dominierenden gesellschaftlichen Verhältnisse richten, nur von ebenfalls nicht etablierten und damit in der Regel ebenfalls finanziell schwachen Organisationen unterstützt werden.

Für Frauenbewegungen als spezifische soziale Bewegungen muss unter diesem Gesichtspunkt berücksichtigt werden, dass

Frauen generell weniger verdienen. Zudem unterbrechen sie ihre Erwerbstätigkeit häufig zugunsten der Kindererziehung oder übernehmen aus demselben Grund ein Teilzeitpensum. Oft wird die Erwerbstätigkeit aber auch zur beruflichen Weiterbildung unterbrochen, da die von den Sozialisationsinstitutionen Familie und Schule wenig geförderten Frauen ihre beruflichen Ausbildungen später nachholen. Dies gilt allerdings nicht für die Mitglieder der traditionellen Frauenbewegung. Mitglieder der bürgerlichen Frauenbewegung leben oft in traditionellen Geschlechterrollen, die das Geldverdienen in erster Linie dem Ernährer überlassen, weshalb ökonomische Überlegungen beim Ergreifen einer ehrenamtlichen Arbeit kein Hinderungsfaktor sind. Im Gegenteil: Das karitative Engagement gehört in diesen sozialen Schichten zum weiblichen Rollenverständnis.

Von den vorhandenen oder eben nicht vorhandenen finanziellen Mitteln wird der Aktionsradius einer politischen Organisation maßgeblich mitbestimmt. Ausgehend von der Frage, welchen Handlungsspielraum die OFRA hatte beziehungsweise sich erkämpfte – und nur unter der Berücksichtigung dieses Rahmens kann die Frage nach dem Erfolg beantwortet werden –, soll im Folgenden die finanzielle Entwicklung untersucht werden.

So viel gleich zum Voraus: Die Geldbeschaffung war in der OFRA ein Dauerthema. Sie finanzierte ihre Arbeit in erster Linie aus den Mitgliedsbeiträgen, Aktionen, die der Finanzbeschaffung dienten, und aus privaten Spenden. Mehr als einmal musste von den Finanzverantwortlichen ein Spendenaufruf gestartet werden, weil ungewiss war, mit welchen Mitteln der Lohn der nationalen Sekretärin finanziert werden sollte. Häufiges Thema war die mangelnde Zahlungsdisziplin der Sektionen.

Diese mussten sowohl ihre eigene Arbeit in den Sektionen finanzieren als auch einen Beitrag an die nationale Kasse leisten. Oft wurden gerade in dieser Reihenfolge auch die Prioritäten gesetzt. Es zeigt sich also bei der Finanzbeschaffung eine ähnliche Situation wie bezüglich des politischen Engagements: Die Arbeit in der Sektion wurde der nationalen vorgezogen. Immer wieder versuchte der nationale Vorstand beziehungsweise das Sekretariat deshalb Maßnahmen zu ergreifen, um die Zahlungsmoral der Sektionen zu verbessern. Von Beginn an waren die Mitgliedsbeiträge in den Statuten zwar erwähnt, aber die Höhe der Beiträge nicht festgelegt. Erst bei der Statutenrevision im Jahr 1982 wurde geregelt, welches Gremium die Höhe des Mitgliedsbeitrags festsetzte – die Delegiertenversammlung – und wie hoch der Mindestbeitrag sein sollte – dreißig Franken. Sowohl die Kompetenzregelung als auch die Höhe des Mindestbeitrags wurden bei der letzten Statutenrevision 1986 festgelegt. Effektiv wurde seit 1982 ein Mitgliedsbeitrag von vierzig Franken erhoben.[422]

Bereits 1980 wurde die finanzielle Situation an einer Delegiertenversammlung als desolat bezeichnet. Die Delegierten fassten deshalb den Beschluss, dass jedes Mitglied einen Stundenlohn in die nationale Kasse spenden müsse.[423] Diese Maßnahme, die übrigens nur einmal ergriffen wurde, genügte allerdings nicht, um das Defizit auszugleichen. Die OFRA musste zusätzlich bei der »emanzipation«, deren Jahresabschluss einen Gewinn auswies, ein Darlehen aufnehmen.[424] Anfang 1981 wurde die Jahresrechnung an einer Delegiertenversammlung traktandiert:

> »Als nächstes wurde die nationale Kasse diskutiert. Die OFRA Schweiz hat einen Jahresumsatz von ca. Fr. 16 000.–. Diese

> Ausgaben konnten dank einer sehr erfolgreichen Spendenkampagne gedeckt werden. Von den Sektionen sind etwa Fr. 12 000.– an Schulden ausstehend! Dazu ist zu sagen, dass vor allem die grossen Sektionen die meisten Schulden haben. Erfreulich ist der Gewinn bei den Frau-Fräulein-Knöpfen und -Klebern. Hier gibt es einen Reingewinn von über Fr. 1600.–.«[425]

Dieses Zitat führt mitten in den angesprochenen Problembereich der Zahlungsdisziplin der Sektionen. Gleichzeitig zeigt es die Finanzierungsquellen, die der OFRA neben den Mitgliedsbeiträgen zur Verfügung standen. Vermutlich setzte sich der Aufwand von 16 000 Franken größtenteils aus den Lohnkosten der Sekretärin zusammen. Mit der Spendenaktion ist der Aufruf für die Unterstützung der OFRA im Prozess gegen das Offiziersschießen gemeint.[426] Die »Frau-Fräulein-Knöpfe und -Kleber« waren eine Aktion gegen die damals noch übliche zivilstandsabhängige Bezeichnung und Anrede von Frauen. Mit dem Spruch »Das Fräulein ist tot, es lebe die Frau« wollte die OFRA darauf aufmerksam machen, »dass einerseits die Sprache Ausdruck bestehender Machtverhältnisse ist und andererseits unsere Gesellschaft in diskriminierender Weise Frauen in zwei Hälften teilt: solche, die schon ›vergeben‹ sind, und solche, die noch ›zu haben‹ sind«.[427] Um die Zahlungsdisziplin der Sektionen in den Griff zu bekommen, beschloss der folgende Kongress, dass die großen Sektionen ihre Mitgliedsbeiträge monatlich, die kleinen vierteljährlich bezahlen sollten.[428] Dieser neue Zahlungsmodus wurde allerdings nicht eingehalten, wie das folgende Zitat aus einem Bericht über die Delegiertenversammlung Anfang 1982 dokumentiert:

Kapitel V

Nr. 36: Kleber der OFRA

»Immer diese Finanzen! Die OFRA-Kasse wurde bis jetzt von den Mitgliedern und Sektionen mehr als stiefväterlich behandelt. [...] Als erstes diskutierten wir das Budget. Wir mussten es zurückweisen, da keine genauen Angaben zu den einzelnen Zahlen vorlagen. Trotzdem berieten wir anschliessend die Neuregelung der Sektionsbeiträge an die nationale Kasse. Bisher haben die Sektionen die Hälfte der eingenommenen Mitgliederbeiträge an die nationale Kasse überwiesen. Sie waren aber auf keinen festen Betrag verpflichtet und deshalb bemühten sich auch nicht alle gleichermassen darum, dass wirklich Geld in der nationalen Kasse war. In Zukunft wird aufgrund der Mitgliederzahlen der Sektionen und des nationalen Budgets ein fester Betrag vierteljährlich entrichtet.«[429]

Dieser Beschluss führte zur erwähnten Statutenrevision im Jahr 1982, die den Mitgliedsbeitrag auf mindestens dreißig Franken festsetzte. Im gleichen Jahr versuchte die OFRA Frauen zu gewinnen, die ihr zinslose Darlehen zur Verfügung stellen sollten, um die Liquidität zu sichern. Aufschlussreich ist die Höhe der gesuchten Darlehen: Sogar Kleinstbeträge in der Höhe von fünfzig Franken waren willkommen.[430] Der Gewinnvortrag 1982 von über fünftausend Franken lässt darauf schließen, dass dieser Aufruf erfolgreich war.[431] Zudem dürfte sich der Mitgliederzuwachs, der 1982 den Höhepunkt erreichte, positiv auf die Finanzen ausgewirkt haben.

Nach einer kurzen Verschnaufpause spitzte sich die finanzielle Situation Mitte der achtziger Jahre erneut zu. 1985 wurden die Sektionen mit dem Hinweis auf den Lohn der Sekretärin abermals aufgefordert, »mindestens einen Teil ihrer längst ausstehenden Beiträge« einzuzahlen.[432] 1986 wurden dann die Lohnkosten wegen der Finanzknappheit zum Problem.[433] In der Folge bildete sich eine neue Arbeitsgruppe, die eigens zur Mittelbeschaffung eingesetzt wurde. Damit schuf die OFRA 1987 ein neues Gremium, um das sie in der zweiten Hälfte ihrer Geschichte nicht mehr herumkam:

> »Noch einmal zurück in den Frühsommer: Im Vorstand
> formiert sich eine Werbe-AG (Andrea Z., Nelly Z., Anita J.,
> Barbara S.), um die drohende Ebbe in der nationalen Kasse
> zu bekämpfen. Es werden ein neuer OFRA-Knopf und eine
> Postkartenserie (vier Portraits engagierter Schweizerinnen)
> entwickelt. Der Verkauf ermöglicht uns, wenigstens für 1987
> das Defizit in der nationalen Kasse zu beheben. Zum selben
> Zweck werden in der Dezember DV (Delegiertenversammlung – DL) 87 die Sektionsbeiträge an die nationale Kasse pro
> Frau und pro Jahr von Fr. 40.– auf Fr. 60.– erhöht. Ausserdem

Kapitel V

unterstützt die OFRA-CH 1987 die Zeitung DONNAVANTI der Tessinerinnen mit Fr. 500.– jährlich.«[434]

Doch scheinen auch diese Maßnahmen nicht den erwünschten Erfolg erzielt zu haben. Zudem wirkte sich der Mitgliederschwund nun auch auf die Finanzen aus:

> »Frühsommer 88 wird die Finanzfrage eine immer drängendere Beschäftigung des nat. Vorstandes. Fünf Sektionen drohen mit Auflösung (Mitgliederschwund) oder Austritt und bezahlen ihre Beiträge an OFRA-CH nur noch teilweise oder gar nicht mehr. Der Vorstand beschliesst notgedrungen, eine Bettelbrief-Kampagne zu starten. Mit Nelly Z's kundiger Hilfe werden ca. 2000 Frauen-Adressen von den Sektionen und dem nat. OFRA-Sekretariat aus im Herbst mit einem Bettelbrief beschickt: Spendet für die Aufrechterhaltung des nat. OFRA-Sekretariates und den Lohn der Sekretärin!«[435]

Diese Kampagne war erfolgreich: Bis im Frühling 1989 erhielt die OFRA Spenden in der Höhe von achttausend Franken. Zudem schenkte ein Mitglied der OFRA Basel, Charlotte F., der OFRA zehntausend Franken, die zu einem Drittel für die Sektion Basel, zu zwei Dritteln für die OFRA Schweiz verwendet wurden. Damit, so der Jahresbericht, war das »Finanzloch fürs erste gestopft«. Dieses Verfahren, den Kostenaufwand zu einem großen Teil über Spenden zu decken, wurde wegweisend und zwingend: Ab 1989 konnte die OFRA ihren Aufwand ohne großzügige Spenden nicht mehr decken. Nachdem der nationale Vorstand abgeschafft worden war, bildete sich eine neue Gruppe, die sich mit den Finanzen beschäftigen sollte. Unter anderem sollte auch der Lohn der Sekretärin angehoben werden.[436]

Nr. 37: Auszug des Ficheneintrags der Stadtpolizei Zürich.

Anfang der neunziger Jahre wurden bei einem Aufwand von rund 50000 Franken Spenden in der Größenordnung von 15000 bis 20000 Franken eingenommen. Damit verbesserte sich die finanzielle Lage der OFRA. Der Jahresabschluss von 1993 bildete den Höhepunkt in der finanziellen Entwicklung: Erstmals wurde eine Aufstockung des Sekretariats von fünfzig auf sechzig Prozent überlegt. Obwohl weniger Spendengelder als budgetiert zusammenkamen, so der Jahresbericht, wies die OFRA doch eine Vermögenszunahme von mehr als 6000 Franken aus. Zu diesem guten Ergebnis trugen insbesondere die verminderten Kosten der Aufwandseite bei. Interessant ist die Zusammensetzung der Spenden: Neben der großzügigen Spende eines Einzelmitglieds[437] wurden von den Sektionen Amt und Baden größere Spenden überwiesen. Die Sektionen Zug, Solothurn und Freiburg überwiesen einen Mitgliedsbeitrag von

Kapitel V

hundert Franken pro Person. Übrigens richtete die OFRA ihre Bettelbriefe nun auch an Männer, werden im Jahresbericht doch auch Spender erwähnt.[438] Das gute Resultat von 1993 konnte im folgenden Jahr nicht nur nicht erreicht werden, sondern blieb deutlich unter dem Budget: Das Vereinsvermögen sank um die Hälfte. Die Pläne für den Ausbau des Sekretariats mussten begraben werden:

> »Aufgrund der Vermögensabnahme legen wir den Gedanken, die Sekretariatsstelle auf 60% zu erhöhen, auf Eis. Wir werden im laufenden Jahr wiederum mit einem breit gestreuten Spendenaufruf die finanziellen Mittel für den Betrieb unseres 50%-Sekretariats aufzutreiben versuchen.«[439]

In den folgenden Jahren verschlechterte sich die finanzielle Situation zunehmend. Deutlicher Ausdruck davon waren Finanzierungsschwierigkeiten für die Teilnahme an der Weltfrauenkonferenz in Peking im Jahr 1995. Als Nichtregierungsorganisation (NGO) war die OFRA neben zahlreichen anderen NGO-Frauenorganisationen zu dieser Großveranstaltung eingeladen. Als Vertreterin der OFRA sollte die damalige Sekretärin, Rita Blättler, an der internationalen Veranstaltung teilnehmen. Weil die OFRA die Finanzierung nicht gewährleisten konnte, war die Teilnahme allerdings gefährdet. Auf privater Basis, so der Jahresbericht, habe Rita Blätter zwei Drittel der Kosten zusammengetragen. Den Restbetrag übernahm sie selber. Die OFRA als Arbeitgeberin konnte ihr lediglich zwei Wochen der Arbeitszeit zur Verfügung stellen.[440] Ein Jahr später, 1996, musste die damalige nationale Kassierin, Edith Mägli, eine Vermögensabnahme von erstmals über zehntausend Franken ausweisen: Sowohl die Sektionsbeiträge als auch die Beiträge der Einzelmitglieder sowie die Spenden nahmen ab. Die Jahresrechnung hätte aber noch schlimmer abschließen können:

> »Dass die Summe der Spenden noch über Fr. 15000.– beträgt, verdanken wir nebst vielen kleineren und mittleren Beiträgen vor allem auch einer OFRA-Gründungsfrau, die uns grosszügig unterstützt hat. Die OFRA-Oberwallis liess uns für die nationale Arbeit eine Spende von Fr. 500.– zukommen.«[441]

Ebenfalls düster sah der Jahresabschluss für das letzte Jahr, das Jahr 1997, aus. Nachdem, so der Bericht der Kassierin, der Beschluss gefasst worden war, die OFRA als nationale Organisation aufzulösen, hätten viele Einzelmitglieder und Spenderinnen keinen Beitrag mehr eingezahlt. Trotz dem dadurch verursachten Rückgang der Einnahmen hätten aber alle anstehenden Rechnungen beglichen werden können. Der Rest des Vermögens werde für die Herstellung und den Versand des letzten Jahresberichts eingesetzt sowie für die historiographische Bearbeitung der zwanzigjährigen Geschichte der OFRA.[442]

Zusammenfassung

Trotz dem mehr oder weniger konstanten Grundton »Finanzknappheit« während des gesamten Zeitraums zeigen sich bei näherer Betrachtung doch interessante Verschiebungen sowohl hinsichtlich der Mittelbeschaffung als auch der Auswirkung der Mitgliederentwicklung. So war etwa die Anzahl der Mitglieder nur bedingt ausschlaggebend für die finanzielle Situation. 1992 wurde einiges mehr an Geld in die Kasse einbezahlt als zehn Jahre vorher, obwohl die Mitgliederzahl in diesem Zeitraum um die Hälfte abnahm.

Im Gegensatz zur Anzahl der Mitglieder spielte die Zahlungsdisziplin der Sektionen eine wichtige Rolle: Trotz vielen Appellen und Neuregelungen konnte sie, zumindest in der ersten Hälfte der Geschichte, nicht verbessert werden. Sie veränderte sich erst in den neunziger Jahren, was vermutlich mit der eingeschränkten Arbeit der Sektionen zusammenhängt, aber auch mit der verbesserten ökonomischen Situation der Mitglieder, die sich nicht mehr vorwiegend in Ausbildung befanden. Die Zahlungsdisziplin, kann man zugespitzt formulieren, muss nun nicht mehr gerügt, sondern gelobt werden: Einzelne Sektionen werden zu Spenderinnen.

Hinsichtlich der übrigen Mittelbeschaffung zeigt sich eine Verschiebung zwischen den Verkaufsaktionen und den Spenden: Erstere scheinen an Bedeutung zu verlieren, während Letztere immer wichtiger werden. Voraussetzung für die Erhöhung der Spendenbeiträge war die Gründung der Finanzgruppe 1987, ein neues Gremium, das sich ausschließlich mit der Mittelbeschaffung beschäftigte. Mit der Lancierung einer Bettelbriefkampagne 1988 wurde ein Instrument geschaffen, auf das die OFRA nicht mehr verzichten konnte. Zunehmend abhängig wurde sie schließlich von einzelnen Spenderinnen, die substanzielle Beiträge einzahlten. Die so genannten Einzelfrauen oder Einzelmitglieder nahmen an der Zahl stetig zu. Sie waren oft zuerst aktiv in einer Sektion. Löste sich die Sektion auf – zwischen 1986 und 1996 waren das immerhin zwölf Sektionen –, wurden sie Mitglied der OFRA Schweiz. Zudem blieben viele Gründungsmitglieder der OFRA treu, obwohl sie sich nicht mehr aktiv beteiligten. Ihre Verbundenheit drückten sie finanziell aus, stellten sich aber auch bei Fachfragen immer wieder mit ihrem Wissen zur Verfügung. Das zeigt, dass eine ideelle Verbundenheit nicht mehr wie in den achtziger Jahren unbedingt mit gleichzeitiger Aktivität zusammenhing, sondern in den neunziger Jahren die aktive Mitarbeit oft von einem finanziellen Engagement abgelöst wurde.

Insgesamt konnte die OFRA ihren Handlungsspielraum in finanzieller Hinsicht nicht erweitern. Im Gegenteil: Gemessen an den durch den Professionalisierungsschub gewachsenen Ansprüchen der neunziger Jahre hatte er sich verkleinert. Das Sekretariat blieb zwar während der zwanzig Jahre mit fünfzig Stellenprozenten konstant. Waren jedoch größere Beiträge erforderlich, wie anlässlich der Teilnahme an der Weltfrauenkonferenz in Peking, sprengte dies den finanziellen Rahmen der OFRA. Das Beispiel zeigt eindrücklich, dass die OFRA den finanziellen Anforderungen, die sich in den neunziger Jahren Organisationen der neuen Frauenbewegung stellten, nicht mehr genügen konnte.

5. »emanzipation« – Organ für die Sache der Frauen

Vom Vereinsorgan »emanzipation« war bis jetzt schon oft die Rede; zwar weniger von der Zeitschrift als solcher als von der Berichterstattung über Delegiertenversammlungen und Kongresse der OFRA sowie als Austragungsort von Debatten. Viele Zitate in den vorangehenden Kapiteln sind dem Vereinsorgan entnommen. Das verwundert wenig, ist doch die Berichterstattung über das Vereinsleben eine der Hauptaufgaben einer Vereinszeitschrift. Die zentrale Funktion von Vereinsorganen besteht weniger darin, eine möglichst breite Öffentlichkeit zu erreichen, als vielmehr die Kommunikation unter den Vereinsmitgliedern zu gewährleisten: Im Vereinsorgan werden die für die Organisation relevanten Themen diskutiert, Problemlösungen vorgeschlagen, Meinungen gebildet und Informationen ausgetauscht. Vereinsorgane festigen zudem den Zusammenhalt der verschiedenen Sektionen und der einzelnen Mitglieder. In zweiter Linie repräsentieren sie den Verein nach außen und dienen der Mitgliederwerbung.

So lassen sich die generellen Funktionen eines Vereinsorgans zusammenfassen. Nur, so die Frage, war die »emanzipation« überhaupt eine Vereinszeitschrift? In den Statuten aus dem Jahre 1986 wird die »emanzipation« als »offizielles Informationsorgan« der OFRA bezeichnet. Der Zweck der Zeitschrift und die Verantwortlichkeit der Redaktion gegenüber der OFRA wurden in einem gesonderten Redaktionsstatut aus dem Jahre 1981 geregelt.[443] Diesem lässt sich entnehmen, dass sich die »emanzipation« gleichermaßen an Mitglieder wie Nichtmitglieder richtete. Als typische Vereinszeitschrift kann sie also nicht bezeichnet werden, zumal auch die Vereinsmitgliedschaft, was üblicherweise der Fall ist, nicht mit einem obligatorischen Abonnement verknüpft wurde. Nicht zuletzt der Verkauf der »emanzipation« am Kiosk verweist auf ein Zielpublikum, das sich auch außerhalb der Mitglieder der OFRA befand.[444] Dennoch wurde im Redaktionsstatut der Berichterstattung über die verschiedenen Aktivitäten der OFRA höchste Priorität eingeräumt und die Redaktion in ihrer gesamten Tätigkeit gegenüber der OFRA in die Verantwortung genommen. Die »emanzipation« war also beides: sowohl Vereins- oder eben Informationsorgan der OFRA als auch eine Zeitschrift, die sich an ein bestimmtes Zielpublikum wandte, eine so genannte Special-Interest-Publikation.

Neben dem Deutschschweizer Organ bestanden seit 1983 auch Organe in der West- und der Südschweiz. Nachdem in Genf, Lausanne und Biel Sektionen der OFRA gegründet worden waren, erschien im November 1983 die Nullnummer der

Zeitschrift »A tire d'elles«. Etwa zum selben Zeitpunkt erschien die erste Nummer der Zeitschrift »Donnavanti«, herausgegeben von der Organizzazione per i diritti della donna, die als Initiativgruppe Mitglied der OFRA war.[445] Mit diesen zwei Zeitschriften wurden allerdings keine redaktionellen Vereinbarungen getroffen. Mit dem Austritt der Sektionen Genf und Lausanne 1988 verlor die OFRA bereits nach kurzer Zeit das Westschweizer, mit dem Austritt der Sektion Tessin 1990 auch das Südschweizer Organ. Ich konzentriere mich im Folgenden auf die Entwicklung des Deutschschweizer Organs, hatte doch dieses die engste und längste Verbindung zur OFRA. Im Zentrum steht dabei genau diese Verbindung, die im Laufe der achtziger Jahre gelockert und schließlich gelöst wurde.[446]

Die »emanzipation« existierte bereits vor der Gründung der OFRA. Im Januar 1975 erschien die erste Nummer, herausgegeben von den Progressiven Frauen Basel.[447] Mit der Gründung der OFRA im März 1977 wechselte die »emanzipation« sozusagen die Organisation: Sie war nun nicht mehr die Zeitung der Progressiven Frauen Schweiz, sondern das Organ der Organisation für die Sache der Frauen. Wie der folgende Ausschnitt aus dem Editorial, das auf die Veränderung aufmerksam machte, dokumentiert, ging dieser Wechsel ohne große Umtriebe vonstatten:

> »Erstens ist sie (›emanzipation‹ – DL) jetzt das Organ der neugegründeten SAFRA-Organisation für die Sache der Frauen (deshalb hat sie auch einen neuen Titelkopf), und zweitens wird sie ab nun mit Composersatz gedruckt, was bedeutet, dass wir fast doppelt soviel Platz haben, für die Sache der Frauen zu schreiben wie in der alten ›Emi‹. Das ist allerdings auch schon alles, was anders geworden ist. Nach wie vor ist die ›Emanzipation‹ eine Zeitung für Frauen

ausschliesslich von Frauen gemacht, und nach wie vor wird die ›Emanzipation‹ versuchen, den feministischen Standpunkt in Politik, Sozialwesen und Kultur zur Geltung zu bringen. Auch die Auseinandersetzung mit feministischer Geschichte und Theorie wird in der ›neuen‹ Emi weitergehen. Dann hat sich ja gar nicht so viel verändert an der ›Emanzipation‹? Nein, eigentlich nicht.«[448]

Nicht ganz dieser Meinung war Annette Peyer, die im Rahmen einer Arbeit über die feministische Presse in der Schweiz auch die »emanzipation« untersuchte.[449] Sie stellte mit dem Wechsel der »emanzipation« vom Organ der PFS zur OFRA sowohl formale als auch inhaltliche Veränderungen fest. Die »emanzipation« sei besser strukturiert, thematisch offener geworden und habe ein neues Erscheinungsbild erhalten. Ideologisch habe sie sich vom Klassenkampf völlig abgewandt und sich in die Tradition der Frauenbewegung, also auch der bürgerlichen, gestellt. Regelmäßig erschienen nun Berichte und Veranstaltungshinweise aus den Sektionen der OFRA sowie eine Liste von Beratungs- und Kontaktadressen. Insgesamt veröffentlichte die »emanzipation« vermehrt Artikel zur Schweizer Frauenbewegung. Während sie 1978 im Zeitschriftenformat erschienen, erhielt sie 1980 ihr definitives Format in Heftaufmachung (Tabloid-Format). Peyer stellte für diesen Zeitpunkt auch eine thematische Verlagerung fest. Themen, die zuvor kaum öffentlich diskutiert wurden, wie etwa Gewalt gegen Frauen, moderner Frauenhandel mit der Dritten Welt oder sexistischer Sprachgebrauch, seien nun regelmäßig aufgegriffen worden. Die traditionellen Themen wie Beziehung, Kinder und Arbeit seien zugunsten feministisch-theoretischer Diskussionen in den Hintergrund getreten. Man könnte auch sagen, dass sich die »emanzipation« allmählich von einer Informationszeitschrift, die über das aktuelle Geschehen berichtete, zu einer thematischen Zeitschrift wandelte, die den Aktualitätsbezug nur noch in zweiter Linie berücksichtigte.[450] Als ein weiteres Indiz dieses Wandels kann der abnehmende Mobilisierungston in der Berichterstattung bezeichnet werden: Diskriminierende Sachverhalte wurden nicht mehr skandalisiert, sondern in Hintergrundartikeln differenziert. Ab 1983, so Peyer, habe sich die Zeitung sowohl in sprachlicher als auch inhaltlicher Hinsicht an ein intellektuelles Publikum gerichtet, »an die alternative Frauenelite«. Letzteres sei einer der Faktoren, die zu den ersten Spannungen mit der OFRA geführt hätten.

Ich bin allerdings der Auffassung, dass bereits bei der Schaffung des Redaktionsstatuts im Jahr 1981 ein Konflikt angesprochen wurde, der schließlich zur Trennung führte: nämlich die fehlende Mitarbeit der OFRA-Mitglieder. An der Delegiertenversammlung im März 1981 war das Informationsorgan »emanzipation« Haupttraktandum. Neben dem Redaktionsstatut wurde generell über die Zeitschrift diskutiert und das Redaktionsteam von den Delegierten kritisiert:

> »Einer der Hauptkritikpunkte: die Redaktion ziehe zu wenig OFRA-Frauen bei, sie schreibe beinahe alle Artikel selbst. Es wurde von uns verlangt, dass wir intensiver und langfristig Frauen suchen, die zu den von uns vorgeschlagenen Themen etwas schreiben. Wir haben uns diese Kritik zu Herzen genommen und für diese Nummer vermehrt Mitarbeiterinnen gesucht. Zum Teil ist uns dies gelungen, zum Teil haben Frauen auch von sich aus Artikel angeboten. Einzig beim Bericht über die Delegiertenversammlung war einfach niemand zu finden! Konsequent wie wir nun mal sind, schreiben wir diesen Bericht nicht selbst, er erscheint in dieser Nummer also nicht. Vielleicht findet sich doch noch eine Frau, die sich einen »Schupf« geben könnte, und dann

Kapitel V 273

können unsere Leserinnen den DV-Bericht, zwar mit einiger Verspätung, in Nr. 5 lesen.«[451]

Der fehlende Bericht über die Delegiertenversammlung verweist auf den wunden Punkt in der Zusammenarbeit zwischen dem Redaktionskollektiv und der OFRA: Zwar verlangte die OFRA eine stärkere Berücksichtigung ihrer Aktivitäten, konnte aber die damit verbundene Schreibarbeit nicht leisten. Im Februar 1982 hielt die Redaktion im Editorial der »emanzipation« einen Rückblick auf das vergangene Jahr. Im Großen und Ganzen sei sowohl sie selber als auch die Leserinnen zufrieden mit dem vergangenen Jahrgang. Allerdings sei ihre Planung nicht immer zufrieden stellend gewesen und manchmal seien ihnen auch ganz einfach die Ideen ausgegangen:

> »Aber eben, hier fehlte uns auch der Rückhalt in den Sektionen. Sektionsberichten und Veranstaltungskalendern mussten wir schon nachrennen, noch viel harziger lief es, wenn es darum ging, längere, recherchierte Artikel von Sektionsfrauen zu erhalten. Aber auf Artikel, Tips, Reaktionen von Euch sind wir eben angewiesen. Die Redaktion arbeitet immer noch quasi gratis[452], und Berufsjournalistinnen sind wir nicht.«[453]

Ein Jahr später, anlässlich des Rückblicks auf den Jahrgang 1982, stellte das langjährige Redaktionsmitglied Ruth Marx in Aussicht, dass im kommenden Jahr die Diskussion über die »emanzipation« in den Sektionen intensiviert werden solle. Vorgesehen war, dass die Redaktionsmitglieder die Vollversammlungen der Sektionen besuchen sollten.[454] Ob dieses Vorhaben auch realisiert wurde, ist nicht zu eruieren. Aufgrund der offenen Konfliktdiskussion im Jahre 1985 ist dies allerdings zu bezweifeln. Vorerst aber noch ein Hinweis auf ein anderes Indiz für die Spannungen zwischen der Redaktion und der OFRA. Aufgrund der Inhaltsverzeichnisse der »emanzipation«, die ab dem Jahr 1981 in einer der ersten Nummern des folgenden Jahrgangs abgedruckt wurden, kann man diese Spannungen bis zur Trennung ebenfalls nachvollziehen. Während für das Jahr 1981 noch eine Rubrik »OFRA« geführt und für die folgenden zwei Jahrgänge unter der Rubrik »Frauenbewegung« Artikel zu OFRA-Aktivitäten aufgeführt sind, ist ab 1989 das Kürzel OFRA nicht mehr vorhanden. Das heißt nicht, dass gar keine Artikel mehr über die Aktivitäten der OFRA erschienen. Diese wurden aber auf den letzten zwei Seiten unter »aktuell« oder »News« platziert und umfassten in der Regel nur wenige Zeilen.

1985 feierte die »emanzipation« ihr zehnjähriges Jubiläum und erschien in einem neuen Kleid: Die pinkfarbige Titelseite wurde abwechslungsweise durch eine weiße, schwarze oder farbige ersetzt. Zudem verschwand der Untertitel »Zeitung der OFRA« von der Frontseite. Inhaltlich wurde eine Rubrik »Feministische Utopien« eingeführt, die, so Annette Peyer, ein ausgewähltes Insiderinnenpublikum angesprochen hätte. Peyer bringt diese Neuerungen sowie einen Artikel über »die Spaltung der Frauenbewegung in Arbeiterinnen und Intellektuelle«[455] in einen nicht näher beschriebenen Zusammenhang mit den Spannungen zwischen der OFRA und dem Redaktionskollektiv. Inwiefern dieser Artikel eine besondere Rolle spielte im Konflikt zwischen OFRA und Redaktionskollektiv, bleibe dahingestellt. Das Thema »Feministinnen und Gewerkschafterinnen«, so der Titel des Artikels, gehörte aber zum Themenrepertoire der »emanzipation«. Immer wieder publizierte sie Artikel zu diesem Thema. Einig bin ich mit Peyer, dass die Spannungen zwischen der OFRA und dem Redaktionskollek-

Kapitel V

Nr. 38: Titelköpfe der emanzipation von 1975 bis 1996.

tiv zunahmen. Dafür sind die Indizien eindeutig: Anfang Juni 1985 beschloss der Kongress eine »um alle interessierten Frauen erweiterte« Delegiertenversammlung zum Thema »emanzipation«.[456]

An der Delegiertenversammlung Ende Oktober 1985 wurden die beiden Positionen diskutiert. Die OFRA stellte eine Entfremdung zwischen Organisation und Organ fest. Das Redaktionskollektiv sei im Gegensatz zu den Mitgliedern der OFRA homogen zusammengesetzt, nämlich aus Akademikerinnen und Studentinnen. Gegen diesen Vorwurf wehrte sich das Redaktionskollektiv und beteuerte seinerseits, sich sehr wohl als Organ der OFRA zu verstehen. Hingegen mangle es an der Zusammenarbeit. Die OFRA liefere so gut wie keine Artikel für die »emanzipation«. Man trennte sich mit der Absicht, die Zusammenarbeit wieder zu verstärken. Ein halbes Jahr später fand bereits eine weitere Delegiertenversammlung zum selben Thema statt:

> »Gleich zu Anfang konnte ein nicht unwesentliches Problem gelöst werden: es gibt wieder eine Frau – Regula Ludi, Bern – die gleichzeitig im nationalen Vorstand der OFRA und in der Redaktion der ›Emanzipation‹ mitarbeitet. Der Informationsfluss zwischen der OFRA und der ›emi‹ hat nun einige Klippen weniger zu umschiffen, ihr direkter Lauf erleichtert die Zusammenarbeit beider Organe erheblich.«[457]

Um die Berichterstattung aus den Sektionen zu verbessern, wurde die Durchführung eines Schreibkurses angeregt, welcher die Schreiblust von Frauen überhaupt wecken sollte. Keine Diskussion, so die Berichterstatterin Andrea Zgraggen, habe die Forderung nach der Aufführung der OFRA auf dem Titelblatt der »emanzipation« ausgelöst. In der inhaltlichen Diskussion sei einmal mehr das Fehlen von »Fachfrauen« und somit von bestimmen Themenbereichen, die die Redaktionsmitglieder nicht abdecken konnten, bemängelt worden. Die Redaktion habe sich eine Liste von Frauen gewünscht, die zu gewissen Themen Artikel verfassen würden.[458] Annette Peyer fasst die Sitzung mit etwas anderen Schwerpunkten zusammen. Die Redaktorinnen hätten darauf hingewiesen, dass sie die »emanzipation« zwar als feministische Zeitung verstehen, die von der OFRA herausgegeben werde. Da mittlerweile aber nur noch ein Drittel ihrer Leserinnen Mitglieder der OFRA seien, wollten sie kein »OFRA-Bulletin« verfassen. Der Wunsch nach engeren Kontakten sei zwar ein weiteres Mal geäußert worden, doch die Redaktion habe sich gegenüber der OFRA zunehmend autonomer verhalten. Erst mit der Neubesetzung des Sekretariats im Jahre 1988 sei die Zusammenarbeit reaktiviert worden.

Diese Feststellung wird durch eine gleich lautende Aussage im Jahresbericht 1988/89 gestützt. Ihr widersprechen aber die bereits erwähnten Resultate der Durchsicht der Inhaltsverzeichnisse sowie die Entwicklung des Titelblatts. Bereits im September 1988 verschwindet der Untertitel »die Zeitung der OFRA« wieder ins Impressum. Danach schafft er es nicht mehr auf die Frontseite. Das Impressum wechselt in der Folge von »emanzipation, die kritische Frauenzeitschrift. Zeitung der Organisation für die Sache der Frauen (OFRA)« im Oktoberheft 1988 zu »emanzipation, die kritische Zeitung für die Sache der Frauen (OFRA)« einen Monat später. Ende 1989 verschwindet der Hinweis auf die OFRA auch aus dem Impressum.

Erstaunlicherweise werden den Abonnentinnen und den Leserinnen allgemein diese Veränderungen nicht mitgeteilt. Im Gegenteil: Im Editorial zum 15. Jahrgang der »emanzipation«

weist das Redaktionsmitglied Katka Räber-Schneider zwar auf die politische Herkunft der Zeitschrift – »aus der engagierten Alternativszene« – hin, aber ohne die neue Frauenbewegung, die PFS oder die OFRA zu erwähnen.[459]

Wie lässt sich diese Geschichtslosigkeit erklären? Ich vermute, dass sie mit der veränderten Zusammensetzung der Redaktionsmitglieder zu erklären ist. Waren die frühen Redaktionsmitglieder immer und zum Teil sehr aktive Mitglieder der OFRA, war dies ab Ende der achtziger Jahre nicht mehr der Fall. 1983 waren beispielsweise die ehemalige nationale Sekretärin Ruth Hungerbühler und die ehemaligen Sekretärinnen der OFRA-Basel, Anita Fetz und Veronica Schaller, in der Redaktion. 1990 hingegen war Regula Ludi, ehemaliges Mitglied des nationalen Vorstandes, das einzige aktive OFRA-Mitglied in der Redaktion. Die anderen Redaktionsmitglieder beteiligten sich nie aktiv am Organisationsgeschehen.[460] Nur so lässt sich das fehlende Wissen über die eigene Geschichte verstehen. Denn auch bei einer ambivalenten Haltung gegenüber der OFRA wäre deren Bedeutung für die Gründung der »emanzipation« sicherlich hervorgehoben worden. Oder aber die neue Redaktion der »emanzipation« wollte bewusst ein neues Image gewinnen, das jegliche Verbindung mit der OFRA ausschloss.

Die »emanzipation« erschien weiterhin mit zehn Nummern pro Jahr. 1990 verzeichnete sie eine Auflage von 2500 Exemplaren. Die weitere Entwicklung der Auflagenzahlen und anderer Aspekte kann hier nicht weiterverfolgt werden. 1996, mittlerweile im 22. Jahrgang, musste die »emanzipation« ihr Erscheinen allerdings einstellen. Ergänzend sei erwähnt, dass bald nach ihrem ersten Erscheinen im Januar 1975 auch die erste Nummer der »Frauezitig«, herausgegeben von der FBB, und im folgenden Herbst die erste Nummer der »Lesbenfront« erschienen.[461]

Kapitel V

Im zeitlichen Vergleich mit der feministischen Presse in der Bundesrepublik Deutschland übrigens lagen die Schweizerinnen vorne: Als erste feministische Zeitschrift erschien dort die »Courage« im September 1976, etwas später das feministische Satireblatt »Schwarze Botin« und dann im Januar 1977 die erste Nummer der größten feministischen Zeitschrift im deutschsprachigen Raum, der »Emma«.[462]

Zusammenfassung

Obwohl 1977 mit viel Schwung zusammen gestartet, lösten sich Verein und Organ in der Mitte der achtziger Jahre immer mehr voneinander, um sich schließlich Ende 1989 endgültig zu trennen. Allerdings nicht offiziell, denn die letzten Statuten aus dem Jahre 1986, in denen die »emanzipation« als Informationsorgan der OFRA bezeichnet wurde, blieben bis 1997 unverändert. Ob das Redaktionsstatut von 1981 irgendwann aufgelöst wurde, konnte aufgrund der Quellen nicht eruiert werden. Offensichtlich verlor es spätestens Ende 1989 für beide Parteien an Gültigkeit.

Einer der Hauptgründe für die Trennung war die mangelnde Mitarbeit der OFRA, insbesondere auch der Sektionsmitglieder. Interessanterweise wurde an den Delegiertenversammlungen, welche die Zusammenarbeit thematisierten, nie auf den Umstand hingewiesen, dass einzelne Sektionen eigene Informationskanäle besaßen. So gab zum Beispiel die Sektion Bern von Beginn an ein »OFRA-Bulletin der Sektion Bern« heraus, das phasenweise monatlich, zeitweise vierteljährlich erschien.[463] Auch die Sektion Basel hatte ein eigenes Mitteilungsblatt, das »Emeli«.[464] Vermutlich war dies einer der Gründe, weshalb sich nur wenige Frauen fanden, die für die »emanzipation« schreiben wollten, fiel doch bereits für die Sektionsbroschüre einiges an Arbeit an. Damit, so lässt sich vermuten, waren die journalistischen Kapazitäten der einzelnen Sektionen erschöpft. Dieser Befund bestätigt, was sich in den Strukturdebatten zeigte: Dem lokalen Engagement wird höhere Priorität zugemessen als dem nationalen. Zudem wurde die »emanzipation« sowohl inhaltlich wie auch gestalterisch immer professioneller produziert. Sie entwickelte sich vom Informationsorgan zur selbständigen feministischen Zeitschrift, vom einstigen Mobilisierungsorgan zur thematisch ausgerichteten Zeitschrift.

Der Verlust des Vereinsorgans wurde insofern gemildert, als die OFRA ab 1991 einen erweiterten Jahresbericht in Form einer Broschüre herausgab. Damit konnten die wichtigsten Ereignisse und Diskussionen im Vereinsleben kommuniziert werden. Allerdings ersetzt eine einmal jährlich erscheinende Broschüre niemals ein monatlich erscheinendes Vereinsorgan. Wichtige Debatten konnten so einer breiteren Öffentlichkeit nicht mehr zugänglich gemacht werden. Die OFRA verlor ein Werbemittel und einiges an Präsenz in der feministischen Öffentlichkeit.

Die interne Kommunikation wurde nach dem Verlust der »emanzipation« verstärkt mittels Protokollen und Informationsblättern gewährleistet. Das nationale Sekretariat verschickte monatlich Sitzungsprotokolle und Informationsmaterial an die Sektionen. Diese wiederum diskutierten die Berichte und Informationen und gaben allfällige Rückmeldungen der nationalen Sekretärin bekannt.

Nachwort: Die »neue« neue Frauenbewegung

Mit dem Slogan »die neue frauenbewegung« startete die Frauenzeitschrift »annabelle« ihre Abonnementskampagne für das Jahr 2000. Die künftige »annabelle«-Leserin soll ihre »stöckelschuhe wegschleudern«, die »nagelschere missbrauchen und damit den coupon ausschneiden«. Begriffe wie »aus dem rahmen fallen« und »zupacken« untermalen den Slogan zur »neuen frauenbewegung«.

Eine derartige Werbekampagne wäre in den siebziger Jahren, den Aufbruchjahren der OFRA, undenkbar gewesen. Heute können negativ geprägte Begriffe wie Emanze, Feministin oder frustriertes Weib der »neuen Frauenbewegung« à la »annabelle« offenbar nichts mehr anhaben. Die Frauen des neuen Jahrtausends – so die Werbebotschaft – sind zwar selbstbewusst und frech, wehren sich aber nicht länger gegen Schönheits- und Modediktat. Die typische »annabelle«-Leserin ist »aktiv, urban, teilzeitlich oder voll berufstätig, gut verdienend, aber ohne Zeit fürs Basteln«.[465] Für Politik interessiert sie sich eher am Rande.

Die Vereinnahmung der neuen Frauenbewegung als Marktpotenzial einer Frauen- und Modezeitschrift macht deren Absenz deutlich. Dieses Vakuum erlaubt den WerberInnen, mit dem Etikett einer ehemals lautstark und öffentlich auftretenden Bewegung zu kokettieren. Es ist ja niemand mehr da, der diesen Begriff für sich in Anspruch nimmt. Oder will der Slogan tatsächlich einen neuen Aufbruch der Frauen signalisieren? Im Sinne einer historischen Ungenauigkeit den Aufbruch einer »neuen« neuen Frauenbewegung bezeichnen? Wohl kaum. Oder ist der Slogan gar Ausdruck eines unverkrampfteren Verhältnisses zur Frauenbewegung? Der Gebrauch zu Werbezwe-

Werbetalon.

Nachwort

cken war jedenfalls kein Ziel der von der neuen Frauenbewegung angestoßenen Emanzipationsdiskussion. Und liest man die »annabelle«, ist von einer neuen *Bewegung* nichts zu spüren.

Aktuelle gleichstellungspolitische Themen werden von der »annabelle« zwar aufgegriffen, schaffen es aber kaum auf die Frontpage. Immerhin räumte sie der Diskussion um die Quoteninitiative einigen Platz ein. Im Vorfeld der Abstimmung ließ sie Politikerinnen verschiedener Parteien – natürlich inklusive Foto – sowie Redaktorinnen Stellung nehmen. Die umstrittene Initiative wurde in der »annabelle« genauso kontrovers diskutiert wie in den meisten anderen Medien. Weshalb eigentlich? Um was stritten sich die Frauen? Bei der Lancierung schließlich waren sich doch die Initiantinnen von links bis rechts einig.

An der Debatte um die alte feministische Forderung – die Partizipation von Frauen in allen öffentlichen Bereichen – lassen sich veränderte politische Konstellationen ablesen, die für gleichstellungspolitische Anliegen nichts Gutes ahnen lassen. Offensichtlich ist auch ein neuer Generationenkonflikt im Gange, der sowohl Ausdruck veränderter institutionell-politischer Möglichkeiten der Frauen ist, als auch den heutigen individualistisch-hedonistischen Zeitgeist spiegelt. Damit verbunden sind Überlegungen zum Stellenwert des Geschlechts als mobilisierender Kraft und die Frage nach der Bedeutung der Geschlechterdifferenz im politischen Zusammenhang.

1. Die Quoteninitiative oder vom Brunner- zum Metzler-Effekt

Die Quoteninitiative verlangte eine gerechte Vertretung der Frauen in den Bundesbehörden und gelangte am 12. März 2000 zur Abstimmung (vgl. auch Kapitel IV.3). Sie wurde mit einem massiven Nein-Anteil von 81.8 Prozent abgelehnt. Im Vorfeld der Abstimmung wurde in den Medien ausführlich über die Vorlage berichtet. Neben grundsätzlichen Artikeln über den Gegenstand der Initiative und Berichten über Erfahrungen mit Quoten in anderen Ländern wurden Interviews und Streitgespräche abgedruckt. Zu Wort kamen ausschließlich Parlamentarierinnen. Als einziger Mann wurde Politberater und Quotenbefürworter Iwan Rickenbacher, ehemaliger CVP-Generalsekretär, in die Pressedebatte einbezogen.[466]

Zwei Konfliktlinien prägten die mediale Diskussion: erstens das politische Links-rechts-Schema und zweitens der angesprochene Generationenkonflikt. Die öffentlich auftretenden Frauen der linken Parteien unterstützten die Initiative unabhängig vom Alter. Viele ältere Parlamentarierinnen der bürgerlichen Parteien unterstützten im Unterschied zu ihren jüngeren Kolleginnen die Vorlage ebenfalls. Untersucht man die öffentlichen Stellungnahmen und die Parolenfassung der bürgerlichen Frauen, stellt sich allerdings heraus, dass sich der Generationenkonflikt vor allem in der CVP abspielte.[467] So meldete der Vorstand der FDP-Frauen, dass die FDP-Frauen wie auch die Mutterpartei zwar die Ziele der Initiative, nicht aber deren Weg unterstützen würden.[468] Die CVP-Frauen hingegen beschlossen Stimmfreigabe. Mit nur einer Stimme Unterschied – bei einer Enthaltung – stellten die Gegnerinnen der Initiative die Mehrheit an der Delegiertenversammlung, worauf einstimmig Stimmfreigabe beschlossen wurde.[469] Das Resultat war umso überraschender, als sich die CVP-Frauen sehr stark für das Zustandekommen der Initiative eingesetzt hatten. Die Frauen der SVP stimmten an der Delegiertenversammlung der Mutterpartei geschlossen für die Ablehnung.[470]

Nachwort

Betrachtet man den Frauenanteil in den beiden Kammern des Bundesparlaments, erstaunt es, wie gering die Begeisterung der bürgerlichen Frauen für die Initiative war. Im Herbst 1999 lag der Frauenanteil im Nationalrat bei 24 und im Ständerat bei 20 Prozent. Der Anteil der Parlamentarierinnen bei der CVP betrug 23, bei der FDP 21, der SVP 7 und bei der SPS 40 Prozent. Geht der Zuwachs der Frauen im selben Tempo wie seit 1971 weiter, hat die Schweiz etwa im Jahr 2043 eine angemessene Vertretung der Frauen im Parlament.

Untersucht man aber die Argumente gegen die Initiative, lässt sich ein Muster erkennen, das die Kategorie Geschlecht als mobilisierenden Faktor in einem starken Maße relativiert. Die zentralen Argumente der Gegnerinnen waren formaler Natur: Mit Quoten würde die Wahlfreiheit unzulässig eingeschränkt – »Quoten verletzen demokratische Grundrechte«[471] –, nicht mehr Qualität, also persönliche Leistung, sondern das Geschlecht wäre ausschlaggebend – die emanzipierte Frau von heute wolle aufgrund »ihrer Qualitäten, nicht aufgrund ihres Geschlechtes gewählt werden«.[472] Zudem wurde die Befürchtung geäußert, dass Quoten sogar zu einem Bumerang-Effekt führen könnten. Als Quoten- oder Alibifrau würde man zu wenig ernst genommen. Die Angst, eine Quotenfrau zu werden, kommt auffällig oft zum Ausdruck. So oft, dass – wäre der Kontext nicht ein anderer – man glauben könnte, die Quotenfrau habe das Schimpfwort Emanze abgelöst. Demgegenüber wird die eigene Leistung und der persönliche Wille betont. Wer es als Frau nicht schafft – zum Beispiel weil sie Kinder hat –, ist selber schuld. Immer wieder wird zwar daran erinnert, dass die außerhäusliche Kinderbetreuung – wie etwa Tagesschulen – im Argen liegt, wie wenn das nicht auch den Befürworterinnen ein Anliegen wäre. Tatsache ist: Die gleichen Parlamentarierinnen, die diese Missstände beklagen, sträuben sich – wie etwa FDP-Ständerätin Vreni Spoerry – seit jeher gegen eine Mutterschaftsversicherung, die diesen Namen verdient.

Weiter sind die Gegnerinnen der Ansicht, dass viele Frauen ja gar nicht in die Politik gehen wollen. SVP-Nationalrätin Ursula Haller erklärt diese Haltung im Streitgespräch mit der CVP-Nationalrätin und Präsidentin der Eidgenössischen Kommission für Frauenfragen, Chiara Simoneschi:

> »Vergiss doch nicht, dass viele Frauen gar keine Möglichkeit haben, sich in der Politik entsprechend zu engagieren, weil sie Familie haben und einen Mann, der einen anspruchsvollen Beruf hat, der es nicht zulässt, dass er sich als Hausmann zurückstufen lässt. Wir wollen doch nicht, dass die Frauen ihr Leben nicht der Familie widmen können, weil sie in die Politik gezwungen würden.«[473]

Etwas liberaler und neutraler wird dieselbe Einstellung von der FDP-Nationalrätin Maya Lalive d'Epinay begründet:

> »Ich würde es natürlich begrüssen, wenn mehr Frauen in die Politik gehen. Wenn aber Frauen sich anderswo betätigen wollen oder wohler fühlen oder ihren Weg langsamer gehen wollen, dann ist das in meinen Augen auch ihr Recht; wichtig ist, dass sie es aus einem freien Willen heraus tun.«[474]

Mit derselben Argumentation bekämpfte auch Bundesrätin Ruth Metzler (CVP) die Vorlage. Noch kaum ein Jahr im Amt, verkörpert sie die neue Frauengeneration, die jungdynamisch und selbstbewusst die politische Arena betritt – der Politologe Claude Longchamp bezeichnete Metzler als »die erste Postfeministin in einer Spitzenstellung«.[475] Nachdem sie als Justizministerin von Amtes wegen die Position der bundesrätlichen

Nachwort

Kollegialbehörde vertreten hatte, äußerte sie sich ein zweites Mal an der Delegiertenversammlung der CVP zur Initiative. Diesmal sprach sie im Namen der jüngeren CVP-Frauen:

> »Nachdem die Präsidentin der CVP-Frauen, Brigitte Hauser-Süess, diplomatisch die Vor- und Nachteile der Vorlage ausgebreitet hatte, meldete sich zur Überraschung der anwesenden Medienvertreter noch einmal Ruth Metzler zu Wort und legte in knappen Sätzen deutlich dar, welches die Haltung der jüngeren CVP-Frauen zu Quoten ist: Weder erreiche man so eine frauenfreundlichere Politik, noch könnten mit Quoten die kausalen Hintergründe der weiblichen Untervertretung korrigiert werden, die in der Doppelbelastung der Frauen in Beruf und Haushalt angelegt seien. ›Wir Frauen haben diesen Zwang nicht nötig‹, so Metzler selbstbewusst.«[476]

Der NZZ-Journalist bemerkt weiter, dass Ruth Metzler sozusagen ein lebendiges Beispiel einer Politikerin darstelle, die ohne Verfassungsvorgaben in die höchste Ebene der Politik habe aufsteigen können, und dass die »mediengewandte Justizministerin« mit keinem Wort erwähnt habe, dass dazu »die hängige Quoteninitiative vielleicht ganz nützlich war«. Dass sich bereits Generationen von Frauen, Politikerinnen und Feministinnen, aktiv für die politische Partizipation der Frauen eingesetzt haben und Ruth Metzler hatte davon profitiert, ließ sie ebenfalls unerwähnt. Und offensichtlich konnte sich auch keine der »alten« CVP-Frauen zu einer historischen Korrektur aufraffen. So scheint denn die Erfahrung ihrer älteren Parteikolleginnen – »dass sich von alleine nicht viel bewegt«[477] – von den jüngeren CVP-Frauen nicht nur ignoriert, sondern ins Gegenteil verkehrt zu werden. Oder wie anders ist Bundesrätin Metzlers

Aussage »Wir Frauen haben diesen Zwang nicht nötig« zu verstehen?

Aus einem Förderungs- wird kurzerhand ein Zwangsinstrument gemacht; die historische Erfahrung, dass sich Männer in patriarchalen Strukturen in der Regel bestens einzurichten wissen und dementsprechend nur unter »Zwang« Platz machen, wird ausgeblendet. Damit wiederholt sich, was sich schon bei der Pressedebatte gezeigt hat: Die Quoteninitiative ist eine Sache der Frauen, ein »Frauenproblem«. Die Geschlechterdynamik wird ignoriert, als ob es keinen Handlungsbedarf auf Seiten der Männer gäbe. Forderungen, die auf Veränderungen der Geschlechterbeziehung zielen, werden nach wie vor als Frauenpolitik abgehandelt. Diese »Sonderbehandlung« aber lehnen die jungen CVP-Frauen generell ab. Damit desavouieren sie nicht nur ihre Vorgängerinnen, sondern verzichten auf die historische Perspektive, die gerade für das Verständnis des Geschlechterverhältnisses zentral ist. Dementsprechend laufen sie Gefahr, unnötige Fehler zu wiederholen und ihre persönlichen Biographien, die ja scheinbar von geschlechtsspezifischen Diskriminierungen – seien diese persönlicher oder struktureller Art – verschont bleiben, als allgemein gültig zu verabsolutieren.

Mit einer formalen Gleichstellung scheinen sich aber nicht nur Bundesrätin Ruth Metzler und mit ihr die jungen CVP-Frauen zufrieden zu geben, sondern auch die Frauen der FDP. Unermüdlich betonen sie, dass die Quoteninitiative der liberalen – oder wie es Lalive d'Epinay formuliert, der »urliberalen«[478] – Vorstellung von der Freiwilligkeit der Teilnahme am politischen Prozess widerspreche. Dieses Argument verweist auf eine spezifische Interpretation des Gleichheitsbegriffs und damit auf ein spezifisches Weltbild.

2. Gleich oder gleicher?

In der philosophischen Debatte wird zwischen einem formalen und einem materiellen Gleichheits- oder Gerechtigkeitsbegriff unterschieden.[479] Der formale Gleichheitsbegriff geht davon aus, dass Individuen die gleichen Rechte haben, gleich behandelt werden und die gleichen Freiheiten haben. Eine Gesellschaft, die sich am formalen Gerechtigkeitsbegriff orientiert, sieht die Chancengleichheit dann eingelöst, wenn umfassende Rechtsgleichheit vorliegt. Dabei wird unter Ausblendung der Realitäten häufig unterstellt, dass unter der Bedingung einer rechtlichen Nichtdiskriminierung ausschließlich natürliche Begabungen, individuelle Leistungen und persönliche Präferenzen über die gesellschaftliche Position ihrer Mitglieder entscheiden. Demgegenüber orientiert sich der materielle Ansatz am Ideal einer Gesellschaft, in der Gerechtigkeit nicht auf Gesetzesgleichheit reduziert, sondern in der Form einer tatsächlichen Gleichstellung und -behandlung verwirklicht werden soll. Der Tatbestand ungleicher sozialer, politischer oder kultureller Verhältnisse wird ebenfalls einbezogen. Der Erfolg eines Individuums ist dann nicht allein durch seine persönlichen Begabungen und Leistungen, sondern wesentlich auch durch den sozialen Status seiner Gruppe (Rasse, Klasse, Geschlecht u. a.) bestimmt. Chancengleichheit gilt erst dann als erreicht, wenn die Erfolgsraten von Individuen und Gruppen vergleichbar geworden sind. Es geht um eine Angleichung von Zugangs- und Erfolgschancen.

Mit diesen beiden Ansätzen lassen sich die politischen Positionen der Exponentinnen des Abstimmungskampfes zur Quoteninitiative erklären. So sind die Sozialdemokratinnen – unabhängig vom Alter – dem materiellen Ansatz verpflichtet, die

Freisinnigen tendenziell dem formalen. Schwieriger ist die Zuordnung bei den Christdemokratinnen. Aus der christlichen Tradition abgeleitet, ließe sich bei ihnen sicher eher der materielle Ansatz vermuten. Offensichtlich wird aber mit der neuen Generation diese Tradition gebrochen und eine Hinwendung zum formalen Gleichheitsbegriff sichtbar. Ob sich diese Trennung kontinuierlich vollziehen wird, bleibt abzuwarten. Zu vermuten ist aber, dass sich der formale Ansatz nicht nur bei den jungen CVP-Frauen, sondern generell in der Gesellschaft verstärken wird: Eine Gesellschaft, die den Individualismus fördert, die Solidarität untergräbt und (berufliche) Leistung über alles setzt, eine Arbeitswelt, die Flexibilität und Konkurrenz verlangt, wird sich eher an einem formalen denn einem materiellen Ansatz orientieren. Nochmals auf die Quoten bezogen, könnte man das so zusammenfassen wie die »annabelle«-Redaktorin und Quotenbefürworterin Haia Müller:

> »Quoten sind unpopulär. Sie haben das Image einer Hilfskonstruktion für Zukurzgekommene, die es aus eigener Kraft nicht schaffen. Doch wir wollen kein wohlwollendes Entgegenkommen, wir fordern nur unser gutes Recht. Freiwillig, so hat sich gezeigt, werden die Männer die Macht nicht mit uns teilen.«[480]

Ein weiteres Ergebnis aus der Analyse der Quotendebatte verweist auf die Relevanz oder eben Irrelevanz des Geschlechts als Entscheidungskriterium. Wie bei der Analyse des Abstimmungsresultats der Mutterschaftsinitiative der OFRA 1984 stellt sich heraus, dass die politischen Positionen kaum entlang des Geschlechts oder des Geschlechterkonflikts verlaufen. Vielmehr sind bestehende parteipolitische Polarisierungen ausschlaggebend. Dieses Ergebnis fügt sich demnach dem Muster,

Nachwort

das für gleichstellungspolitische Forderungen charakteristisch ist und darauf hinweist, dass (radikal-)feministische Positionen im Prozess der politischen Entscheidungsfindung chancenlos sind:

> »Entscheidend für gleichstellungspolitische Erfolge zeigten sich vielmehr bestehende parteipolitische, konfessionelle und klassenspezifische Polarisierungen, und die politischen Auseinandersetzungen wurden entsprechend der jeweiligen Kräfteverhältnisse innerhalb dieser Konfliktlinien entschieden. Der Geschlechterkonflikt etablierte sich nicht als eigenständige, entscheidrelevante Konfliktlinie, sondern wurde vielmehr von bestehenden gesellschaftlichen Spaltungen vereinnahmt und überlagert. Eine pragmatische, erfolgsorientierte Gleichstellungspolitik muss sich deshalb mit den potentiellen Mobilisierungschancen entlang dieser traditionellen Konfliktlinien auseinandersetzen.«[481]

Dieses ernüchternde Resultat lässt aufhorchen – und verlangt nach einer »Atempause«[482]. Einer Pause, in der neue Strategien zur Durchsetzung von Gleichstellungsanliegen auf institutionell-politischer Ebene entwickelt werden müssen. Darüber hinaus stellen sich aber auch neue theoretische Fragen. Die von Feministinnen oft unterstellte allgegenwärtige Relevanz der Geschlechterdifferenz muss überprüft und vermehrt muss danach gefragt werden, unter welchen Bedingungen und in welchen Kontexten Geschlecht ein relevanter Faktor ist.[483]

Nun hat sich aber die Frauenbewegung nie ausschließlich auf die institutionelle Ebene beschränkt. Gerade die neue Frauenbewegung hat sich in einem hohen Maße außerparlamentarisch geäußert. Zwar wird heute eine Windstille, eine Stagnationsphase oder der Tod der Bewegung diagnostiziert. Ein

Phänomen übrigens, das periodisch wiederkehrt und das bereits die Frauen der alten Frauenbewegung kannten. Die Vorsitzende des Bundes Deutscher Frauenvereine meinte dazu 1931 lapidar:

> »Immer wird sie von ihren Gegnern totgesagt, oder es wird ihr der wohlmeinende Rat gegeben, ihre eigene Überlebtheit anzuerkennen und von der Bühne abzutreten. Aber sie lebt und wird leben, unabhängig von Missfallen oder Wohlwollen, aus ihrer eigenen Kraft und bis sie ihre geschichtliche Mission erfüllt hat.«[484]

Und blickt man als Deutschschweizerin über den so genannten Röstigraben in die Westschweiz, lässt sich dort eine neue »Morgenröte« – »Et, maintenant, nous sommes à l'aurore de quelque chose de nouveau«[485] – erkennen. Mit dem Frauenstreik 1991 haben sich junge Frauen in Genf und Lausanne politisiert und im Laufe der neunziger Jahre neue Gruppierungen gebildet. Die Mitglieder der neuen Gruppierungen, wie etwa der Association féministe radicale universitaire Bad Girls in Lausanne, kommen vor allem aus dem studentischen Milieu. In der Genfer Gruppe Collectif du 14 juin oder der Lausanner Gruppe Casse-rôles arbeiten »alte« mit »jungen« Feministinnen zusammen. Die Gruppierungen kämpfen in verschiedenen Bereichen gegen geschlechtsspezifische Diskriminierungen. Sie vertreten eine distanzierte, skeptische Position gegenüber der parlamentarischen Politik sowie gegenüber Institutionen generell, was sich auch im mäßigen Engagement für die Quoteninitiative ausdrückte. Sie berufen sich auf die autonome Frauenbewegung und verstehen ihr Engagement als Weiterführung des damaligen Kampfes. Wie damals wollen sie die Gesellschaft in allen Bereichen grundsätzlich verändern. Zudem hat auch die 1998 gegründete Feministische Frauenkoalition femco ihr Sekretariat in Lau-

Nachwort

sanne eingerichtet, was zu zusätzlichen Impulsen und punktueller Zusammenarbeit mit den lokal arbeitenden Gruppen führt. Das noch von der OFRA angestoßene Projekt hat sich längst selbständig gemacht und vertritt als nationales Vernetzungsinstrument heute rund neunzig feministische Organisationen.

Inwieweit die Gruppierungen ihre Ziele erreichen, wird sich zeigen. Die »Morgenröte« in der Westschweiz scheint aber die Geschichte der Frauenbewegungen in »langen Wellen«[486] fortzuschreiben. Überblickt man die Geschichte der Frauenbewegung in der Schweiz, so lassen sich unterschiedliche Phasen erkennen. Phasen starker Mobilisierung werden von Phasen schwacher Mobilisierung, Rückschlägen, Phasen des Stillstands abgelöst – was aber noch lange nicht heißt, dass die Frauenbewegung als Trägerin des sozialen und kulturellen Wandels verschwunden ist.

Anmerkungen

1 Joris/Witzig 1986: 476.
2 emanzipation Nr. 2, März 1978.
3 Haug 1988: 49/50.
4 Broda et al 1998: 223. – Die gängige Terminologie unterscheidet zwischen der neuen und der alten Frauenbewegung, deren Anfänge auf die Gründung verschiedener Frauenverbände Ende des 19. und zu Beginn des 20. Jahrhunderts zurückgehen.
5 Bühlmann 1998:10.
6 Jahresbericht 1996.
7 Tages-Anzeiger v. 12.11.1998. – Gemäß Tages-Anzeiger war das Ziel des Eiskunstlaufpaares, nebst der sportlichen Darstellung und der »Revolutionierung der Branche«, mit dem Thema »Gewalt gegen Frauen« Diskussionen bei den ZuschauerInnen und den Wertungsrichtern auszulösen.
8 Riedmüller 1988: 15.
9 Rucht 1994a: 221.
10 Schweizerische Bundesanwaltschaft E – 6. Dez. 1985. Stadtpolizei Zürich. Rapport v. 27. November 1985. Organisation für die Sache der Frau OFRA.
11 Frauen machen Geschichte 1997: 36.
12 vgl. auch die Radiosendung »15 Jahre OFRA« v. 26.2.1992, DRS 3.
13 Katja Müggler, ehemaliges Mitglied der OFRA Basel, in: Frauen machen Geschichte 1997: 111.
14 OFRAgen. Video von Marcelle Braegger und Julia Crottet. Freiburg 1997.
15 Joris 1992: 967.
16 Die Frage nach der Bedeutung der Männerfeindlichkeit in der Entwicklung der OFRA konnte hier nicht untersucht werden. Dazu hätte die Quellenauswahl erweitert werden müssen. Der Männerfeindlichkeit und dem Männerhass wird in der Fachliteratur wenig nachgegangen, obwohl sie integraler Bestandteil zumindest der frühen Frauenbewegung waren und zur Mobilisierung sicher wesentlich beitrugen. Die Männerfeindlichkeit spielte aber nicht nur bewegungsintern, sondern auch -extern eine zentrale Rolle: Die den Feministininnen unterstellte Männerfeindlichkeit ist zentraler Bestandteil des diskreditierenden Stereotyps »Emanze«.
17 vgl. das Phasenmodell von Dieter Rucht in Kap. I.
18 Linder 1987: 34–36.
19 Neue Zürcher Zeitung v. 27./28.2.1999.
20 »Wir haben viel in Bewegung gesetzt. Andere Ziele, Sachen in Bewegung zu setzen, nicht erreicht. [...]« Mit diesen Worten charakterisierte Edith Mägli,

langjähriges Mitglied der OFRA-Freiburg und des nationalen Vorstandes, die Wirkung der OFRA am Abschlusskongress im Juni 1997. Vgl. 20 Jahre OFRA. Kontext, Radio DRS, 21./23.6.97.

21 Kontos 1995: 37.
22 Die neue Frauenbewegung wird in dieser Arbeit als Teil der neuen sozialen Bewegungen behandelt. In der theoretischen Fachdiskussion wird diese Subsumtion allerdings von verschiedenen Autorinnen bestritten. vgl. Kontos 1986; Riedmüller 1988; Dackweiler 1995.
23 Frauenmagazin emanzipation Nr. 2, Februar 1977.
24 Kriesi 1987: 28.
25 Gilg/Hablützel 1983: 254.
26 Voegeli 1997: 48/49.
27 Broda et al 1998: 220.
28 Broda et al 1998: 213.
29 Rucht 1994a. Ich beziehe mich im Folgenden auf die Seiten 185–234.
30 Voegeli 1997: 38-41. Voegeli untersucht die Entwicklung der weiblichen Erwerbstätigkeit in der Schweiz im Zusammenhang mit der Einführung des Frauenstimmrechts von 1888 bis 1971. Sie verweist nachdrücklich darauf, dass die Erwerbstätigkeit der Frauen in der Schweiz nicht kontinuierlich zugenommen, sondern zeitweise, etwa in den dreißiger und vierziger Jahren, abgenommen habe. Entsprechend ihrer Fragestellung unterscheidet sie zwischen der Erwerbstätigkeit von Schweizerinnen und von Ausländerinnen.
31 Streckeisen 1987: 108.
32 Voegeli 1997: 49.
33 Das Dreiphasenmodell unterteilt die weibliche Biographie in drei Lebensabschnitte: 1. Phase: Berufsausbildung und/oder Berufstätigkeit bis zur Heirat. 2. Phase: Geburt und Kindererziehung bis zur ökonomischen Selbständigkeit der Kinder. 3. Phase: erneute Berufstätigkeit als sog. Wiedereinsteigerin.
34 vgl. Broda et. al 1998: 210.
35 Joris 1992: 959.
36 Rucht 1994a: 189.
37 Der Ausdruck Reproduktionsbereich bezeichnet einen der zentralen Begriffe innerhalb der »gender studies«, wie die wissenschaftlichen Studien zum Geschlechterverhältnis genannt werden. Der Reproduktionsbereich steht dem Produktionsbereich komplementär gegenüber, wird aber in den ökonomischen Theorien nicht berücksichtigt, weil er nicht monetarisiert ist. Dieser unbezahlte, volkswirtschaftliche Beitrag in Form der Kindererziehung, Haushaltführung, Nachbarschaftspflege usw. ist zwar ein konstitutiver Bestandteil des Kapitalismus, wird aber in der Regel in den verschiedenen Gesellschaftstheorien außen vor gelassen. Erst die »gender studies« befassen

Anmerkungen

sich mit der Bedeutung dieses Bereichs. Und das nicht von ungefähr, sondern weil der Reproduktionsbereich privat und damit weiblich konnotiert ist, während der Produktionsbereich öffentlich und damit männlich konnotiert ist. In der Soziologie wird deshalb von einer »doppelten Vergesellschaftung« der Frauen gesprochen: sie sind sowohl im Reproduktions- als auch im Produktionsbereich tätig, was zu widersprüchlichen Erfahrungen und Ambivalenzen führt. Der Terminus »doppelte Vergesellschaftung« meint aber auch die doppelte, klassen- und geschlechtsspezifische Unterdrückung. Vgl. Dackweiler 1995: 155.

38 Rucht 1994a: 189.
39 Broda et. al 1998: 214.
40 Frauen · Macht · Geschichte 1998: Kap. 2.1., S. 10.
41 Frauen · Macht · Geschichte 1998: Kap. 2.1., S. 10.
42 Bucher/Schmucki 1995: 22.
43 vgl. Broda et al 1998: 216.
44 Siegenthaler 1987: 258.
45 Broda et al 1998: 222.
46 Neidhardt/Rucht 1993: 306.
47 Siegenthaler 1987: 260.
48 Siegenthaler 1987: 260/61.
49 Eine ausführliche Diskussion und Anwendung des Modells von Hansjörg Siegenthaler auf die neue Frauenbewegung in der Schweiz wird von Nicole Rütti geleistet. Vgl. Rütti: 1996.
50 Rucht 1994b: 340.
51 vgl. den Überblick über die verschiedenen Mobilisierungstheorien bei Rucht 1994b: 338–347.
52 Raschke, Joachim (1985): Soziale Bewegungen. Frankfurt, zitiert in Rucht 1994b: 337.
53 Rucht unterscheidet die sozialen Bewegungen nach ihren spezifischen Forderungen, Zielgruppen, strategischen Präferenzen etc. und kommt zum Schluss, dass diese in unterschiedlichem Maße auf Publizität angewiesen sind beziehungsweise Öffentlichkeit anstreben. Vgl. Rucht 1994b): 348–353.
54 König et al. 1998: 18. Vgl. grundsätzlich: Jürgen Habermas: Strukturwandel der Öffentlichkeit. Frankfurt 1995 (4. Auflage).
55 Romano 1998: 151.
56 Schmitt-Beck 1990: 644–646.
57 König et al. 1998: 11.
58 Rucht 1994a: 190–196.
59 Rucht 1994a: 196.
60 Bucher/Schmucki 1995: 20; Hinn 1988a: 60.

61 Anlässlich des Frauenstimmrechtstags, der seit der Ablehnung des eidgenössischen Frauenstimmrechts 1959 von den traditionellen Frauenorganisation begangen wurde, störten Mitglieder der FBB die Veranstaltung. Vgl. Bucher/Schmucki 1995: 20.
62 Bucher/Schmucki 1995: 20.
63 Bucher/Schmucki 1995: 36.
64 vgl. Joris 1992: 963, sowie SAP Internes Bulletin, 28. Sept. 1981.
65 Basler Zeitung v. 22.7.1980. Am Interview nahmen teil: Anita Fetz (OFRA); Dorette Haltinner (Frauen Kämpfen Mit) und Rosemarie Imhof (FBB).
66 Conny Rothfuchs, langjährige Autonomen-Frau im OFRA-Vorstand, in einem Gespräch über »Autonomie, das bedeutet...«, in: Schmid 1981: 24.
67 Nabholz-Haidegger 1987: 102.
68 Flugblatt, Grundsatzerklärung, 1972, Frauenarchiv. Abgedruckt in Bucher/Schmucki 1995: 32.
69 Mika 1998: 103; Schwarzer 1983: 13.
70 Frauenmagazin emanzipation Nr. 2, Februar 1977.
71 Frauen machen Geschichte 1997: 11.
72 Hungerbühler 1984: 106.
73 Frauenmagazin emanzipation Nr. 2, Februar 1977.
74 Heilmann 1981: 74. Die demokratische Erneuerung, so Heilmann, beziehe sich in weiten Teilen auf das politische System. Der Kern dieses Programms sei die Absicht einer volksverbundenen Wiederbelebung der Institutionen des politischen Systems. Diese Strategie knüpfe in der Schweiz an die radikaldemokratischen Traditionen der direkten (oder halbdirekten) Demokratie an.
75 Das Programm der POCH wurde Mitte der siebziger Jahre stark durch die Auseinandersetzungen mit dem Eurokommunismus geprägt. Vgl. Kunz 1989.
76 emanzipation sondernummer, März 1977.
77 Protokoll der SAFRA-Sekretariatssitzung vom 18.3.77.
78 emanzipation sondernummer, März 1977.
79 Tages-Anzeiger v. 14.3.1977.
80 Presseerklärung. SAFRA – Organisation für die Sache der Frauen. Zürich, den 13. März 1977, für das Sekretariat K. Bohren.
81 Schweizerische Bundesanwaltschaft E – 7. APR. 1977. Stadtpolizei Zürich. Rapport v. 25. März 1977. SAFRA – Organisation für die Sache der Frau. – Die OFRA gehörte neben Hunderttausenden von Bürgern und Bürgerinnen zu denjenigen Organisationen, die von der Bundespolizei als »staatsgefährdend« während Jahrzehnten observiert wurden.
82 Bericht des Sekretariats vom 13.3.77 bis 20.5.77 und Protokoll des nationalen Vorstands der OFRA, 26.8.77. Der Prozess mit der SAFFA habe die OFRA »insgesamt Fr. 1700.–« gekostet.

Anmerkungen

83 Bucher-Schmucki 1995: 44.
84 Bucher-Schmucki 1995: 44.
85 emanzipation sondernummer, März 1977.
86 Gerhard 1995: 268.
87 Der Ausdruck Plattform bezeichnet im marxistisch-leninistischen Sprachgebrauch das politische Programm einer Gruppe von Mitgliedern der Partei, das von der geltenden Generallinie der Partei abweicht.
88 Begleitgruppensitzung v. 25.4.98.
89 Der Slogan »Das Private ist politisch« wird in der Literatur sowohl der 68er-Bewegung als auch der neuen Frauenbewegung zugeordnet. Mir scheint die Frage, wer ihn zuerst erhoben hat, von geringer Bedeutung. Wichtig sind aber die damit verbundenen unterschiedlichen Konzepte und Forderungen.
90 vgl. Hongegger/Heintz: Listen der Ohnmacht. Zur Sozialgeschichte weiblicher Widerstandsformen, Frankfurt 1981.
91 Siegenthaler 1987: 255.
92 emanzipation Nr. 2, März 1978.
93 Siegenthaler 1987.
94 Frauen machen Geschichte 1997: 51.
95 Heintz 1984: 110.
96 Maihofer 1990: 364.
97 emanzipation Nr. 9, November 1987.
98 »Donna e bello« ist die Kurzform von »Essere Donna è bello« und als Analogie zum Slogan »Black is beautiful« zu verstehen.
99 emanzipation Nr. 5, Juni 1978.
100 Gisler/Misteli 1991: 11.
101 Schwarzer 1983: 53.
102 Zitat in Mika 1998: 142.
103 Mika 1998: 138.
104 Hochgeschurz 1995: 169.
105 Ein umfassender Vergleich zwischen den beiden Ländern ist allerdings nicht möglich, weil eine Geschichte der Lesbenbewegung in der Schweiz fehlt. Sicher hat das Coming-out in der Schweiz nie diese mediale Resonanz erreicht wie in der Bundesrepublik Deutschland.
106 Frauenlager der OFRA wurden von 1977 bis Anfang der achtziger Jahre durchgeführt.
107 Die Lesbenfront trug später den Namen frau ohne Herz. Heute erscheint sie unter dem Titel die Lesbenzeitschrift und wird von einem Zürcher Redaktionskollektiv herausgegeben.
108 Diese Bezeichnung verwendete das OFRA-Mitglied Edith Stebler in einem Aufsatz in der Bresche Nr. 191, dem Parteiorgan der SAP. Sie unterschied

dort zwischen »Betroffenenpolitik« und »Stellvertreterpolitik«. Vgl. Joris 1992: 963.
109 Rucht 1994a: 194/95.
110 Die Homosexuelle Frauengruppe (HFG) wurde 1974 im soeben eröffneten Frauenzentrum in Zürich gegründet. vgl. Schnurrenberger 1995: 10.
111 Holenstein/Ryter 1993: 105.
112 Holenstein/Ryter 1993: 105.
113 emanzipation Nr. 5, Juni 1984.
114 Protokoll der Delegiertenversammlung vom 22. August 1992 im Frauenzimmer Basel.
115 Jahresbericht 1993.
116 Jahresbericht 1993.
117 Mika 1998: 17.
118 Joris 1989: 6.
119 Der Bund v. 23.6.1995.
120 Threlfall 1988: 217.
121 Meulenbelt 1980.
122 Haug 1988: 28/29.
123 SAP Internes Bulletin 28. Sept. 1981.
124 emanzipation Nr. 9, November 1980.
125 emanzipation Nr. 10, Dezember 1980. Zu »Tendenzaufbau Sozialistischer Feminismus«: Vielfalt – Einheit – Tendenz« von Edith Stebler.
126 emanzipation Nr. 10, Dezember 1980. Vgl. auch Zita Küng in: 20 Jahre OFRA BERN 1997: 18.
127 emanzipation Nr. 10, Dezember 1980.
128 SAP Internes Bulletin 28. Sept. 1981: 2.
129 SAP Internes Bulletin 28. Sept. 1981: 4.
130 emanzipation Nr. 6, Juli/August 1985.
131 emanzipation Nr. 3, April 1985. Diese Einschätzung wird auch von Claudia Kaufmann und Ursula Preisig in einem Rückblick auf »15 Jahre« OFRA gestützt. Protokoll der Delegiertenversammlung vom 22. August 1992 im Frauenzimmer Basel.
132 vgl. Hungerbühler 1984: 108, und Joris/Witzig 1986: 479.
133 SAP Internes Bulletin 28. Sept. 1981: S. 4.
134 SAP Internes Bulletin 28. Sept. 1981: S. 3.
135 Hier wird OFRA mit Kleinbuchstaben geschrieben. Das wird in den weiteren Zitaten öfters vorkommen, wurde doch auch von den Mitgliedern die Abkürzung nicht einheitlich verwendet. Sie wechselt zwischen OFRA, Ofra, ofra und auch ausgeschrieben wird oft von der »Organisation für die Sache der Frau« und nicht »der Frauen« gesprochen.

Anmerkungen

136 SAP Internes Bulletin 28. Sept. 1981: S. 4.
137 emanzipation Nr. 3, April 1985.
138 emanzipation Nr. 4, Mai 1985.
139 emanzipation Nr. 6, Juli/August 1985.
140 emanzipation Nr. 6, Juli/August 1985.
141 Tätigkeitsbericht des Vorstands der OFRA Schweiz vom Juni 1986 bis Dezember 1987.
142 Tätigkeitsbericht des Vorstands der OFRA Schweiz vom Juni 1986 bis Dezember 1987. Die politischen Aktivitäten der OFRA zur Liberalisierung des Schwangerschaftsabbruchs sind im Kap. IV.2. dargestellt.
143 Protokoll der Delegiertenversammlung vom 6. Dezember 1986 im Urania, Zürich, 13.30–17 Uhr.
144 Tätigkeitsbericht des Vorstands der OFRA Schweiz vom Juni 1986 bis Dezember 1987. Der Austritt der Sektion Zürich wurde an der Delegiertenversammlung vom 11.4.1987 bekannt gegeben. Vgl. Protokoll.
145 emanzipation Nr. 10, Dezember 1980.
146 Unter anderem wird diese Untersuchung dadurch erschwert – das sei hier ergänzend angeführt –, weil auch dieser Konflikt, zumindest was die OFRA anbelangt, wie derjenige zwischen lesbischen und heterosexuellen Feministinnen selten offen diskutiert wurde. Vgl. Protokoll der Delegiertenversammlung vom 22. August 1992 im Frauenzimmer Basel.
147 vgl. Autonome Frauenredaktion (Hrsg.) 1984.
148 emanzipation sondernummer, September 1985.
149 Joris 1995: 65.
150 Leibundgut 1998: 36/37.
151 emanzipation Nr. 1, Februar 1981.
152 vgl. Jahresberichte 1992 und 1993.
153 Jahresbericht 1994.
154 Jahresbericht 1994. Das Projekt konnte allerdings nur in reduzierter Form durchgeführt werden. Und zwar wurde die Berichterstattung über die Weltfrauenkonferenz in Peking 1995 inhaltsanalytisch untersucht. Vgl. Demeny 1995.
155 Eine systematische Analyse kann in dieser Arbeit nicht unternommen werden, sie würde den zeitlichen Rahmen sprengen. Die mir zur Verfügung stehenden Presseartikel stammen aus verschiedenen Archiven. Erstens aus der Sammlung des Gosteli-Archivs in Worblaufen, das Akten der Basler OFRA-Sektion aufbewahrt. Unter anderem befindet sich dort die Sammlung von Presseartikeln der Arbeitsgruppe DOKINFORM. Diese Arbeitsgruppe der Basler OFRA sammelte und archivierte Presseartikel über die OFRA Basel, die OFRA Schweiz und zu vielen anderen frauenrelevanten Themen. Dabei

scheint sie die in Basel erscheinenden Zeitungen systematisch, andere Zeitungen der Deutsch- und der Westschweiz eher zufällig ausgewertet zu haben. Offensichtlich wurde aber der Aufwand für dieses Archiv zu groß, weshalb die Sammlung Ende 1980 beendet wurde. Hätte diese Gruppe weiter daran arbeiten können, wäre die Schweiz heute im Besitz eines umfassenden Medienarchivs zur schweizerischen Frauenbewegung sowie feministischer und frauenpolitischer Themen. Zweitens sammelt das Sozialarchiv Zürich Zeitungsartikel zur Frauenbewegung und zu gleichstellungspolitischen Fragen. Die Dossiers wurden von mir selektiv ausgewertet. Drittens unternahm ich eine Recherche auf der Schweizerischen Mediendatenbank und dem Dokumentationszentrum des Ringier-Verlags. Den Zugang zur Schweizerischen Mediendatenbank verdanke ich dem Forschungsbereich Öffentlichkeitssoziologie und -geschichte am Soziologischen Institut der Universität Zürich. Nicht zuletzt umfasst das Archiv der OFRA, das sich im Sozialarchiv Zürich befindet, Presseartikel. Die OFRA hatte während gewissen Zeitperioden ein Abonnement beim Argus Pressedienst. Insbesondere die Berichterstattung zum »Offiziersschießen« ist umfassend dokumentiert und konnte dementsprechend in dieser Arbeit ausgewertet werden.
156 Edith Stebler in der emanzipation Nr. 3, April 1982.
157 Die Volksinitiative »Für die Familie« wurde zugunsten des Gegenvorschlags des Bundesrates zurückgezogen. Der Gegenvorschlag wurde vom Volk mit 76 % Ja-Stimmen angenommen. Der Grund für die mit der Familienschutz-Initiative geforderte Mutterschaftsversicherung war aber nicht die Förderung der Gleichstellung von Mann und Frau. Im Gegenteil: Mit dieser Forderung sollte der Erwerbstätigkeit der Frauen, die dem katholischen Familienideal mit der Frau als Mutter und dem Mann als Ernährer widersprach, entgegengetreten werden. 1978 wurden vom Nationalrat zwei CVP-Motionen für eine Mutterschaftsversicherung mit einem Mutterschaftsurlaub von 16 Wochen überwiesen. – Ergänzend sei darauf hingewiesen, dass ein besserer Schutz der Mutterschaft bereits seit der Jahrhundertwende gefordert wurde. Vgl. Frauen · Macht · Geschichte: 1998: Kap. 3.4., S. 1-6.
158 1974 wird die von der SPS und SGB eingereichte Initiative »Für eine soziale Krankenversicherung«, die einen verbesserten Mutterschaftsschutz enthielt, verworfen. Vgl. Frauen · Macht · Geschichte: 1998: Kap. 3.4., S. 6. SP-Nationalrätin Gabrielle Nanchen reichte im Dezember 1977 eine Einzelinitiative für einen besseren Schutz der Mutterschaft ein. Vgl. Basler Zeitung v. 21.1.1978.
159 Neue Zürcher Nachrichten v. 10.8.1977.
160 Tages-Anzeiger v. 10.8.1977.
161 emanzipation Nr. 10, Dezember 1977.

Anmerkungen

162 Basler Zeitung v. 21.1.1978.
163 emanzipation Nr. 8, Oktober 1978.
164 Basler Zeitung v. 7.9.1978.
165 Rita Gassmann, zitiert in Basler Zeitung v. 24.8.1977.
166 Basler Zeitung v. 24.8.1977.
167 Basler Zeitung v. 2.11.1978.
168 emanzipation Nr. 3, April 1978.
169 Basler AZ v. 7.9.1979.
170 Neue Zürcher Zeitung v. 31.10.1978.
171 Neue Zürcher Zeitung v. 31.10. 1978.
172 emanzipation Nr. 9, November 1978.
173 Broschüre: Schutz der Mutterschaft 1979: 35.
174 Broschüre: Schutz der Mutterschaft 1979: 35–38.
175 Von diesen 143 000 Unterschriften wurden 91 828 in der deutschen, 42 043 in der französischen Schweiz und 9252 im Tessin gesammelt. Vgl. Basler Zeitung v. 22.1.1980. Von den 143 000 eingereichten Unterschriften waren 135 849 gültig. vgl. Senti 1994: 271.
176 Gemeint ist die Initiative der SPS und des SGB aus dem Jahre 1974, die abgelehnt wurde.
177 Neue Zürcher Zeitung v. 22.1.1980.
178 Basler AZ v. 22.1.1980.
179 emanzipation Nr. 1, Januar/Februar 1980.
180 Abdruck der Stellungnahme des Bundesrates in der emanzipation Nr. 2, Februar 1983.
181 vgl. Senti 1994: 275ff.
182 emanzipation Nr. 7, September 1984.
183 emanzipation Nr. 8, Oktober 1984. Die OFRA konnte das Geld auftreiben und ging ohne Schulden aus dem Abstimmungskampf heraus. vgl. Protokoll der Delegiertenversammlung v. 22.8.1992.
184 Neue Zürcher Zeitung v. 3.11.1984.
185 »Die familienpolitischen Bestrebungen der CVP gehen nicht dahin, ausgerechnet die Erwerbstätigkeit von Müttern kleiner Kinder zu fördern«, meinte Eva Segmüller.« Zitiert in Tages-Anzeiger v. 5.11.1984. Eva Segmüller war langjährige CVP-Nationalrätin.
186 Neue Zürcher Zeitung v. 16.11.1984.
187 Neue Zürcher Zeitung v. 16.11.1984.
188 Tages-Anzeiger v. 9.11.1984.
189 Tages-Anzeiger v. 29.11.1984.
190 Basler-Zeitung v. 27.11.1984 und Der Bund v. 24.11.1984.
191 emanzipation Nr. 3, April 1984.

192 emanzipation Nr. 1, Februar 1985.
193 emanzipation Nr. 3, April 1985.
194 Joris/Witzig 1986: 479.
195 emanzipation Nr. 3, April 1985.
196 McAdam 1994: 396.
197 Ausgenommen, und das müsste untersucht werden, die Lancierung einer Initiative durch Frauen würde bereits als Bedrohung empfunden.
198 McAdam 1994: 402.
199 Senti 1994: 293. Senti begründet den Misserfolg der Initiative ebenfalls durch die Links-Rechts-Polarisierung.
200 U.a. bildete sich ein Befürworterkomitee der Arbeitnehmerverbände sowie der Parlamentarier und Parlamentarierinnen. Vgl. Senti 1994: 281–82.
201 Senti 1994: 282.
202 Tages-Anzeiger v. 28.10.1987.
203 Tätigkeitsbericht des Vorstands der OFRA Schweiz vom Juni 1986 bis Dezember 1987.
204 Genau: 71.3 % Nein-Stimmen. Vgl. Senti 1994: 283.
205 Tätigkeitsbericht des Vorstands der OFRA Schweiz vom Juni 1986 bis Dezember 1987.
206 Senti 1994: 294.
207 Senti 1994: 283.
208 vgl. Frauen · Macht · Geschichte 1998: Kap. 3.4., S. 8.
209 Jahresbericht 1993.
210 Jahresbericht 1994.
211 Jahresbericht 1994.
212 Frauen · Macht · Geschichte 1998: Kap. 3.4., S. 8.
213 Jahresbericht 1996.
214 Jahresbericht 1996.
215 Die im Parlament beschlossene MSV sieht vor, dass ab dem Jahr 2000 erwerbstätige Mütter während 14 Wochen einen Lohnersatz von 80 Prozent des auf 97 200 Franken plafonierten Jahreseinkommens erhalten sollen. Für alle Mütter gibt es zudem eine Grundleistung von maximal 3980 Franken. Diese wird bis zu einem Jahreseinkommen von knapp Fr. 36 000 Franken voll ausgerichtet, darüber hinaus sukzessiv reduziert und ab einem Einkommen von rund 72 000 Franken nicht mehr ausbezahlt. Finanziert sollen die jährlich knapp 500 Millionen Franken zunächst aus einem gemeinsamen Fonds mit der überdotierten Erwerbsersatzordnung (EO) und etwa ab dem Jahr 2004 zusätzlich über 0.25 Mehrwertsteuerprozente. Vgl. Neue Zürcher Zeitung v. 4.11.1998.
216 Neue Zürcher Zeitung v. 19.1.1999.

Anmerkungen

217 Frauen · Macht · Geschichte 1998: Kap. 3.4., S. 9.
218 Neue Zürcher Zeitung v. 19.1.1999.
219 Neue Zürcher Zeitung v. 19.1.1999. Dass die Haltung Blasers durchaus auch sexistisch motiviert sein könnte, schließt diese Interpretation nicht aus.
220 Neue Zürcher Zeitung v. 24./25.4.1999.
221 Der Leitartikel der Inlandredaktorin Claudia Wirz erschien am selben Wochenende, an dem die Delegiertenversammlung der FDP ihre Abstimmungsparolen fasste.
222 Schwarzer 1983: 22.
223 Frauen · Macht · Geschichte 1998: Kap. 3.8., S 4.
224 Frauen · Macht · Geschichte 1998: Kap. 3.8, S. 1.
225 Zwar wurde die Liberalisierung des Schwangerschaftsabbruchs auch von protestantischer Seite bekämpft. Die protestantischen Kantone der französischsprachigen Schweiz stimmten der Fristenlösung aber mit einem überdurchschnittlichen Ja-Anteil zu, während die eher katholisch orientierten Stände Freiburg und Wallis klar gegen die Fristenlösung stimmten. (Senti 1994: 109.) Insgesamt waren die katholisch-konservativen und die rechtsbürgerlichen Kräfte die entscheidenden Gegner der Liberalisierung. Dies änderte sich erst 1997, als die Frauen der CVP für eine Fristenlösung mit Beratungsmodell eintraten. Vgl. weiter unten.
226 Die einfache Indikation sieht einen Abbruch nur bei Gefahr für das Leben der Mutter (medizinische Indikation), aufgrund einer »aufgezwungenen Schwangerschaft« (juristische oder ethische Indikation) oder aufgrund einer erwiesenen Schädigung des Kindes (eugenische Indikation) vor. Senti 1994: 92.
227 Senti 1994: 93.
228 Joris/Witzig 1986: 326.
229 Frauen · Macht · Geschichte 1998: Kap. 3.8., S 5. – Bis zur Eidg. Volksabstimmung vom 25. September 1977 über den Bundesbeschluss über die Erhöhung der Unterschriftenzahl für die Verfassungsinitiative genügten 50 000 Unterschriften zur Einreichung einer Initiative. Danach mussten 100 000 gültige Unterschriften gesammelt werden.
230 Senti 1994: 100.
231 Neue Zürcher Zeitung v. 19.9.1977, zitiert in: Senti 1994: 100.
232 emanzipation Nr. 8., Oktober 1977.
233 Senti 1994: 101.
234 Neue Zürcher Zeitung v. 2.12.1977.
235 emanzipation Nr. 10, Dezember 1977.
236 Senti 1994: 102.
237 emanzipation Nr. 3, April 1978.

238 emanzipation Nr. 6, Juli 1978.
239 Frauen · Macht · Geschichte 1998: Kap. 3.8., S. 6.
240 emanzipation Nr. 7, September 1982. Die OFRA, die POCH und die INFRA Bern hätten zwar die Variante »Straflosigkeit« vorgezogen, konnten sich aber auch für die Variante Fristenlösung mit Bezahlung entscheiden.
241 emanzipation Nr. 9, November 1982.
242 emanzipation Nr. 2, März 1983.
243 vgl. Kap. III.4.
244 emanzipation Nr. 6, Juli/August 1985.
245 Senti 1994: 104.
246 Senti 1994: 107.
247 Senti 1994: 109.
248 Tages-Anzeiger v. 24.3.1986.
249 Basler Zeitung v. 28.6.1986.
250 Tages-Anzeiger v. 30.3.1987.
251 Schwangerschaftsabbruch.
252 Tätigkeitsbericht des Vorstands der OFRA Schweiz vom Juni 1986 bis Dezember 1987.
253 Jahresbericht 1993.
254 Frauen · Macht · Geschichte 1998: Kap. 3.8, S. 7
255 Jahresbericht 1995.
256 Neue Zürcher Zeitung v. 27.8.1998.
257 Kontos 1995: 52/53.
258 Kontos 1995: 53.
259 Neue Zürcher Zeitung v. 21.9.98.
260 Frauen · Macht · Geschichte 1998: Kap. 3.1., S. 4.
261 Die Studie wurde vom Soziologischen Institut der Universität Zürich ausgeführt. Vgl. Thomas Held/René Levy: Die Stellung der Frau in Familie und Gesellschaft. Eine soziologische Analyse am Beispiel der Schweiz. Frauenfeld 1974.
262 Senti 1994: 117/18.
263 Joris/Witzig 1986: 476.
264 emanzipation Nr. 1, Januar 1975.
265 Joris/Witzig 1986: 476.
266 Am 15. Dezember 1976 wurden insgesamt 57 296 gültige Unterschriften eingereicht. Vgl. Senti 1994: 118.
267 Senti 1994: 118.
268 Senti 1994: 121.
269 Basler Zeitung v. 6.6.1980.
270 emanzipation Nr. 6, Juli/August 1980. Verfasst wurde der Artikel von Brigitte Pfiffner.

Anmerkungen

271 Das doppelte Ja bei Abstimmungen über Volksinitiative und Gegenentwurf ist erst seit 1986 möglich.
272 Basler Zeitung v. 20.10.1980.
273 Basler Zeitung v. 23.1.1981.
274 vgl. Kap. IV. 4.
275 Frauen · Macht · Geschichte 1998: Kap. 3.1., S. 5.
276 Senti 1994: 127.
277 emanzipation Nr. 10, November 1981.
278 vgl. Kap. V.
279 vgl. Tätigkeitsbericht des Nationalen Vorstandes der OFRA Schweiz Januar 1988–August 1989.
280 Frauen · Macht · Geschichte, Kap. 3.1., S. 6.
281 Als erster Kanton der Schweiz richtete der Kanton Jura ein Gleichstellungsbüro ein. Bereits am 5. März 1979 nahm das Bureau de la condition féminine de la République et Canton du Jura die Arbeit auf. vgl. Frauen · Macht · Geschichte Kap. 3.1., S. 5.
282 vgl. auch Neukomm et al. (1997): Der Erfolg von Quotenvorlagen. Die Autorinnen untersuchen den Erfolg von Quotenvorlagen auf der Ebene von Gemeinden (Bern und Luzern) und Kantonen (Solothurn) mittels einer politologischen Netzwerkanalyse.
283 Zu den Trägerinnen gehörten etwa der Schweizerische Verband für Frauenrechte (SVF), der Evangelische Frauenbund der Schweiz (EFS), der Schweizerische Katholische Frauenbund oder der Verein Feministische Wissenschaft Schweiz. Vgl. emanzipation Nr. 5, Juli/August 1991. Die Frauen der SP waren im Komitee nicht willkommen. Die Initiantinnen wollten sich vom linken Parteispektrum distanzieren. Die OFRA bedauerte diese Entscheidung. Gespräch mit der ehemaligen Komiteesekretärin Barbara Speck v. 22.1.1999.
284 emanzipation Nr. 9, November 1990.
285 Jahresbericht 1991.
286 Frauen · Macht · Geschichte 1998: Kap. 3.1., S. 8. Das Volksbegehren verlangt wie die Initiative »Nationalrat 2000« eine Frauenquote von rund 50 Prozent im Nationalrat. Zusätzlich verlangt die neue Initiative aber eine Frauenquote im Ständerat, mindestens drei Bundesrätinnen, einen Frauenanteil von wenigstens 40 Prozent am Bundesgericht sowie eine ausgewogene Vertretung beider Geschlechter in den Verwaltungen, besonders beim Bund.
287 Jahresbericht 1993.
288 Tages-Anzeiger v. 3.12.1998.
289 Im Ständerat setzte sich der Antrag auf Verschiebung des Gegenvorschlags durch. Ein eventuelles Referendum, so das Argument, würde den Parteien zu

wenig Zeit lassen, sich auf die neue Regelung der Nationalratslisten im Herbst 1999 einzustellen.
290 Tages-Anzeiger v. 3.12.1998.
291 Joris 1995: 62.
292 Jahresbericht 1991.
293 Jahresbericht 1994.
294 Jahresbericht 1994. – Die OFRA organisierte mit zwei Journalistinnen der Zeitung Der Bund den Workshop am Frauenkongress 1996, den sie gleichzeitig als Informationsveranstaltung im Rahmen ihres »Medien-Projekts« verstand. vgl. Jahresbericht 1996.
295 Jahresbericht 1994.
296 Resolution der Frauenkonferenz in Kopenhagen von 1910, abgedruckt in: Holenstein/Ryter 1993: 4. – Vorbild waren die nordamerikanischen Sozialistinnen, die 1908 in Chicago einen ersten Frauentag zum Frauenstimmrecht abgehalten hatten. Eine weitere Spur führt zum 1. Mai, der 1889 am Gründungskongress der II. Internationale zum sozialistischen Feiertag erklärt worden war. Insgesamt seien die Wurzeln des internationalen Frauentags aber sehr verworren. – Die folgenden Ausführungen stützen sich auf die Publikation der Politologin Katrin Holenstein und der Historikerin Elisabeth Ryter, die die Geschichte des Internationalen Frauentags in der Schweiz im Auftrag des Eidgenössischen Büros für die Gleichstellung von Frau und Mann erarbeiteten. Holensteins Angaben zur Anzahl der DemonstrantInnen stützen sich auf die Frauen- und die Tagespresse.
297 Holenstein/Ryter 1993: 89.
298 POCH-Zeitung, 10.3.1977, zitiert in: Holenstein/Ryter 1993: 89.
299 Laut Bucher/Schmucki wurde der internationale Frauentag auch in Zürich mit einer nationalen Demonstration begangen. Von der Zürcher FBB aufgerufen, demonstrierten am 15. März 1975 über 1000 Personen für den straflosen Schwangerschaftsabbruch. vgl. Bucher/Schmucki 1995: 49. Dem widerspricht aber die Darstellung der Historikerin Eva Sutter, die die Demonstration in Zürich nicht als »nationale« Demonstration zum internationalen Frauentag, sondern explizit als Demonstration für den straffreien Schwangerschaftsurlaub bezeichnet. Damit stützt sie die Darstellung von Holenstein. Vgl. Frauen · Macht · Geschichte 1998: Kap. 1.3, S. 5.
300 Holenstein/Ryter 1993: 97.
301 vgl. Kap. III. 3.
302 Holenstein/Ryter 1993: 103.
303 Tages-Anzeiger v. 9.3.1981 und Zürcher Oberländer v. 9.3.1981.
304 Angesprochen ist der sog. »Weitzel-Bericht«, genannt nach der Verfasserin Andrée Weitzel. Die Studie des Eidgenössischen Militärdepartements (EMD)

Anmerkungen

über die »Einsatzmöglichkeiten der Frauen in der Gesamtverteidigung« wurde im November 1980 veröffentlicht. Gut zwei Jahre später, am 21. Januar 1983, ging ein weiterer, überarbeiteter Vorschlag, der sog. »Meyer-Bericht« (Bundesratsbericht über die »Mitwirkung der Frau in der Gesamtverteidigung«) in die Vernehmlassung. Die OFRA beteiligte sich mit einer dezidiert ablehnenden Haltung am Vernehmlassungsverfahren.

305 Tages-Anzeiger v. 9.3.1981. Die Rede wurde von Christine Perren, Zürich, gehalten und in der »emanzipation« Nr. 3, April 1981 abgedruckt.
306 emanzipation Nr. 2, März 1982.
307 Freiburger Nachrichten v. 8.3.1982.
308 24-heures v. 8.3.1982.
309 In Lausanne demonstrierten etwa 500 Personen.
310 Holenstein/Ryter 1993: 105.
311 Holenstein/Ryter 1993: 105.
312 emanzipation Nr. 2, März 1983.
313 emanzipation Nr. 2, März 1983.
314 Holenstein/Ryter 1993: 105.
315 emanzipation Nr. 3, April 1987.
316 Neue Zürcher Zeitung v. 9.3.1987.
317 Tages-Anzeiger v. 9.3.1987.
318 Luzerner Neuste Nachrichten v. 8.3.1989.
319 Jahresbericht 1992.
320 Holenstein/Ryter 1993: 113.
321 Holenstein/Ryter 1993: 113.
322 Jahresbericht 1994.
323 Jahresbericht 1994.
324 vgl. auch Holenstein/Ryter 1993: 111.
325 Tages-Anzeiger v. 7.3.1994.
326 Jahresbericht 1995.
327 Der Bund v. 7.3.1995.
328 Basler Magazin v. 8.3.1997.
329 Jahresberichte 1996 und 1997.
330 Damals hatte die OFRA ein Abonnement beim Argus Pressedienst.
331 Zur Skandaltheorie vgl. Kurt Imhof: Zunehmend fragileres Sozialprestige. Die Medien, der Skandal und die Politik. Neue Zürcher Zeitung v. 19.12.1997.
332 Luzerner Neuste Nachrichten v. 16.10.1980.
333 emanzipation Nr. 1, Februar 1981.
334 SonntagsBlick v. 21.12.1980.
335 Tages-Anzeiger v. 12.1.1981.
336 emanzipation Nr. 1, Februar 1981.

337 Mitglieder der Rechtsgruppe waren die Juristinnen Elisabeth Freivogel, Brigitte Pfiffner und Claudia Kaufmann. Elisabeth Freivogel, die den Fall juristisch betreute, übergab ihn später Brigitte Pfiffner, da sie zu Studienzwecken in den USA weilte. Brigitte Pfiffner vertrat die OFRA als Klägerin im Prozess am Berner Obergericht. (Telefongespräch mit Elisabeth Freivogel Anfang Februar 1999.)
338 emanzipation Nr. 1, Februar 1981.
339 Nach bernischem Zivilprozessrecht ist die Sühneverhandlung – so die offizielle Bezeichnung – obligatorisch, bevor man die Klage einreichen kann. Zweck der Sühneverhandlung ist ein Aussöhnungsversuch, d.h. eine Einigung zwischen KlägerIn und BeklagteR ohne Gerichtsentscheid. Vgl. emanzipation Nr. 1, Februar 1981.
340 emanzipation Nr. 1, Februar 1981.
341 Libération v. 21.1.1981; Handelsblatt Düsseldorf v. 20.1.1981; Courage, Februar 1981, und Emma, Februar 1981.
342 emanzipation Nr. 3, April 1983.
343 Kurier (Wien) v. 14.3.1981.
344 Tages-Anzeiger v. 10.3.1981.
345 Neue Zürcher Zeitung v. 28.4.1981.
346 Bieler Tagblatt/Seeländer Bote v. 1.7.1981.
347 DRS Tagesschau v. 2.7.1981, 19.30 Uhr.
348 Schweizer Illustrierte v. 20.7.1981.
349 Berner Zeitung v. 23.1.1982.
350 Bieler Tagblatt/Seeländer Bote v. 1.7.1981.
351 Blick v. 10.12.1981.
352 Solothurner Zeitung v. 16.1.1982.
353 emanzipation Nr. 7, September 1981.
354 emanzipation Nr. 1, Februar 1982.
355 Luzerner Neuste Nachrichten v. 15.12.1981.
356 Basler AZ v. 14.12.1981.
357 Mit der Inkraftsetzung des Gleichstellungsgesetzes (GIG) im Jahre 1995 können Frauen und Verbände nun auch gegen direkte und indirekte Diskriminierungen im Wirtschaftsleben klagen.
358 emanzipation Nr. 1, Februar 1982.
359 Solothurner Zeitung v. 15.1.1982.
360 Stern v. 21.1.1982; Daily Telegraph v. 16.1.1982.
361 24-heures v. 15.1.1982; Der Bund v.15.1.1982.
362 Der Bund v. 15.1.1982.
363 Berner Zeitung v. 15.1.1982.
364 Der Artikel wurde auch in der POCH-Zeitung v. 21.1.1982 abgedruckt.

Anmerkungen

365 emanzipation Nr. 1, Februar 1982.
366 emanzipation Nr. 2, März 1982.
367 emanzipation Nr. 2, März 1982.
368 emanzipation Nr. 2, März 1982.
369 emanzipation Nr. 2, März 1982.
370 Gilg/Hablützel 1983: 295.
371 emanzipation Nr. 2, März 1987.
372 Riedmüller 1988: 29/30.
373 Nabholz-Haidegger 1987: 102.
374 Hungerbühler 1984: 108/09.
375 Schmitt-Beck 1990: 643.
376 emanzipation Nr. 5, Juni 1979.
377 emanzipation Nr. 4, Mai 1979.
378 Susann Hess (FBB) in einem Gespräch über »Autonomie, das bedeutet ...«, in: Schmid 1981:24/25.
379 emanzipation Nr. 9, November 1979.
380 emanzipation Nr. 5, Juni 1979.
381 emanzipation Nr. 4, Mai 1979.
382 emanzipation Nr. 5, Juni 1981 (Hervorhebung im Original).
383 emanzipation Nr. 5, Juni 1981.
384 Rechenschaftsbericht des Nationalen Sekretariates der OFRA vom 18. Juni 1985 bis 13. März 1986. Namentlich vertreten waren Ursula Preisig (Baden), Annemarie Heiniger und Claudia Töngi (beide Basel), Beatrice Stucki (Zürich), Anna Spillmann (Genf) und Jutta Vogel (Luzern).
385 Rechenschaftsbericht des Nationalen Sekretariates der OFRA vom 18. Juni 1985 bis 13. März 1986.
386 Basel und zeitweise Bern waren die einzigen Sektionen, die eine bezahlte Sekretärin angestellt hatten. Vgl. Frauen machen Geschichte und 20 Jahre OFRA BERN 1997.
387 emanzipation Nr. 3, April 1986.
388 Jahresbericht 1986.
389 Der Vollkommenheit halber sei ergänzt, dass auch die Revisorinnen als Organ des Vereins statutarisch verankert wurden.
390 Initiativgruppen wurden lokale Frauengruppen genannt, die einen Antrag auf Sektionsmitgliedschaft gestellt hatten. Bevor sie den Sektionsstatus erhielten, mussten sie sozusagen eine Probezeit absolvieren. Diese diente der Überprüfung der Initiativgruppen. Geprüft wurde, ob die Initiativgruppe die Organisationspflichten einhielt und politisch auf der »richtigen Linie« war. Über ihre Aufnahme als Sektion entschied die Delegiertenversammlung.
391 emanzipation Nr. 1, Februar 1983. Kongressbericht.

392 Die Arbeitsgruppe »OFRA wie weiter?« bestand aus Marina Widmer (Sektion St. Gallen), Silvia Lieberherr, Edith Mägli, Marcelle Braegger, Judith Stofer und Annelies Tännler (alle Sektion Freiburg) sowie Regula Manz (Sektion Baden).

393 Die Radikalfeministinnen (RF) entstanden 1978 aus der FBB, nachdem sich diese, außer in Zürich, langsam aufgelöst hatte. Sie hatten Gruppierungen in Bern, Freiburg, Biel, Baden und Zürich. Sie bestanden vor allem aus Akademikerinnen und trugen maßgeblich zur Theoriebildung in der schweizerischen neuen Frauenbewegung bei. Obwohl zahlenmäßig klein – sie umfasste etwa circa 30 Mitglieder –, habe sie einen großen Einfluss auf die Inhalte der politischen Aktivitäten der neuen Frauenbewegung gehabt. Vgl. Hungerbühler 1984: 109.

394 Protokoll der AG »OFRA wie weiter?«, Sitzung vom 22. Oktober 1988.

395 emanzipation Nr. 4, Mai 1989.

396 Die Zukunft der OFRA – Eine Frauenkoalition. Schlussbericht der OFRA-Spurgruppe zuhanden der OFRA-DV vom 1. Juni 1996. Verfasserinnen: Susanne Bertschi, Agathe Fausch, Stella Jegher, Carmen Jud, Marie-Theres Langenstein. Mitte Mai 1996.

397 Jahresbericht 1996.

398 Jahresbericht 1997. Im Bericht wird zudem festgehalten, dass sich neun Mitglieder entschuldigt hatten.

399 Die emanzipation verliert etwa Mitte der achtziger Jahre ihre Funktion als Vereinsorgan. vgl. Kap. V.5.

400 Jahresbericht 1996. Rita Blättler führt allerdings noch andere Faktoren auf, die zu dieser Belastung führten, wie beispielsweise, dass eine andere feministische Organisation die gemeinsamen Büroräumlichkeiten verlassen hätte.

401 20 Jahre OFRA. Samstagsrundschau, Radio DRS, 21.6.1997.

402 An der Umfrage beteiligten sich »über 10 %« der Leserinnen. 1984 hatte die emanzipation 2072 AbonnementInnen. Weitere Exemplare wurden am Kiosk verkauft. Vgl. Jahresabrechnung 1984.

403 emanzipation Nr. 9, November 1982.

404 emanzipation Nr. 1, Januar/Februar 1980.

405 Frauen machen Geschichte 1997: 50.

406 Frauen machen Geschichte 1997: 57.

407 emanzipation Nr. 1, Februar 1985.

408 Nabholz-Haidegger 1987: 99.

409 Rucht 1994a: 200. Rucht weist auch für seine Untersuchung darauf hin, dass die Datenlage zur Sozialstruktur der Mitglieder der Frauenbewegungen in den USA, Frankreich und der Bundesrepublik Deutschland sehr dürftig sei. Ebenso wenig seien Aussagen darüber möglich, ob und inwiefern sich die So-

zialstruktur der Mitglieder während der Geschichte der Bewegung verändert hat.
410 Hungerbühler 1984: 111.
411 emanzipation Nr. 2, März 1990.
412 emanzipation Nr. 1, Februar 1985.
413 Joris 1992: 963.
414 emanzipation Nr. 8, Oktober 1979.
415 Hungerbühler 1984: 110.
416 Kontext: 20 Jahre OFRA. Radio DRS 2, 21./23. Juni 1997.
417 Frauen machen Geschichte 1997: 72.
418 Frauen machen Geschichte 1997: 114.
419 15 Jahre OFRA, eine Hintergrundsendung von Radio DRS3 vom 26.2.92.
420 Telefongespäch vom 7. Januar 1999.
421 Neidhardt 1994: 34.
422 Brief von Heidi Brändli, Bern, vom 5.1.1983, ohne AdressatIn.
423 emanzipation Nr. 9, November 1980.
424 emanzipation Nr. 1, Februar 1981.
425 emanzipation Nr. 1, Februar 1981.
426 Die Aktivitäten rund um das »Offiziersschießen« werden in Kap. IV.5. geschildert.
427 OFRA Organisation für die Sache der Frauen: Wir wollen immer noch alles! 1986.
428 emanzipation Nr. 5, Juni 1981.
429 emanzipation Nr. 2, März 1982.
430 emanzipation Nr. 5, Juni 1982.
431 Bericht der Kassierin Heidi Brändli, Bern, den 5.1.1983.
432 emanzipation Nr. 7, September 1985.
433 emanzipation Nr. 3, April 1986.
434 Tätigkeitsbericht des Vorstands der OFRA Schweiz vom Juni 1986 bis Dezember 1987. – Ergänzend sei auf die Unterstützung der Zeitung DONNAVANTI hingewiesen. Die Initiativgruppe Tessin wurde am Kongress vom 7./8. Juni 1986 aufgenommen. Sie stellte einen Antrag um Reduktion der Mitgliedsbeiträge, weil sie die feministische Zeitschrift DONNAVANTI, die einzige dieser Art im Tessin, herausgab. Statt die Mitgliedsbeiträge zu senken, so der Antrag des nationalen Vorstands, sollte die Zeitschrift subventioniert werden. vgl. Protokoll OFRA-Kongress 7./8. Juni 1986, Kanzleischulhaus, Zürich.
435 Tätigkeitsbericht Nationaler Vorstand OFRA. Januar 1988 bis August 1989. August 1989, Barbara S.
436 Tätigkeitsbericht des Nationalen Vorstandes September 1989 – Dezember 1990. Bern, im März 1991 / ChS.

437 Einzelmitglied war die Bezeichnung für Mitglieder, die keiner Sektion angeschlossen waren. vgl. weiter unten.
438 Jahresbericht 1993.
439 Jahresbericht 1994.
440 Jahresbericht 1995.
441 Jahresbericht 1996.
442 Jahresbericht 1997.
443 Redaktionsstatut der Zeitung emanzipation.
444 Ab der Nummer 3, 1982 war die emanzipation am Kiosk erhältlich. vgl. emanzipation Nr. 2, März 1982.
445 emanzipation Nr. 6, Juli/August 1984.
446 Interessant wäre natürlich ein Vergleich der drei Zeitschriften. Er könnte zeigen, inwiefern regionale Unterschiede bestanden und ob oder welche Auswirkungen diese auf die Aktivitäten der neuen Frauenbewegung hatten. Dies würde den Rahmen dieser Darstellung allerdings sprengen.
447 emanzipation Nr. 8, Oktober 1990.
448 emanzipation Nr. 3, April 1977.
449 emanzipation Nr. 8, Oktober 1990. Im Folgenden werde ich mich auf diesen Artikel stützen, der als Teil eines Referats von Annette Peyer in der emanzipation abgedruckt wurde.
450 vgl. auch emanzipation Nr. 1, Februar 1983.
451 emanzipation Nr. 4, Mai 1981.
452 Die Redaktionsmitglieder erhielten Spesen, die je nach finanzieller Situation erhöht und solchermaßen zu einer Art Lohn wurden. Vgl. emanzipation Nr. 1, Februar 1981.
453 emanzipation Nr. 1, Februar 1982.
454 emanzipation Nr. 1, Februar 1983.
455 emanzipation Nr. 2, März 1985.
456 emanzipation Nr. 6, Juli/August 1985.
457 emanzipation Nr. 5, Juni 1986.
458 emanzipation Nr. 5, Juni 1986.
459 emanzipation Nr. 1, Januar/Februar 1990.
460 vgl. das Impressum der emanzipation Nr. 10, Dezember 1983. 1987 waren etwa Ruth Marx, ehemalige Sekretärin der OFRA Basel, Christine Stingelin, Anna Dysli und Yolanda Cadalbert im Redaktionsteam (vgl. Nr. 2, März 1987). 1990 waren Claudia Göbel, Vera Mostowlansky, Katka Räber-Schneider, Annemarie Roth sowie Anna Stauffer Redaktionsmitglieder (vgl emanzipation Nr. 1, 1990).
461 Holenstein/Ryter 1993:93.
462 Mika 1998: 176–178.

Anmerkungen

463 20 Jahre OFRA BERN 1997: 13-23.
464 Frauen machen Geschichte 1997: 49.
465 Werbewoche v. 30.3.2000
466 Ausgewertet wurden 40 Zeitungsartikel mit nationalem Charakter im Zeitraum vom 1.1.00 bis 12.3.2000.
467 Vreni Spoerry negiert ein Generationenproblem in ihrer Partei. NZZ v. 12.3.2000.
468 Neue Zürcher Zeitung v. 29.1.2000
469 Neue Zürcher Zeitung v. 17.1.2000
470 Neue Zürcher Zeitung v. 31.1.2000
471 Vreni Spoerry im Streitgespräch mit Cécile Bühlmann. Berner Zeitung v. 24.2.2000
472 Maya Lalive d'Epinay. Berner Zeitung v. 29.1.00
473 Bund v. 22.2.2000
474 Maya Lalive d'Epinay im Streitgespräch mit Chiara Simoneschi. Tages-Anzeiger v. 10.2.2000
475 Tages-Anzeiger v. 1.2.2000
476 Neue Zürcher Zeitung, 24.1.2000.
477 Rosmarie Zapfl.
478 Aargauer Zeitung v. 19.2.2000. – Sie betont, dass die FDP Schweiz öffentlich Tagesschulen fordert. »Dahinter steht die Grundforderung nach möglichst großer Wahlfreiheit der Rollen- und Lebensgestaltung – auch das ein urliberales Anliegen.«
479 Blättler Sidonia/Birgit Christensen: Frauenquoten nur um den Preis der Männerdiskriminierung? in: NZZ v. 17./18. Januar 1998. Die folgenden Ausführungen sind diesem Artikel entnommen.
480 annabelle Nr. 3 v. 18.2.2000
481 Senti 1994: 403.
482 So lautet der Titel eines 1999 erschienenen Buches von Ute Gerhard, Direktorin des interdisziplinären Zentrums für Frauenstudien und die Erforschung der Geschlechterverhältnisse in Frankfurt. Das Buch versammelt Essays über die Bedeutung der aktuellen sowie der historischen Frauenbewegung in Deutschland.
483 vgl. Bettina Heintz und Eva Nadai (1998): Geschlecht und Kontext. De-Institutionalisierungsprozesse und geschlechtliche Differenzierung.
484 Agnes von Zahn-Harnack: Die Leipziger Bundestagung. In: Die Frau, 39. Jg. 1931, H.2, S. 65, zitiert in: Gerhard 1999, 184.
485 Le Temps, 21 mars 2000. – Die Anfänge der neuen Frauenbewegung in der Westschweiz werden im Buch von Maryelle Budry et Edmée Ollagnier (éd.): Mais qu'est-ce qu'elles voulaient? Histoires de Vie du MLF à Genève, 1999,

geschildert. Dabei stehen die Gründerinnen und deren Biographien im Vordergrund.
486 vgl. Ute Gerhard 1999.
487 Das Archiv der OFRA befindet sich im Schweizerischen Sozialarchiv Zürich. Wo nichts anderes vermerkt wird, handelt es sich um Quellen, die dort archiviert sind. Da die Dokumente der OFRA zum Zeitpunkt der Forschungsarbeit noch nicht systematisch archiviert waren, fehlen im Quellenverzeichnis die Signaturen.
488 Die von der OFRA an das Schweiz. Sozialarchiv gelieferten Jahrgänge der emanzipation sind nicht vollständig. Das Sozialarchiv selber sammelte die emanzipation ab 1980 vollständig.
489 Das Protokoll der Delegiertenversammlung vom Januar/Februar 1981 – »Als nächstes wurde die neue Organisationsbroschüre (endlich!) an die Sektionen verteilt« – gibt Auskunft über den Erscheinungsjahrgang.
490 vgl. auch Kap. IV., Anm. 155.

Quellenverzeichnis[487]

A) Gedruckte Quellen

1. Zeitschriften
emanzipation. Zeitung der Progressiven Frauen Schweiz (PFS). Januar 1975 – Febr. 1977.
emanzipation. Die Zeitung der Frauen für die Sache der Frau (SAFRA). März 1977 – Juni 1977. [488]
emanzipation. Die Zeitung der Frauen für die Sache der Frauen (OFRA). Juli 1977 – Sept. 1988.
emanzipation. Die kritische Frauenzeitschrift. Zeitung der Organisation für die Sache der Frauen (OFRA). Nr. 8, Oktober 1988.
emanzipation. Die kritische Zeitung für die Sache der Frauen (OFRA). Nr. 9, Nov. 1988.
emanzipation. Dezember 1988 – Dezember 1992.
FRAUEN-Magazin emanzipation. Beilage der Zeitung Emanzipation, Organ der Progressiven Frauen Schweiz (PFS). Nr. 2 Februar 1977.
FRAUEN-Magazin emanzipation. Beilage der Zeitung Emanzipation, Organ der OFRA Schweiz. Nr. 3, Herbst 1977.

2. Broschüren
ORGANISATION FÜR DIE SACHE DER FRAUEN. Unsere Plattform. Arbeitsgruppen. Zürich o.Jg. (Gosteli-Archiv, Worblaufen)
ORGANISATION FÜR DIE SACHE DER FRAUEN. OFRA. Wer sind wir? (ohne Jahrangabe[489])
ORGANISATION FÜR DIE SACHE DER FRAUEN. OFRA. Wir wollen immer noch alles! September 1986
Schutz der Mutterschaft: Für einen wirksamen Schutz der Mutterschaft. Ein Autorinnenkollektiv der OFRA: Ruth Hungerbühler, Brigitte Pfiffner, Mona Plattner-Hess, Edith Stebler. Eigenverlag der OFRA, September 1979. (Privatarchiv: Barbara Speck, Basel)

3. Jahresberichte
1985/86: Rechenschaftsbericht des Nationalen Sekretariates der OFRA vom 18. Juni 1985 bis 13. März 1986. Baden, 6.6.86, Ursula Preisig.
1986/87: Tätigkeitsbericht des Vorstands der OFRA Schweiz von Juni 1986 bis Dezember 1987. Januar 1988, Barbara S.

1988/89: Tätigkeitsbericht des Nationalen Vorstandes der OFRA Schweiz Januar 1988 – August 1989. August 89/BS.
Tätigkeitsbericht des Nationalen Vorstandes der OFRA Schweiz Januar 1988 – August 1989. August 89/BS/ Fassung b.
1989/90: Tätigkeitsbericht des Nationalen Vorstandes September 1989 – Dezember 1990. Bern, im März 1991/ChS.
1991: OFRA Organisation für die Sache der Frauen, Jahresbericht 91 (Broschüre).
1992: OFRA Organisation für die Sache der Frauen, Jahresbericht 92 (Broschüre).
1993: OFRA Organisation für die Sache der Frauen, Jahresbericht 93 (Broschüre).
1994: OFRA Organisation für die Sache der Frauen, Jahresbericht 94 (Broschüre).
1995: OFRA Organisation für die Sache der Frauen, Jahresbericht 95 (Broschüre).
1996: OFRA Organisation für die Sache der Frauen, Jahresbericht 96 (Broschüre).
1997: OFRA Organisation für die Sache der Frauen, Jahresbericht 97 (Broschüre).

4. Statuten

Statuten der OFRA Schweiz. Februar 77. (Abgedruckt in Emanzipation Nr. 9, November 79)
Statuten der OFRA Schweiz 1980.
Statuten der OFRA Schweiz 1982.
Statuten der OFRA Schweiz 1986. (Abgedruckt in der Broschüre: Wir wollen immer noch alles! 1986)
Redaktionsstatut der Zeitung Emanzipation.

5. Zeitungsartikel (Schweiz. Sozialarchiv Zürich)[490]

04.5 Sonderdossier Internationaler Frauentag.
04.6 Frauenbewegung.
04.5C*1 Gleiche Rechte.
04.6 C Frauenbewegung Schweiz.

6. Radiosendungen

15 Jahre OFRA. Hintergrund, Radio DRS3, 26.2.1992.
20 Jahre OFRA. Samstagsrundschau, Radio DRS1, 21.6.1997.
20 Jahre OFRA. Kontext, Radio DRS2, 21./23.6.1997.

7. Videoaufzeichnung

OFRAgen. Video von Marcelle Braegger und Julia Crottet. Fribourg 1997.

B) Ungedruckte Quellen

1. Protokolle

Presseerklärung. SAFRA – Organisation für die Sache der Frauen. Zürich, 13. März 1977. Für das Sekretariat K. Bohren.
Protokoll der SAFRA-Sekretariatssitzung vom 18.3.77.
Emanzipation, Jahresabrechnung 1984.
Bericht der Kassierin Brändli Heidi, Bern, 5.1.83.
Brief von Heidi Brändli, Bern, vom 5.1.83, ohne AdressatIn.
Protokoll OFRA-Kongress 7./8. Juni 1986, Kanzleischulhaus, Zürich.
Protokoll der AG OFRA wie weiter?, Sitzung vom 22. Oktober 1988 in Bern.
OFRA wie weiter?, Baden, 22. Februar 1989.
Protokoll der Jahresplanungssitzung des Nationalen Vorstandes, Samstag, 31. August 91 von 14–21 Uhr im Isebähnli Olten.
Protokoll der Delegiertenversammlung vom 22. August 1992 im Frauenzimmer Basel.
Die Zukunft der OFRA – Eine Frauenkoalition. Schlussbericht der OFRA-Spurgruppe zuhanden der OFRA-DV vom 1. Juni 1996.

2. Gosteli-Archiv, Worblaufen

Schachtel: Gosteli: Arbeit der OFRA von 1986–1997
Zeitungsartikel: Basler-Zeitung 1977–1980
Zeitungsartikel: Basler AZ 1977–1980
Zeitungsartikel: Neue Zürcher Zeitung 1977–1980
Zeitungsartikel: Varia (div. Zeitungen und Zeitschriften) siebziger Jahre

3. Archiv Schnüffelstaat Schweiz ASS

SAFRA – Organisation für die Sache der Frau. Schweizerische Bundesanwaltschaft E –7. APR. 1977. Stadtpolizei Zürich. Rapport von X, 25. März 1977.
Organisation für die Sache der Frau OFRA. Schweizerische Bundesanwaltschaft E – 6. Dez. 1985. Stadtpolizei Zürich. Rapport von X, 27. November 1985.
Organisation für die Sache der Frau OFRA. Schweizerische Bundesanwaltschaft E– 23. Juni 1987. Stadtpolizei Zürich. Rapport von X, 23. Juni 1987.
Organisation für die Sache der Frau OFRA Schweiz. Schweizerische Bundesanwaltschaft E – 17. Aug.1989. Stadtpolizei Zürich. Rapport von X, 11. August 1989.

4. Privatarchiv Andi Scheu, Zürich

SAP Internes Bulletin 28. Sept. 1981.

Literaturverzeichnis

20 Jahre OFRA BERN. Jubelbulletin 30. März 1977 bis 30. März 1997, herausgegeben von der OFRA Bern, 1997.

Autonome Frauenredaktion (Hrsg.) (1984): Projekt Sozialistischer Feminismus: Frauenpolitik 2, Weiberräte – Frauenmacht, Argument-Studienhefte, SH 66, Berlin.

Broda, May B./Elisabeth Joris/Regina Müller (1998): Die alte und die neue Frauenbewegung, in: König, Mario et al.: Dynamisierung und Umbau. Die Schweiz in den sechziger und siebziger Jahren, Zürich, 201–223.

Brückner, Margrit (1997): Bewegter Stillstand? Überlegungen zur neuen Frauenbewegung am Beispiel ihrer Projekte, in: Differenz und Integration. Die Zukunft moderner Gesellschaften. Verhandlungen des 28. Kongresses der Deutschen Gesellschaft für Soziologie in Dresden 1996, herausgegeben in deren Auftrag von Stefan Hradil, Frankfurt a. M., 464–478.

Bucher, Judith/Barbara Schmucki (1995): FBB. Fotogeschichte der Frauenbefreiungsbewegung, Zürich.

Bühlmann, Cécile (1998): Was macht eine Feministin im Bundeshaus, in: MOMA, Monatsmagazin für neue Politik, Nr. 10/98, 7–10.

Dackweiler, Regina (1995): Ausgegrenzt und eingemeindet. Die neue Frauenbewegung im Blick der Sozialwissenschaften, Münster.

Dahinden, Martin (1987): Einführung, in: ders. (Hrsg.): Neue soziale Bewegungen – und ihre gesellschaftlichen Wirkungen, Zürich, 1–6.

Demeny, Carolin (1995): Sichtweisen zur 4. Weltfrauenkonferenz 1995 in Peking: eine Inhaltsanalyse der Presseberichterstattung. Eine Studie im Auftrag der OFRA Schweiz, herausgegeben vom Eidgenössischen Büro für die Gleichstellung von Frau und Mann, Bern.

Frauen machen Geschichte. 20 Jahre OFRA Basel – ein Rückblick in die Zukunft, herausgegeben von der OFRA Basel, Bern 1997.

Frauen · Macht · Geschichte. Frauen- und gleichstellungspolitische Ereignisse in der Schweiz 1848 – 1998, herausgegeben von der Eidgenössischen Kommission für Frauenfragen, Bern 1998.

Gerhard, Ute (1995): Die »langen Wellen« der Frauenbewegung – Traditionslinien und unerledigte Anliegen, in: Becker-Schmidt, Regina/Gudrun-Axeli Knapp (Hrsg.): Das Geschlechterverhältnis als Gegenstand der Sozialwissenschaften, Frankfurt a. M., 247–278.

Gerhard, Ute (1999): Atempause. Feminismus als demokratisches Projekt, Frankfurt a. M.

Gilg, Peter/Peter Hablützel (1983): Beschleunigter Wandel und neue Krisen (seit 1945), in: Geschichte der Schweiz – und der Schweizer, Bd. III., Basel, 191–306.

Gisler, Andreas/Roland Misteli (1991): Geh doch nach Moskau! Die Progressiven Organisationen der Schweiz (POCH). Seminararbeit bei Prof. Dr. H.-J. Hoffmann-Nowotny, Universität Zürich, Soziologisches Institut (unveröffentlicht).

Habermas, Jürgen (1995, 4.Aufl.): Strukturwandel der Öffentlichkeit, Frankfurt.

Haug, Frigga (1988): Perspektiven eines sozialistischen Feminismus – 20 Jahre Frauenbewegung in Westdeutschland und West-Berlin, in: Autonome Frauenredaktion (Hrsg.): Frauenbewegungen in der Welt, Bd. 1., Westeuropa, Argument Sonderband 150, Berlin, 25–52.

Heilmann, Thomas (1981): Über Selbstverwaltung und die Notwendigkeit einer Organisation mit Parteicharakter, in: Widerspruch, Beiträge zur sozialistischen Politik, Heft 2, 72–80.

Heintz, Bettina (1984): Berührungsängste. Einige Bemerkungen zum Verhältnis von Frau und Gesellschaft, in: Köppel, Christa/Ruth Sommerauer (Hrsg.): Frau – Realität und Utopie, Zürich, 103–121.

Heintz, Bettina/Claudia Honegger (1984): Zum Strukturwandel weiblicher Widerstandsformen im 19. Jahrhundert, in: dies. (Hrsg.): Listen der Ohnmacht, Frankfurt a. M., 7–67.

Heintz Bettina/Eva Nadai (1998): Geschlecht und Kontext. De-Institutionalisierungsprozesse und geschlechtliche Differenzierung, in: Zeitschrift für Soziologie, Heft 2, Stuttgart, 75–93.

Hinn, Vilma (1988a): Frauenbefreiung: Aufbrechen in der Geschichte. Nachdenken über 20 Jahre Arbeit von Frauen für Frauen, in: Widerspruch, Beiträge zur sozialistischen Politik, Heft 15, 57–72.

Hinn, Vilma (1988b): Helvetiens Töchter. 20 Jahre Frauenbewegung in der Schweiz, in: Autonome Frauenredaktion (Hrsg.): Frauenbewegungen in der Welt, Bd. 1, Westeuropa, Argument Sonderband 150, Berlin, 204–209.

Hochgeschurz, Marianne (1995, 4. Aufl.): Zwischen Anpassung und Widerstand. Die neue (west-)deutsche Frauenbewegung, in: Hervé, Florence (Hrsg.): Geschichte der Deutschen Frauenbewegung, Köln, 155–184.

Holenstein, Katrin /Elisabeth Ryter (1993): Rote Fahnen – lila Tücher. 8. März. Zur Geschichte des Internationalen Frauentages in der Schweiz, herausgegeben vom Eidgenössischen Büro für die Gleichstellung von Frau und Mann, Bern.

Hungerbühler, Ruth (1978): 68 und die Frauen, in: Positionen, Organ der POCH-Hochschulgruppen, Nr. 15/16.

Hungerbühler, Ruth (1984): Neue autonome Frauenbewegung – Entstehung neuer Frauenorganisationen und -projekte seit Beginn der siebziger Jahre, in: Die Stellung der Frau in der Schweiz. Teil IV: Frauenpolitik. Bericht der Eidgenössischen Kommission für Frauenfragen, Bern, 99–118.

Literaturverzeichnis

Imhof, Kurt (1999): Der Skandal als Indikator sozialen Wandels, in: Honegger, Claudia, Stefan Hradil, Franz Traxler (Hrsg.): Grenzenlose Gesellschaft? Verhandlungen des 29. Kongresses der Deutschen Gesellschaft für Soziologie in Freiburg/Breisgau 1998: Centaurus, Kongressband II.

Joris, Elisabeth (1989): Historie. Geschichte der FBB, in: FRAZ Frauezitig, Nr. 30, 4–6.

Joris, Elisabeth (1992): Frauenbewegung, in: Hugger, Paul (Hrsg.): Handbuch der schweizerischen Volkskultur. Leben zwischen Tradition und Moderne. Ein Panorama des schweizerischen Alltags, Bd. 2, Zürich, 953–970.

Joris, Elisabeth (1995): Von der Frauenbefreiung zur Frauenpower. Frauenstimmrecht, Schwangerschaftsabbruch und Gleichstellung, in: Viel erreicht – wenig verändert?, herausgegeben von der Eidgenössischen Kommission für Frauenfragen, Bern, 61–71.

Joris Elisabeth/Heidi Witzig (Hrsg.) (1986): Frauengeschichte(n). Dokumente aus zwei Jahrhunderten zur Situation der Frauen in der Schweiz, Zürich.

Knapp, Gudrun-Axeli (1997): Differenz und Dekonstruktion: Anmerkungen zum »Paradigmenwechsel« in der Frauenforschung, in: Differenz und Integration. Die Zukunft moderner Gesellschaften. Verhandlungen des 28. Kongresses der Deutschen Gesellschaft für Soziologie in Dresden 1996, herausgegeben in deren Auftrag von Stefan Hradil, Frankfurt a.M., 497–513.

König, Mario/Georg Kreis/Franziska Meister/Gaetano Romano (1998): Einleitung. Reformprojekte, soziale Bewegungen und neue Öffentlichkeit, in: dies. (Hrsg.): Dynamisierung und Umbau, Zürich, 11–20.

Kontos, Silvia (1986): Modernisierung der Subsumtionspolitik. Die Frauenbewegung in den Theorien neuer sozialer Bewegungen, in: Feministische Studien, Nr. 2, 34–49.

Kontos, Silvia (1995): Jenseits des hydraulischen Bewegungsmodells: Einwände gegen das backlash-Konzept, in: Jansen, Mechtild M. et al. (Hrsg.): Frauen in der Defensive? Zur backlash-Debatte in Deutschland, Münster, 29–57.

Kriesi, Hanspeter (1987): Neue soziale Bewegungen – der Protest einer Generation?, in: Dahinden, Martin (Hrsg): Neue soziale Bewegungen – und ihre gesellschaftlichen Wirkungen, Zürich, 25–42.

Kunz, Matthias (1989): POCH und Eurokommunismus. Seminararbeit bei Prof. Dr. J. Fisch, Universität Zürich, Historisches Seminar (unveröffentlicht).

Leibundgut, Yvonne (1998): Mehr Bewegung ins Parteiprogramm. Frauenlisten und Frauenparteien in der Schweiz, in: FRAZ Frauezitig, Nr. 98/2.

Linder, Wolf (1987): Vom Einfluss neuer Bewegungen auf die institutionelle Politik, in: Dahinden, Martin (Hrsg.): Neue soziale Bewegungen – und ihre gesellschaftlichen Wirkungen, Zürich, 7–40.

Mader, Regula (1995): Gleiche Rechte für Frau und Mann – Institutionelle Gleichstellungspolitik, in: Viel erreicht – wenig verändert?, herausgegeben von der Eidgenössischen Kommission für Frauenfragen, Bern, 25–42.

Maihofer, Andrea (1990): Gleichheit nur für Gleiche? in: Gerhard, Ute et al: Differenz und Gleichheit. Menschenrechte haben (k)ein Geschlecht, Frankfurt a. M., 351–367.

McAdam, Doug (1994): Taktiken von Protestbewegungen. Das »Framing« der amerikanischen Bürgerrechtsbewegung, in: Kölner Zeitschrift für Soziologie und Sozialpsychologie, Sonderheft 34, 393–412.

Marx Ferree, Myra (1990): Gleichheit und Autonomie: Probleme feministischer Politik, in: Gerhard, Ute et al.: Differenz und Gleichheit. Menschenrechte haben (k)ein Geschlecht, Frankfurt a. M., 283–298.

Meulenbelt, Anja (1980): Feminismus und Sozialismus. Eine Einführung, Hamburg.

Mika, Bascha (1998): Alice Schwarzer. Eine kritische Biographie, Reinbek.

Nabholz-Haidegger, Lili (1987): Die Frauenbewegung im Spannungsfeld zwischen Integration und Segregation, in: Dahinden, Martin (Hrsg.): Neue soziale Bewegungen – und ihre gesellschaftlichen Wirkungen, Zürich, 97–106.

Neukomm, Sarah/Christina Isele/ Michèle Spieler (1997): Der Erfolg von Quotenvorlagen, in: Serdült, Uwe/Ulrich Klöti (Hrsg.): Politiknetzwerke, Studien zur Politikwissenschaf,t Nr. 303, Zürich, 129–167.

Neidhardt, Friedhelm (1994): Öffentlichkeit, öffentliche Meinung, soziale Bewegungen, in: Kölner Zeitschrift für Soziologie und Sozialpsychologie, Sonderheft 34, 7–41.

Neidhardt, Friedhelm/Dieter Rucht (1993): Auf dem Weg in die »Bewegungsgesellschaft«? Über die Stabilisierbarkeit sozialer Bewegungen, in: Soziale Welt, Zeitschrift für sozialwissenschaftliche Forschung und Praxis, Vol. 44, 305–326.

Riedmüller, Barbara (1988): Das Neue an der Frauenbewegung. Versuch einer Wirkungsanalyse der neuen Frauenbewegung, in: Gerhardt, Uta/Schütze, Yvonne (Hrsg.): Frauensituation. Veränderungen in den letzten zwanzig Jahren, Frankfurt, 15–41.

Romano, Gaetano (1998): Die Überfremdungsbewegung als »Neue soziale Bewegung«. Zur Kommerzialisierung, Oralisierung und Personalisierung massenmedialer Kommunikation in den sechziger Jahren, in: König, Mario et al.: Dynamisierung und Umbau. Die Schweiz in den sechziger und siebziger Jahren, Zürich, 143–160.

Rucht, Dieter (1994a): Modernisierung und neue soziale Bewegungen, Frankfurt a. M.

Rucht, Dieter (1994b): Öffentlichkeit als Mobilisierungsfaktor für soziale Bewegungen, in: Kölner Zeitschrift für Soziologie und Sozialpsychologie, Sonderheft 34, 337–358.

Literaturverzeichnis

Rucht, Dieter/Barbara Blattert/Dieter Rink (1997): Soziale Bewegungen auf dem Weg zur Institutionalisierung? Zum Strukturwandel »alternativer« Gruppen in beiden Teilen Deutschlands, Frankfurt a. M.

Rütti, Nicole (1996): Die neue Frauenbewegung als Lerngemeinschaft und ihr Einfluss auf den gesellschaftlichen Wandel. Lizentiatsarbeit, eingereicht bei Prof. Dr. Hansjörg Siegenthaler, Philosophische Fakultät I der Universität Zürich (unveröffentlicht).

Schmid, Annalisa (1981): OFRA. »Wir sind 100 Frauen und haben 100 Meinungen«, in: Kulturmagazin (Kuma), Heft 25, 20–25.

Schmitt-Beck, Rüdiger (1990): Über die Bedeutung der Massenmedien für soziale Bewegungen. Kölner Zeitschrift für Soziologie und Sozialpsychologie, Vol. 42, 642–662.

Schnurrenberger, Regula (1995): Zur Geschichte der HFG, in: frau ohne herz, Feministische Lesbenzeitschrift, Nr. 35/95.

Schwarzer, Alice (1981): So fing es an! Die neue Frauenbewegung, Köln.

Senti, Martin (1994): Geschlecht als politischer Konflikt. Erfolgsbedingungen einer gleichstellungspolitischen Interessendurchsetzung, Bern.

Siegenthaler, Hansjörg (1987): Soziale Bewegungen und gesellschaftliches Lernen im Industriezeitalter, in: Dahinden, Martin (Hrsg): Neue soziale Bewegungen – und ihre gesellschaftlichen Wirkungen, Zürich, 251–264.

Streckeisen, Ursula (1981): »Autonomie« der Frauenbewegung. Notizen zum Verhältnis von Frauenbewegung und Arbeiterbewegung, in: Widerspruch, Beiträge zur sozialistischen Politik, Heft 2, 41–55.

Streckeisen, Ursula (1987): Einbezug als Ausgrenzung: Frauenbewegung, Wissenschaft, Macht, in: Dahinden, Martin (Hrsg): Neue soziale Bewegungen – und ihre gesellschaftlichen Wirkungen, Zürich, 107–123.

Threlfall, Monica (1988): Die Frauenbewegung in Spanien, in: Frauenbewegungen in der Welt, Bd. 1., Westeuropa, Argument Sonderband 150, Berlin, 210–228.

Voegeli, Yvonne (1997): Zwischen Hausrat und Rathaus. Auseinandersetzungen um die politische Gleichberechtigung der Frauen in der Schweiz 1945–1971, Zürich.

Abkürzungsverzeichnis

ARGE:	Arbeitsgemeinschaft Die Schweiz im Jahr der Frau
ARGEF:	Arbeitsgemeinschaft Frauen
ATEES:	Asociación de Trabajadores Emigrantes Españoles en Suiza
BFS:	Bund Schweizerischer Frauenorganisationen
CFD:	Christlicher Friedensdienst
CVP:	Christlichdemokratische Volkspartei
CNG:	Christlichnationaler Gewerkschaftsbund
EFS:	Evangelischer Frauenbund der Schweiz
EMRK:	Europäische Menschenrechtskonvention
FBB:	Frauenbefreiungsbewegung
FCLI:	Federazione delle Colonie Libere Italiane,
FDP:	Freisinnig-Demokratische Partei
FemCo:	Feministische Frauenkoalition
FKM:	Frauen Kämpfen Mit
FraB:	Frauenliste Basel
FraPoli:	Frauenpolitik Aargau
FraP!:	Frauen macht Politik!
FSZ:	Fortschrittliche Studentenschaft Zürich
GlG:	Bundesgesetz über die Gleichstellung von Frau und Mann
HFG:	Homosexuelle Frauengruppe Zürich
INFRA:	Informations- und Beratungsstelle für Frauen
KMVG:	Kranken- und Mutterschaftsversicherungsgesetz
KP:	Kommunistische Partei
MLF:	Mouvement pour la Libération des Femmes
MoZ:	Aktionsforum Mutterschaft ohne Zwang
MSV:	Mutterschaftsschutzversicherung
NGO:	Nichtregierungsorganisation
NOGERETE :	Nationale Organisation gegen Gen- und Reproduktionstechnologie
OFRA:	Organisation für die Sache der Frauen
PdA:	Partei der Arbeit
PFG:	Politische Frauengruppe (St. Gallen)
PFS:	Progressive Frauen Schweiz
POCH:	Progressive Organisationen der Schweiz
RAZ:	Revolutionärer Aufbau Zürich
RF:	Radikalfeministinnen
RML:	Revolutionäre Marxistische Liga

SAB:	Schwangerschaftsabbruch
SAFFA:	Schweizerische Ausstellung für Frauenarbeit
SAFRA:	Organisation für die Sache der Frauen (Gründungsname der späteren OFRA)
SAP:	Sozialistische Arbeiterpartei
SFF:	Schweizerische Frauen für Frieden und Fortschritt
SGB:	Schweizerischer Gewerkschaftsbund
SGRA:	Gesellschaft für das Recht auf Abtreibung
SGSG:	Schweizerische Gesellschaft für ein soziales Gesundheitswesen
SKF:	Schweizerischer Katholischer Frauenbund
SP:	Sozialdemokratische Partei
SPS:	Sozialdemokratische Partei der Schweiz
PSA:	Partito Socialista Autonomo
SVF:	Schweizerischer Verband für Frauenrechte
SVP:	Schweizerische Volkspartei
SVSS:	Schweizerische Vereinigung für die Straflosigkeit des Schwangerschaftsabbruchs
UFF!:	Unabhängige Frauenlisten der Schweiz
UFL:	Unabhängige Frauenliste Luzern
VPOD:	Schweizerischer Verband des Personals öffentlicher Dienste

Bildnachweis

Nr. 1	Claude Giger, Basel
Nr. 2	Greta Schindler, Basel
Nr. 3	Gertrud Vogler, Zürich
Nr. 4, 30	Ursula Pia Jauch, Zürich
Nr. 5	Fotografin unbekannt, abgedruckt in der emanzipation Nr. 2, 1977
Nr. 6, 32	Marianne Bahr, Luzern
Nr. 7, 28, 34, 36, 38	Schweizerisches Sozialarchiv, Zürich
Nr. 8, 13, 37	Archiv Schnüffelstaat Schweiz
Nr. 9, 12, 31, 33, 35	Madeleine Hunziker, Basel
Nr. 10, 15, 21	Staatsarchiv Basel
Nr. 11, 20	Fotografin unbekannt. Dia aus dem Fundus der Gründerinnen der OFRA (Staatsarchiv Basel)
Nr. 14	Eva Brändli, Wahlendorf
Nr. 16	Fotografin unbekannt, abgedruckt in der emanzipation Nr. 4, 1978
Nr. 17, 19	Walter Rutishauser, Bern
Nr. 18	abgedruckt im Tagesanzeiger vom 3.12.1984
Nr. 20	Dia der OFRA Basel
Nr. 23	Silvia Grossenbacher, Basel
Nr. 24	Keystone
Nr. 25	Urs Siegenthaler, Zürich
Nr. 26	Rike Baetcke, Basel
Nr. 27	Fotografin unbekannt, abgedruckt in der emanzipation Nr. 3, 1978
Nr. 28	abgedruckt in der emanzipation Nr. 9, 1979
Nr. 29	Fotografin unbekannt, abgedruckt in der emanzipation Nr. 1, 1983

Dank

Danken möchte ich meinen FreundInnen Judith Wälchli und Ruth Meili sowie Matthias Kunz, die große Teile des Manuskripts lasen und mich kritisch unterstützten.

Danken möchte ich aber auch meinem Lebenspartner Daniel Bouhafs, der nicht nur den Text las, sondern sich immer wieder in anregende Gespräche verwickeln ließ.

Auch gegenüber den Archiven möchte ich meine Dankbarkeit ausdrücken: Urs Kälin vom Schweizerischen Sozialarchiv in Zürich bemühte sich bereits im Sommer 1997 um die Akten der OFRA. Ich erhielt einen großzügigen Zugriff auf den gesamten Bestand der OFRA, der mir die Forschungsarbeit erheblich erleichterte. Auch von Frau Gosteli und den Angestellten des Gosteli-Archiv zur Geschichte der schweizerischen Frauenbewegung in Worblaufen bei Bern wurde ich freundlich empfangen und kompetent beraten.

Nicht zuletzt möchte ich mich bei den Auftraggeberinnen Edith Mägli, Theodora Peter und Barbara Speck für die gute Zusammenarbeit bedanken.

Und schließlich gilt mein Dank dem Team des Rotpunktverlages und ganz besonders der Lektorin Danièle Zürcher, die dem Text den letzten Schliff gab.